读史悟人生

——林家有回忆录

林家有 著

SPM 南方传媒　广东人民出版社

·广州·

图书在版编目（CIP）数据

读史悟人生：林家有回忆录 / 林家有著. —广州：广东人民出版
社，2024.8
ISBN 978-7-218-17572-0

Ⅰ．①读…　Ⅱ．①林…　Ⅲ．①林家有—回忆录　Ⅳ．①K825.46

中国国家版本馆CIP数据核字（2024）第095836号

DU SHI WU RENSHENG —— LIN JIAYOU HUIYILU

读史悟人生——林家有回忆录

林家有　著

出 版 人：肖风华

责任编辑：王俊辉
责任技编：吴彦斌

出版发行：广东人民出版社
地　　址：广州市越秀区大沙头四马路10号（邮政编码：510199）
电　　话：（020）85716809（总编室）
传　　真：（020）83289585
网　　址：http://www.gdpph.com
印　　刷：广州市豪威彩色印务有限公司
开　　本：787毫米×1092毫米　1/16
印　　张：23.75　　字　　数：290千
版　　次：2024年8月第1版
印　　次：2024年8月第1次印刷
定　　价：86.00元

如发现印装质量问题，影响阅读，请与出版社（020-85716849）联系调换。
售书热线：（020）87716172

林家有

（1937—2023）

1957年3月6日，廉江中学团委会高三支部支委合影，林家有（前排右二）。

1957年3月8日，廉江中学团委会高三支部全体同志合影，林家有（二排右三）。

1958年12月，首都天安门留影，林家有（右一）。

　　1962年4月30日，中山大学历史系五八级丙班同学合影，林家有（二排右一），梁碧莹（二排左一），余定邦（三排左四）。

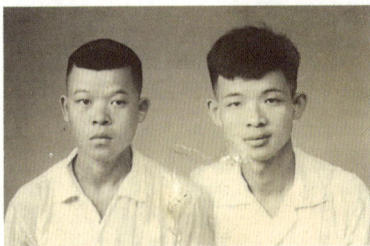

　　1962年，林家有（右）大学四年级，回乡探望胞弟时合影。

　　20世纪60年代，林家有（右一）、梁碧莹（右二）夫妇与梁碧莹的两位哥哥在北京留影。

1963年7月，大学时代的共青团员合影，林家有（前排左一），梁碧莹（二排左三）。

1963年，林家有大学毕业时留影。

1964年9月1日，中国科学院哲学社会科学部劳动实习大队四中队全体同志和古现生产大队全体干部及贫下中农代表合影，林家有（前排右一）。

1965年，林家有、梁碧莹结婚照。

20世纪70年代，林家有与子女在北京颐和园留影。

20世纪70年代，一家四口在北京人民大会堂前留影。

1975年，林家有与儿子林卫在北京留影。

1976年，一家四口在北京颐和园留影。

20世纪80年代，在中山大学孙中山研究室与前辈学者和同事讨论，右起：林家有、段云章、陈锡祺、陈胜粦。

1985年3月，河北清东陵，右
起：林家有、陈锡祺、段云章。

1985年3月，林家有（左
三）与胡绳先生（左一）、尚
明轩先生（左二）一起在清东
陵园参观。

孫中山研究日中国際学術討論会　1985.11.30　於神戸舞子ビラ

1985年11月，日本神户孙中山研究日中国际学术讨论会，林家有（前排左一）。

8

　　1986年11月，林家有（右一）与陈胜粦（左三）、章开沅（左四）、金冲及（右三）、萧致治（右二）、刘望龄（左二）等在中山市翠亨村孙中山故居参加"纪念孙中山先生诞辰120周年暨孙中山和他的时代"国际学术研讨会。

　　1986年，日本广岛市和平公园，林家有（左一）与广岛大学横山英教授（左四）等人合影。

1986年，林家有（左一）与日本京都大学堀川哲男教授（左二）等人参观京都岚山周恩来纪念碑。

1986年9月，右起：林家有教授、京都大学岛田虔次教授、华中师范大学刘望龄教授。

1986年，林家有（前排左二）在日本横滨开港资料馆前与金冲及教授（前排右三）、日本学者山口一郎（前排右二）等合影。

1986年，日本庆应大学，林家有（右）与南开大学俞辛焞教授（左）合影。

1986年，中山翠亨宾馆前，左起：章开沅、贾亦斌、尚明轩、胡绳武、林家有。

1989年2月18日，中山大学历史系五八级部分同学聚会留影，林家有（后排右二）、梁碧莹（前排右二）、余定邦（二排左二）、时任历史系主任陈胜粦教授（二排左三）。

20世纪90年代初，与中山大学历史学系七七级部分同学合影，陈春声（后左）、林家有（中）、乐正（右一）。

20世纪90年代初，广州珠江夜游船上，左起：方志钦、狭间直树、林家有。

20世纪90年代初，日本京都，左起：林家有、岛田虔次、井上清、黄彦。

12

1990年3月12日，中山市翠亨村孙中山故居合影，林家有（右一）、吴雁南（左一）、李时岳（左三）、茅家琦（左四）。

1993年5月28日，中山市翠亨村，林家有（左一）与爱泼斯坦先生（中）等人合影。

1993年7月25日，中山大学历史学系永芳堂，中山大学历史学系1963届部分同学返校与老师们合影，梁碧莹（二排右四）、林家有（二排右五）。

1993年11月10日，日本神户，林家有（前排右一）、孙治强（前排右五）、孙治平（前排右六）。

平成五年十一月十日   孫中山記念館開設十周年記念
                    （財）孫中山記念会設立五周年記念

1993年11月10日，日本神户，林家有（前排右二）、孙治强（前排右五）、孙治平（前排右六）。

1993年11月，日本神户，林家有（左二）与同事邱捷（左三）、日本学者中村哲夫（左一）、山口一郎（右二）等人合影。

1994年，南京夫子庙，林家有教授（右）与南京大学陈得芝教授合影。

1994年1月3日，林家有、梁碧莹伉俪合影。

1995年，澳门，一家四口合影，女儿林征（右一），儿子林卫（右二）。

1995年1月10日，台北，林家有（右）与李焕先生（左）合影。

1995年1月14日，台北"中研院"近代史研究所陈三井办公室，右起：林家有教授、陈三井所长、张玉法教授、中国人民大学彭明教授。

1995年1月16日，台北至香港航班上，林家有（左）与北京大学校长吴树青先生（右）合影。

1995年1月19日，广州黄花岗烈士陵园，林家有教授（右）与华中师范大学马敏教授（左）合影。

1995年1月，台湾东吴大学，林家有教授（左一）参加"海峡两岸中山先生思想"学术研讨会留影。

1995年1月，台北富都饭店，林家有教授（左）与龚书铎教授（右）合影。

1995年11月，中山大学历史学系"美国与中国现代化"学术研讨会，林家有（二排右一）、梁碧莹（后排左三）。

1996年，中山大学校园，与中大同事合影，左起：李慧良、李庆双、吴机鹏、林家有、马卫平。

1996年10月11日，林家有（左）与陈福霖（中）、冯兆基（右）于澳大利亚合影。

1997年5月，"鸦片战争与香港"国际学术研讨会，林家有教授（右一）与广东省社科院张磊研究员（左一）等人合影。

1997年11月19日，广州华厦大酒店，左起：陈胜粦、张岂之、龚书铎、林家有。

1998年，北京大学，戊戌维新一百周年国际学术讨论会，林家有教授（右）与台北"中研院"历史语言研究所黄彰健先生（左）合影。

1998年，林家有教授（左三）参加苑书义教授（左一）主持的文献整理项目《张之洞全集》终审结项会。

2000年11月，台湾高雄中山大学"中山学术与两岸发展"学术研讨会期间，林家有教授（右一）、梁碧莹教授（右三）与孙中山孙女孙穗芬（左二）、中山大学副校长李萍（右二）等在高雄"台湾八景·鹅銮鼻"留影。

2000年1月15日，澳门"中山大学校友庆祝澳门回归祖国暨第三届国际聚会"研讨会，中山大学老校长黄焕秋（左二）、中山大学澳门校友会毕漪汶会长（左三）、林家有（右一）。

2000年1月，林家有教授（左一）与时任中山大学校长黄达人（左四）在澳门参加"中山大学校友庆祝澳门回归祖国暨第三届国际聚会"联欢酒会。

2000年5月，日本东京，林家有教授（右）与创价大学高桥强教授（左）合影。

2000年5月，日本东京，林家有教授（左二）与创价大学高桥强教授（右一）等人合影。

2000年7月，日本北海道函馆市留影。

2000年9月24日，南京中山陵，林家有教授（右）与南依利诺大学历史系教授吴天威（左）合影。

2000年11月，林家有教授（左五）参加台湾高雄中山大学举办的"中山学术与两岸发展"学术研讨会。

2000年11月，台湾高雄中山大学"中山学术与两岸发展"学术研讨会期间，林家有教授（后排右三）、梁碧莹教授（前排左三）与孙中山孙女孙穗芬（前排右三）、中山大学副校长李萍（前排右四）等人合影。

2000年11月，台湾高雄中山大学"中山学术与两岸发展"学术研讨会期间，林家有、梁碧莹伉俪合影。

2000年11月，台湾高雄中山大学"中山学术与两岸发展"学术研讨会期间，林家有、梁碧莹伉俪与孙中山孙女孙穗芬（中）合影。

2001年，参加某学术会议期间合影，左起：林家有、胡春惠教授、苑书义教授。

2001年3月，林家有教授（右一）与中外学者在中山大学珠海校区合影。

"孙中山与世界和平"国际学术研讨会　2001.3.11·广州珠岛
THE INTERNATIONAL CONFERENCE ON SUN YAT-SEN AND THE WORLD PEACE　华华照相馆摄影

　　2001年3月11日，广州珠岛宾馆，林家有教授（前排右二）参加"孙中山与世界和平"国际学术研讨会。

　　2001年10月16日，武昌"纪念辛亥革命九十周年"国际学术讨论会，林家有教授（左）与日本孙文纪念馆馆长、京都大学狭间直树教授（中），上海师范大学历史系主任周育民教授（右）合影。

　　2001年11月26日，广东中山"辛亥革命与当代中国社会发展"学术讨论会，左起：台北"中研院"朱浤源研究员、首都师大邱远猷教授、林家有教授、张磊研究员、复旦大学沈渭滨教授、王杰研究员。

2002年12月18日，林家有教授在香港浸会大学留影。

2003年10月，天津"纪念梁启超诞辰130周年·梁启超与近代中国社会文化"国际学术研讨会，林家有教授（中）与辽宁大学董守义教授（左）、中国社会科学院曾业英研究员（右）合影。

≪国共关系与两岸关系丛书≫出版座谈会纪念

2003年11月20日于武汉

2003年11月20日，林家有教授（三排右八）参加武汉《国共关系与两岸关系丛书》出版座谈会。

2004年6月11日，林家有教授（后排中）参加博士生答辩。

2004年7月，广州"孙中山与世界"国际学术研讨会，左起：陈三井教授、林家有教授、南开魏宏运教授。

2004年7月，广州珠江夜游船上，与狭间直树教授（左）合影。

2004年7月，广州珠江夜游船上，与陈三井研究员（右）合影。

2004年11月9日，浙江绍兴鲁迅纪念馆，林家有教授（左）与章开沅先生（中）和陶成章之孙陶永铭先生（右）合影。

2004年11月11日，林家有教授（前排右二）与孙中山之孙孙治平（前排右三）等人合影。

历史学系博士论文答辩

2004年12月11日，林家有教授（前排左二）参加博士论文答辩。

"近代中国与亚洲"学术交流会

2005.1.18于广州中山大学

2005年1月18日，中山大学永芳堂，林家有教授（二排左二）参加"近代中国与亚洲"学术交流会。

　　2005年5月12日，天津"孙中山与中华民族崛起"国际学术研讨会，林家有教授（左）与安徽民革汤明珠先生合影。

　　2005年8月21日，南京中山陵，林家有教授（右三）与南京大学张宪文教授（右五）等人合影。

　　2005年10月15日，武汉，林家有教授（左）与四川大学隗瀛涛先生（右）合影。

2005年6月，林家有教授与博士毕业生合影，后排左起：陈金龙、洪岚、冯云琴、阮春林。

2006年，林家有教授七十华诞，弟子赋诗祝贺，书法家林雅杰书。

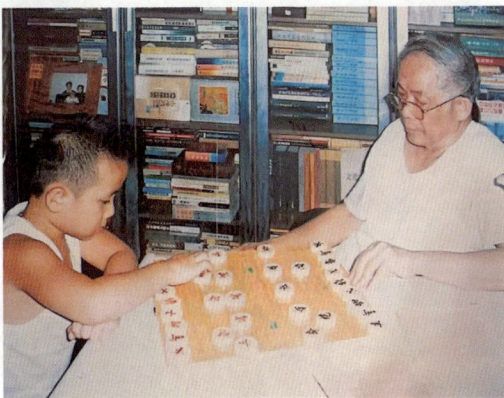

2006年，在家中书房与孙子下象棋。

　　2006年6月7日，香港大学树仁学院，"廿一世纪华人社会的历史教育"研讨会，林家有教授（左二）、梁碧莹教授（右二）与香港浸会大学鲍绍霖教授（左一）、香港树仁学院李秀国教授（右一）合影。

孙中山基金会第二届理事会第一次会议合影留念
2006年7月8日

　　2006年7月8日，广东省社会科学院，林家有教授（前排左三）参加孙中山基金会第二届理事会第一次会议合影。

　　2006年8月，浙江溪口宾馆，右起：林家有教授、蒋永敬教授、胡春惠教授、李谷城研究员。

2006年，林家有教授（右一）陪同日本学者野泽丰（左二）看望陈锡祺先生（左一）。

纪念孙中山先生诞辰140周年学术讨论会留影　　中国 翠亨 2006.11

2006年11月，中山市翠亨村，林家有教授（二排左起十三）参加"纪念孙中山先生诞辰140周年"学术讨论会。

2006年11月，林家有教授（右二）与周兴樑教授（左二）等参加中山市孙中山纪念馆"纪念孙中山先生诞辰140周年"国际学术研讨会留影。

2006年11月，中山市孙中山纪念馆"纪念孙中山先生诞辰140周年"会议期间，林家有教授（右）与日本学者中村哲夫教授（左）留影。

2007年7月，中山大学马岗顶，端木正教授塑像揭幕仪式合影，林家有（前排左二）、梁碧莹（前排右二）。

2007年11月，林家有教授（右）参加澳门"孙中山思想与华人世界"学术研讨会，与谢俊美教授（左）合影。

2007年11月，在广东省潮州市韩文公祠考察期间，林家有教授（后排左二）、梁碧莹教授（前排左二）等中山大学历史学系党总支老师与胡守为教授（前排左四）等合影。

2007年11月，张岂之教授（左三）来广州讲学期间，与陈春声教授（左二）、张荣芳教授（右三）、刘志伟教授（右二）、林家有教授（右四）等人合影。

2008年10月，香港"宋美龄及其时代"国际学术研讨会，林家有教授（左）与李谷城教授（右）合影。

2008年12月，林家有教授（左二）访问台湾时与张磊研究员（左一）、台湾学者陈三井研究员（右一）等人合影。

2008年12月，台北中国国民党中央党部，国民党主席吴伯雄（左三）、林家有（右三）。

2009年，与台湾学者蒋永敬伉俪合影于中山大学珠海校区。

"孙中山·辛亥革命研究回顾与前瞻"高峰论坛 广东 翠亨 2010.11

2010年，中山市翠亨村，林家有教授（二排右三）参加"孙中山·辛亥革命研究回顾与前瞻"高峰论坛。

2011年5月，林家有教授参加上海"宋庆龄及其时代"国际学术研讨会留影。

2011年10月，湖北武汉"纪念辛亥革命100周年"国际学术研讨会，林家有教授（中）与王晓秋教授（右）、赵军教授（左）合影。

2011年，林家有教授在中山大学北京校友会举办的"北京中山论坛"留影。

林家有教授接受采访。

2014年4月，海口"宋氏家族精神遗产及其价值"研讨会，林家有教授（右二）与海南师范大学胡素萍教授（右一）等人合影。

2014年11月，林家有教授在上海"纪念孙中山·全球视野与中华振兴"国际学术研讨会上发言。

2014年11月，中山市翠亨村，林家有教授（二排右九）参加"中国国民党一大暨第一次国共合作成立90周年"学术研讨会。

2014年8月，中山大学历史学系五八级部分同学在中山大学黑石屋前留影。林家有（中）、梁碧莹（左二）、余定邦（右二）、林卓才（右一）。

2016年10月，庆祝林家有教授治史50周年，林家有教授（二排右五）、梁碧莹教授（二排右四）及全体弟子合影。

2016年11月，中山市翠亨村孙中山故居"纪念孙中山先生诞辰150周年"国际学术研讨会，林家有教授（左）与张磊研究员（中）、冯祖贻研究员（右）合影。

2016年11月，林家有教授在"第三届海峡两岸中山论坛"学术分论坛上发言。

2016年，林家有教授（前排左八）参加中山大学"第三届海峡两岸中山论坛"学术分论坛并合影。

　　2016年12月，广州从化，林家有教授（前排左五）参加"纪念孙中山诞辰150周年"学术研讨会。

　　2017年2月，林家有教授（右）与章开沅先生（左）在广州。

　　2017年4月，林家有教授在仲恺农业工程学院"中华民族复兴学术研讨会暨廖仲恺何香凝文化节开幕式"发言。

　　2017年7月，林家有教授（前排左四）参加中山大学历史学系"孙中山与中西文化"研习营并与两岸师生合影。

　　2017年11月，林家有教授在中山市"第五届孙文论坛·时代变迁与孙中山思想的发展与阐释"研讨会上发言。

2017年11月，林家有教授（前排右四）参加《孙中山史事编年》《孙中山全集续编》发布会暨2017年中国孙中山研究会年会。

2020年7月，林家有教授（左）受聘为上海宋庆龄研究会特聘专家，上海宋庆龄研究会会长、上海市十四届人大常委会副主任薛潮（右）颁发聘书。

2021年，林家有教授在中山大学历史学系永芳堂讲学厅做报告。

林家有、梁碧莹伉俪安享晚年。

林家有教授在广州大元帅府博物馆前留影。

前言

写回忆录就是讲自己的往事。何谓往事？往事就是以前发生的事。

我的往事，也即我的人生经历，或者说是我的个人历史。

历史是错综复杂的，历史学就更是一门高深的学问。没有材料，写不出好文章，有了材料如回忆录、日记之类的史料，有时候也未必反映了人物的真相。我的历史，即我的人生，说来非常简单。我没有复杂的经历，也没有经历过惊天动地的事情，我压根也只是一个出身卑微、来自贫苦农家的孩子。阴差阳错，我学习历史，研究历史，写过历史书，从事教历史的职业，成为一个被一些人瞧不起，也被另一些人羡慕的大学教授。从1958年我考入中山大学历史学系至2020年，六十多年的史学浮沉我都经历过，但对我的影响并不大，因为我当年没有大志，只是想找个工作岗位，能够有事干，能挣钱养家即可。

在治史学的日子里，在中国科学院民族研究所和中山大学任职期间，我虽然很用功，也写了不少东西，并有一个享受国务院政府特殊津贴专家的称号，但惭愧得很，我只是一个平凡的学人和大学教师。不过这也很好，弄得个自我安慰，心里踏实，活得潇洒，活得自在。

有人说过，"历史书是强者生存的课本"，是"人们生存的智慧库，是人一生可以获得精神力量的不竭源泉"。我通过学习历

1

史，研究历史，现在又撰写自己的历史，会起到什么作用？对于我来说并不重要，重要的是说明我平凡人生的过程。正由于有这个过程，我的人生才有意义，才有乐趣。说起研究历史，我没有固定的历史观，但我有立场，有审视历史问题的角度和方法。我应该研究什么，不应该做什么，我心里明白。我平凡的大半生都在研究所和大学里从事研究和教书育人的工作，除了书就是人。非常幸运的是我留下了一些文字成果，培养了一群勇挑重担、人格高尚和学有所长的博士、硕士和本科生。所以，我写历史，就是我写我的心，写我的爱和憎，写我的学术人生经历。经历就是人生的经验、教训，就是人生的精神。因为我长期从事教师职业，所以，我这本回忆录，除了写我自己，还要写我的学生，更要写那些悉心呵护我的成长、认真教诲培养过我的老师，以及给予过我帮助、扶持我成长的先进前辈，亦师亦友、可敬可爱的那些先生和朋友们。

在这里我所写的是我真实的记忆，是有血有肉有灵魂的自我。我虽是大学教授，如今又退休养老，尽管退而不休，但也没有多少动人的事，只有一些平淡无奇的故事。我将这些故事的概略记下，只是纪实，不是写小说，所以没有任何虚构。这些纪实，谈起来未免有些烦闷，但它真实，其中讲我成长过程中的故事，目的是留下一些启导人生的感悟。我一生最大的体会，那就是只有努力学习，增长才干，积累知识，增长智慧，才能改变自己的命运，只有追随中国共产党指引的正确方向，努力奋斗才有前途。教吾者老师，海吾者历史。任何人都不能忘记自己成长的历史，忘记了过去，就是对历史的不忠，对自己的不负责任。

我这本回忆录主要是叙述我的学术经历，讲一些学历史和研究历史的经验和教训。六十多年来，我随着国家的历史变迁，与新中国一起前进。学术成果有多少不重要，重要的是要懂得研究历史究竟是为了谁，为了什么。做学问当然是为了自己，但更重要的是为了祖国的富强和人民的幸福，以及社会的文明进步。

我是同中华人民共和国一起成长的幸运者，共产党领导人民解放我的家乡，随即把我送去读小学、中学、大学。大学毕业后又将我分配到北京中国科学院哲学社会科学部民族研究所从事学术研究工作，后又把我调回母校广州中山大学当教师，从事教育，培养为国家、民族和人民服务的学生。我回忆这些往事，主要是想说明是中国共产党、是中华人民共和国、是伟大的中国人民、是教育过我的老师和许多亦师亦友的前辈学者，改变了我的命运。党和国家培养了我，师友的帮助和提携给了我知识和为人民服务的智慧，使我有能力完成和实现我的责任和使命。

我把我的人生历程记录下来，不是在炫耀我自己，也不是想通过这些文字让人们误解我的人生。像我这样出身贫穷农民家庭的人，对传统文化知识了解不深，对外国文化了解又不多，其实不宜做学问，但历史把我推上这个位置，我只好下定决心去应对，数十年的耕耘，也结下果实。我选择以历史为业的道路，读史改变了我的人生历程。

回想起来，几十年来我读历史、研究历史，虽然没有多大的贡献，但我有家国情怀和公天下的思想。读史治史很辛苦，但我乐在其中，直至现在我每天都还离不开读书。读点历史书，思考一些历史问题，将历史与现实结合起来，使我看到国家美好的未来。现在世界乱象横生，这是不同政治制度下人为制造出来的，但人民毕竟是历史的创造者、发展者，也是社会进步、文明的守护者。所以，我一生读史、治史，其实也是为了国家的富强、民族的团结、社会的稳定和人民的幸福，为实现中华民族伟大复兴的中国梦尽点力，做点事，实现我当初选择读历史、研究历史、教历史的使命初衷。

Contents

目 录

一、感谢新中国对我的培育

（一）我出生在粤西一个贫穷农民家庭

我的家乡是粤西雷州半岛北端廉江县（今为廉江市）西45公里的长山镇罗村乡鱼良滩村。该村全都姓林，是明末清初从福建省泉州安溪迁来的客家人。从始祖一梅公到我"家"字辈已历16世，约300年，至今天已将近400年。我所居留的村子原有茂密的森林，周围藤萝相绕，荆棘丛生，蛇兽蛰伏，是常闻虎声之地。旧时的家乡是一个交通不便，经济、文化十分落后的贫困山区农村。在我出生时的鱼良滩村，后有山，松树挺拔，杂草丛生，树草交错，空气清新；村前有一小河，本村因建于该河滩头而得名。河水清如镜，鱼虾漫游，是本村农用灌溉、村民用水的源头，是因河而有村，有村而有民。村的中央由东向西有三大鱼塘，塘边竹子成片，村中数十户农家错落在鱼塘南北两边，全村人靠种地为生，过着自然经济式的传统农村生活。由于经济落后，村中农民十分贫困，房屋破旧，衣着简单，民风淳朴，文盲居多。村中连一间小学都没有。所以本村村民自明末清初由福建泉州安溪南迁至此处，从未出现过什么秀才、进士。

1937年七七卢沟桥事变发生，全民族抗日战争开始。村中长辈告诉我，我是在这一年中秋节后的一个白天出生的。究竟是哪一天

1

出生，因为父母早逝，谁也说不清。我现在的生日1937年10月5日是我读书以后推算出来的，没有确实依据。但因我降生，小村增添了一些议论话题，也为家人苦中加乐，成为人们议长论短的笑料。我父母均是文盲，没有文化，他们随便给我起了个非常俗气的名字："家有"，寓意之一是从此我们家已有了孩子，之二是因为家贫，希望由儿子这一辈起改变一无所有的境况。我母亲虽是文盲不识字，但为人忠厚，待人和蔼，同乡里的叔婶关系很好。她整天在田里辛苦劳作，为了一日三餐奔忙，日子过得非常艰难。1941年5月母亲又生下我的弟弟，原名亚五，后称林家俊。此后一家4人，全靠父亲当肩挑夫和母亲务农维持生计。父亲也是文盲，大字不识，但性格刚强；母亲敦厚，为人仁慈、谦爱。父母艰苦经营，虽盖了三间泥砖屋有了居室，但屋中除了一张大床、一张餐桌、一个木柜和一个水缸，以及做饭的厨具外，没有可用的东西。

6岁应该是上学的年纪，但我不仅未能上学，反而从此过上更凄惨的生活。记得在是年的夏秋间，家乡的天气渐渐变凉了，但村中则是萧疏鬼唱歌，一片悲哀。天花病流行，夺走了村中10余人的生命，我母亲也没有逃脱厄运，染上天花病走了。当时的乡下没有医生，也没有钱请医生疗治，我的母亲本来身体强壮，但得了天花病后，无医无药救治，就这样凄惨地离开了人间。为什么我母亲会患上天花病？为什么这样严重的天花流行病无人过问，也没有人采取应急措施，让人一个又一个地白白死去？这样可恨的社会，这样悲凉的人间生活，究竟何时才能结束？我当时未能意料，但从此，我失了慈母，成为一个失去母爱的孩子。没有吃，没有穿，脸黑黑的，手脏脏的，今天在这个叔婶家吃一餐，明天在那个叔婶家过一日，过了今天，不知明天。我将会如何走完这漫长的人生，我不知道，别人也无法知晓。我当时只有怨恨，只有沉默。天是黑沉沉的天，地是黑沉沉的地，我失去了人生的希望，但我又必须活下去。

过些日子，父亲终于从绝望中惊醒。日子还得过下去，但无地可耕，又不能靠天施舍，为了他自己，也是为了我与弟弟的生活，他从亲戚那里借点小钱开始做点小买卖。他挑着一担油、糖、花生等杂货，串村走寨地叫卖。天长日久，父亲的叫卖成了四里八乡固定的模式，一二三走什么村，四五六又到哪个寨，人们都已知道他的行程。需要买点什么油、糖、杂物的人们总是等着他的到来。许多人买了东西不给钱，因此每天要记账。而父亲不识字，记不了账。从此，父亲叫我到本村汝琢叔办的私塾读书识字。这间村中私塾起初在汝琢叔家中，本村和邻近村中的小孩有20—30人上学。汝琢叔起初教我们描红学写字，然后教我们认字，读起那"人、手、足、刀、尺、山、水、牛、羊"的破旧读本。白天跟着老师一遍又一遍地重复朗读，晚上又到私塾学校去听老师背读古书。汝琢叔不教我们1+1等于2，2减1等于1的算术。这时我已近10岁了，在汝琢叔的私塾读了一年多书，后该私塾迁往本村邻近的盘古庙，该庙有正堂上下二间，又有厢房两大间。我们晚上跟老师汝琢叔住在庙里，还有看庙的叔叔也住庙里。村中一些有文化的人也聚居在那里，他们说村中的往事，背诵古诗古文，无形中使我得到启迪和教育。我听不懂他们背诵的古诗古文是什么意思，后来才明白他们背诵的有唐诗、宋词，也有《三字经》和《古文观止》等许多范文。

这个时期也是抗日战争结束后的国共内战时期，我所在的乡村是中国共产党领导的粤桂边区游击队总部所在地。游击队出没在邻近的村舍，也经常能听到游击队与国民党地方实力派交火的枪声。晚上游击队的同志还到我们学校所在的盘古庙跟我们聊天，启导我们觉醒，还经常教我们唱《没有共产党就没有新中国》《解放区的天是明朗的天》等革命歌曲。他们还经常跟我们讲打土豪分田地，农民翻身求解放的道理和故事。

我在本村私塾读了两年半书，我生性刚强，从不服输，非常刻苦地学习，克服了许多常人不能理解的困难。我悟性较强，老师一讲我便明白。我年幼丧母，无人管教，放荡不羁，但我是非分明，绝不做损人利己的事。我读私塾住的盘古庙较偏僻，别的小孩不敢居住，我则住在那里，遇到游击队的同志，虽然他们腰上插有手枪，但是我也不害怕，所以村中父老给我起了个小名，称我为"铁胆"，说我人小胆子大，敢作敢为。

在全国解放前夕的1948年，我们村有点文化的人都参加反抗国民党统治的游击队去了，我的堂叔林济君、林济耀，邻居林济梅叔、附近村的林济汉等都参加了革命队伍。我的同学林家垚也参军去了。解放初，邻居林家贤、林家欣、林家佑等也都参加了工作。解放前夕，我挺想跟济耀叔、家垚兄他们一起参加游击队，因他俩都是我念私塾时的同学，但因为我年纪太小不能成行。1949年下半年，国民党的军队兵败如山倒。我的家乡廉江县成为国民党兵退守海南岛的必经之道。国民党兵刚走，解放军紧追其后，乡民分不清谁是国军，谁是解放军，只要听到有军队进村，村民则往山上躲藏起来。我父亲就曾拉着我兄弟俩往山里藏匿起来，因为军队一来，便要捉一些年轻人为他们扛东西，随军而去，弄得年轻人不敢在家。待军队离去，他们才又重回家中。

我出生在日本侵略的苦难时期，生长在国共内战的战乱年代，母亲英年病故。我过了今天，不知明天如何过。我痛恨这样的环境，更痛恨当时的社会。当时我没有理想，也没有追求，连活下去的希望都没有。每天都在村中游荡，跟同龄人嬉戏，在稻田里寻觅谷穗，在村中赌场里看人打牌。有时就在同龄人家中吃午餐，晚上和几个同龄小孩睡在一起。一天又一天地过着地狱般的生活。我诞生在这样的社会，这样的时代，这样的家庭，非常不幸。所以，我不爱我家，也不爱当时的中国社会，我没有爱，因为我没有得到什么爱，也没有人爱过我，在我心中的只是恨，但因为年幼也不懂得去恨谁。对于这一切我无法回避，也无法选择，只能默默地承受着，我没有未来，过一天算一天。当时我不懂事理，也没有什么理想和追求，只好默默地承受着苦难，等待着人们的安排。

我是无神论者。我从小就不信神，不信鬼，不信上帝，也不信佛。村中的一些人遇到一些灾难就去土地庙求神拜鬼，我也去凑热闹，看大人那装神扮鬼的愚态，口中念念有词，说些不着边际的胡言。我从小就养成一种以自我为中心的性格，我谁都不相信，只相信自己。我从小就有自己救自己的愿景，坚信天无绝人之路，只要自己努力，就会有作为，就有我的未来。这种自我、自信、自强的意识支撑着我，鼓舞着我，使我决心自己救自己。所以，我没有在苦海中沉沦，苦难没有将我压倒。

我从小就养成了好强的个性，村中的野孩子也不敢欺负我。慢慢长大了，懂点事理，我也学会了等待，如有一天家乡得救了，我就有希望了。这一天，我终于盼到了，这是光明的一天，那就是人民解放军进村了，家乡解放了。1949年夏秋，大批解放军进村，并在我们村的打谷场砌起炉灶煮饭，战士们荷枪吃饭，并唱起《解放区的天是明朗的天》等歌曲。村中父老叔婶、兄弟姐妹都在围观。解放军进了村，我的家乡变了天，我也重新燃起了生命之火。

人生旅途坎坎坷坷，走好第一步非常重要。人们常说："千里之行，始于足下。"一个人一生有许多未知数，但如何对待自己人生的开头则非同小可。就此而言，我又是一个十分幸运的人，我出生在一个不幸的家庭和不幸的年代，但我赶上国家的变革，赶上了由中国共产党领导的新中国，是共产党的干部驾驶的解放牌头班车将我送往通向美好人生的遥远征途。没有共产党就没有新中国，没有国家和政府将我送去学校接受教育，学习知识，树立做人的品德，也就没有我的今天。所以翻身不忘共产党是永恒地、深深地铭刻在我心中的记忆。

（二）家乡来了解放军，我终于有机会上学读书了

我的家乡同全国一样是在1949年夏秋间解放的。解放区的天是明朗的天，解放军来了，共产党派人来了，死寂的乡村一下又活跃起来了。解放军渡海去解放海南岛了，但每天晚上，游击队战士都来，因为当时我们乡下还有土匪和蒋介石残余地方防营。游击队的同志教我们唱革命歌曲，动员民众组织起来支援解放军，解放全中国。

1949年10月1日，中华人民共和国成立。从此，穷人翻身解放了，我终于盼来了救星共产党，盼来了阳光和太阳。我得救了，重新燃起了人生的希望，我也有了追求：希望成为一个有文化、有用于社会的人。

1950年春天，我终于上小学读书了。

我上学读书的小学是廉江县私立德用小学。德用小学的前身是罗村林氏腾芳书院，该书院于1928年建成，原来在罗村林一梅公祠堂，后迁址到瑞坡。它是由罗村林氏祖尝田业出资和各房份进祠牌位集资兴建。书院竣工尚有余资则用以购置田产出租，作为书院独立资产。书院宗旨是培育人才，一方面收取田租奖励升读高一级学校的林姓青少年，考上初中者奖稻谷一石（折130斤），考上高中者奖谷两石，考上大学奖谷三石；另一方面在书院内创办学校，设高级小学班和补习班（旧称国文馆），作为各村私塾的提高班。

书院大门额书写"腾芳书院",左右对联为"腾翻学海""芳滋琼林"。

1949年10月,由林克平(家瑞)、林敬国等组织各房代表对时任书院主事林传益、林郁德等人主管的财务账目进行核算清理,然后组织5人管理班子,由林济玉、林经正、林济崇、林适云、林国钦接管书院田产,缴交公粮支援中国人民解放军海南岛前线部队,余下部分租谷和现金全部投办学校。继续办一至四年级,恢复招收五、六年级学生,推选林济玉为继任校长。我于1950年春入学读五年级,当时称德用小学。除校长林济玉外,尚有教导主任林家善,教师林经正、林济棠、林济立、吴佩华、罗继强和工友3人。1952年,德用小学易名为瑞坡小学,由私立改为公立。该校当时条件还不错,屋虽是泥砖砌的,但课室开阔,光线充足,五、六年级学生晚间都在学校住宿。学校四周由石头砌的约10米的城墙,像个城堡。

1952年后中学改为秋季招生,为此我在德用小学读了两年又六个月的书。这是我新人生的起点。这所由中国共产党党员创办的学校不仅将我导引上了正确的道路,让我确立了正确的人生观,也使我明白了工人阶级全靠自己救自己的道理。从此我便暗暗地下定决心,我要发奋读书改变自己的命运。在同班同学中,我的确算得上品学兼优的学生,得到学校老师和同学的称赞。

1952年秋,我考上廉江县塘蓬中学(后改名廉江县第七初级中学)。塘蓬中学坐落在塘蓬村黄姓祠堂里。本地的几幢黄姓宗祠经过改造,有教室,有宿舍,也有球场,但潮湿阴暗,连电灯都没有。生活很艰苦,但心情却很愉快。我入学时初一招两个班,初二、初三各一个班。全校4个班学生只有200多人。全校的教职工不到10人。这是一所农村的小学校。我被分到甲班,并被指定为班长。当时是义务教育，上学不用交学费，连书费杂费都不用交，学校每月还给我30斤大米补助。比我高一级的同学唐煜光、张坚光和同班的唐启光家庭条件稍好，每周末他们回家带来粮食、咸菜之类的东西让我与他们一起食用，使我能安心下来学习。

可是就在我艰难度过初中一年级时，不幸从天而降，由于过分劳累，我父亲患肺病无钱医治离开了人间。在1953年初春，刚开学不久，村里来个叔叔把我从课室叫出来，告诉我父亲昨晚不治而逝。我一下呆了，什么话也说不出来，但眼泪却不断地流出来。我向老师和学校请假，跟随来接我的叔叔回家。到了廉江县塘蓬区政府见到赖炳寿区长，我告诉赖区长我父亲死了，我要回家与他告别。他安慰我几句，要我回家办完丧事即回校，不要影响学习。我点头，并说："请放心，我会赶快回校。"从此我成了孤儿，脑袋一片空白。堂叔林济君帮助我处理完我父亲的后事之后，我便赶回了学校。弟弟家俊（小名亚五）由我堂叔（我们称他为四叔）养育。

新中国成立初期的学校，设备简陋，中学连个图书室都没有，但教师尽心尽责，教风、学风都很好，师生之间、同学之间互教互学，互相帮助，像是一个大家庭。因为我是学生干部，每年暑假上级团委都组织我们到高州中学或廉江县城师范学校培训，让我们增长才干，学会管理。1954年暑假，我被团廉江县委推荐到广州参加华南团校第13期学习班。当时，廉江全县只有7所中学，每个中学推荐一人参加学习班，廉江一中是陈其民，廉江四中是何江，第七初级中学是我，其余的同学记不起了。全县7位学生团支部的代表由团县委颜汉仁同志带领，到广州西村自来水厂附近的华南团校学习。在华南团校两个月的培训，对于我的政治道路选择起了关键作用。我不仅思想开了窍，更重要的是通过在广州的参观、学习，我看到许多在农村看不到的新东西。我看到了城乡差别，使我更加下定决心要走出农村，走向城市，学好本领，争取美好的未来。学习班结束回到学校，正值新学年开始，我被同学选为学生会主席。

在廉江县第七初级中学读书时，我有幸遇到多位认真负责、为人师表的好老师。班主任语文教师李慕贞，既是恩师又像慈母，她不仅对我无微不至地关怀，教我如何作文，又教我如何读书，使我增长知识，增长才干。数学教师陆之平，平时跟我们一起打篮球，一起聊天，他教书认真负责，像个慈父，又是严师。语文教师黄敬存、陈皓，英语、体育教师黄桂孚，还有刘付燊、黄宙，校长黄存伟、谭叔桢，及其他教职员工，尤其是厨房工友十叔对我十分关照，总之他们对我的成长都付出了很多很多。他们有的已经作古，我永远怀念他们，敬慕他们；有的还健在，我衷心祝福他们健康长寿。没有他们的辛勤栽培，没有他们对我的关爱，就没有我的后来，更不会有我的今天。在夜深人静的时候，我经常会回忆起这一段读书经历。对于这些无私奉献的老师，我一辈子感谢他们，永远永远地崇敬他们。

1955年夏天，我初中毕业，随后考上县城廉江一中读高中。廉江一中（今廉江中学）创办于1919年，是一所历史悠久、有光荣革命传统的学校。早在大革命时期，廉江中学学生关泽恩等就加入中国共产党，组成了廉江县第一个中共党支部，领导着全县的学生运动和工农运动，使黑暗的廉江旧社会燃起熊熊的革命之火。1940年廉江中学中共党支部成立，随即发动学生参加廉江县青年抗日战争，组织一批校友参加高州学生队的战工队，宣传和发动群众参加抗日救国斗争。抗战后期及解放战争时期，廉江中学学生纷纷放下书本，走出学校，奔赴解放区参加革命，有不少校友为革命献出了宝贵的生命。

廉江一中位于县城三台岭南面，校园冬暖夏凉，花木扶疏，环境清幽，是个读书学习的好地方。这所中学至今已经有100多年的历史，为国家培养了大批各类建设人才。

1955年廉江一中高中一年级只招一个班共50名学生。我进校后不久，廉江一中改名廉江中学。当时的校长是李承煜先生。他早年投身革命，参加抗日斗争，后在广州某所大学读教育系，中年执掌教鞭，是一位德高望重的老革命教育家。他虽身躯消瘦，但精神饱满；他讲话幽默，思想深刻；他关心学生，尊重教师，是一位很有领导才能和深受师生尊崇的校长。教导主任是陈庆昌老师，他也是我高中三年级的语文教师。学校领导对我的关照无微不至，不仅给我最高助学金，团廉江县委又安排我为廉江中学共青团委员会副书记，书记是专职干部，原是谭瑞玉后是林准。要我当学生干部的目的是让我在工作中锻炼，在学习中提高。我也不负众望，努力学习，积极工作，也喜欢锻炼身体，初中一年级时便被评为学习好、思想好、身体好的三好学生。

在廉江中学读三年高中是我人生的转折点。廉江中学的学习环境良好，不仅使我学到许多基础知识，浓厚的政治氛围还让我经受了锻炼和考验。为了实现上大学的理想，我如饥似渴地寻求知识；为了能圆大学梦，我非常认真地接受老师的教育。我高中的英语老师梁崇梓老先生，教课认真，经验丰富。他当时已是60多岁的年纪，可他讲课时朗读课文声音清晰，我们跟着他一句又一句地朗读英语，犹如家中祖父辈在教儿孙读书学习一样的亲切。梁汉英老师教的化学课，高培彬老师教的物理课，李一贤老师教的数学课，陈庆昌老师教的语文课，刘付铜老师教的政治课，岑汝禧老师教的历史课，刘付坚老师教的地理课，还有张思维老师的制图课，都给我留下终生难忘的记忆。各位老师为了帮助我们考大学，不仅编了许多参考资料，还经常对我们进行认真细致的辅导。他们很辛苦，也非常执着。他们把我们视为亲生的儿女，多方照顾，热情培育，又把我们当作国家民族事业的接班人，寄予希望，谆谆教诲，希望我们考上大学，继续深造。我只要想起当初在廉江中学接受教育的情景，就感动不已，真要谢谢他们，谢谢那些默默地、辛勤地栽培我们的老师。

总之，在廉江中学的三年，我学会了读书，增长了做事的知识，也学会了做人，积累了为人民服务的本领。我日夜勤奋读书，终于实现了人生理想，考上了中山大学历史学系，成为由20世纪中国的伟人孙中山亲自创办的名牌大学的一名学生。我过去连做梦也没有幻想过能上大学读书，更不敢想到名校中山大学读书，但经过老师的教育、培养和自己的努力，在廉江中学读三年高中让我成为了中山大学的一名学生。人的出身自己不能选择，但前途和事业的成败，自己则有决定权，那就是认真读书增长知识，学会做个有品德、有高尚人格的人，永远沿着正确的方向努力奋斗就一定会有自己理想的未来。

（三）立志以治史为业，考大学我选择历史学专业

1958年暑假我高中毕业，我们班50位同学，每个人都希望参加升大学考试，期盼进入大学继续深造。

选择什么专业是高三同学必须面对的问题。当时大学的专业不像现在那么多，只有工、农、医、地质、地理、生物、化学、物理、中文、历史、外语、图书馆学之类的传统专业，以及师范、艺术和体育之类。我对学工科没有兴趣，因出身农村更怕学农，学医时间太长，经再三考虑我选学文科。但当时文科只有中文、历史、外文、图书馆学，连哲学、经济学、社会学、人类学之类的专业都

没有，故学文科不是中文就是历史，选择余地很少，所以我第一志愿填报中山大学历史学系，第二志愿填报武汉大学中文系。

其实，在中学六年学习期间我没有特长，不过对中文、历史较有兴趣，尤其是对写东西兴味较浓，在高中二年级时我便经常为学校的黑板报和《廉江红星报》写些短文发表，为此得到语文老师陈庆昌先生表扬。历史课老师岑汝禧先生教得很好，他对历史人物和事件陈述简洁，讲述生动，对我也是一种吸引。加上我有两位廉江中学的师兄，一位是1956届的江日亨，一位是1957届的钟永兴，他们都考上了中山大学历史学系。高中毕业前经过老师的介绍也知道了中山大学历史学系有许多名教授，如陈序经、陈寅恪、岑仲勉、刘节、梁方仲、杨荣国等。在全国高等学校中，中山大学历史学系挺有名气，故我在填报高考志愿时便毫不犹豫地填报中山大学历史学系作为第一志愿。

为了实现考上大学学习历史学的理想，我对中学历史课本做了非常认真的温习，还经常阅读一些通俗历史读物，老师也编有复习的提纲和参考资料。为了帮助记忆，我将古今中外的历史大事和人物分别用简表方式分门别类将主要内容抄录出来，贴在宿舍我的蚊帐顶内，每天午休和晚上睡觉前躺在床上温习一次。每天晚餐后，我就拿起书到廉江中学背后半山坡上找个地方坐下复习一个小时。我就这样慢慢地克服了对历史事件记忆上的障碍，学习大有进步。廉江县城南街有间新华书店，星期日我也会去书店读些参考书。中学时期的老师非常认真也很负责任，语文、历史、地理都编有参考资料发给每个同学复习功课时参考。而且老师还经常指导同学在考试时应如何回答问题，应如何安排答题时间等等。老师们为了同学们学好知识，兢兢业业，他们的确是做到了无私奉献。

1958年6月，我们参加大学入学考试。但廉江县没有设大学考试的考场，考生须到湛江市第一中学参加考试。当时廉江中学有一个班50名高中毕业生，在班主任刘付铜老师的带领下到湛江一中参加高考，全班同学住在湛江一中礼堂，每人一张草席铺在地上就是床铺。6月的天气非常闷热，夜间无法入睡，大家就是靠精神支撑着、煎熬般地过了三晚。

第一天考语文和地理两科。语文的内容分两部分，第一部分是语文知识，其中有将一段文言文翻译成白话文，还有造句和填空之类，具体内容记不住了；第二部分是作文，题目是"大跃进中的小故事"。我记得，我写的是廉江县全县举办"大跃进"动员大会，农业代表和县领导在大会上发言要放"卫星"，力争水稻亩产上千斤，养猪全县要达到多少头、每头多少斤之类，然后举起各种标语牌，敲锣打鼓在县城游行，高呼"大跃进"口号，围观市民鼓掌欢呼。这是浮夸风大长的年代，人人讲大话讲假话，我们这些青年学生也受影响，但学校是讲事实不讲假话的地方，而且讲假话也没有用，考试行与不行只看你答得对不对。受浮夸风的影响，我的作文也是在胡编瞎说，但那时也不懂得那是不好的作风。写起考大学的作文，我还是堂而皇之地按当时的风气在吹牛。考完语文一科，自我感觉作文写得不错。下午是考地理，经济地理部分考的内容是交通（铁路、港口）、物产之类，即哪里盛产什么农作物，哪个省有金矿、油矿、煤矿等的填空题。我对中国的自然地理，如什么名山、大江大河也都记得较多。地理科考得也不错。第二天上午考历史，下午考外语。历史考什么具体内容记不起了，只记得考得还可以。外语我考英文，但只是参考分，就不重视复习，考得不好。我考试的总分是多少不知道，因为当时考生考试成绩不公开，但最后我被中山大学历史学系录取。

与我同班考上中山大学的高中同学有4人，黄增贤、陈荣贤考上地理系，龙家权考上数学系，我考上历史学系。1958年8月，我们4人一起乘黎湛路火车由廉江—衡阳—广州（广九车站）。到了广州站，中山大学接待新生的同志们看到我们这几位穿着朴素、肩挑着简单行李的农村青年样子的人，便有一人上前问我们是不是来中山大学报到的，我们回答："是。"他又问："来自哪里？"我们答："廉江县。"他们说："一眼便看出来，你们来自农村，欢迎你们。"然后，接待站的同志将我们领到火车站汽车停车场，把我们送到康乐村，我们4人分别住到各学系的学生宿舍，我被安排住到中山大学东二学生宿舍。

1958年秋，中山大学历史学系共招收本科生90人，分甲乙丙三班，每班30人。这届学生全都是劳动人民出身的儿女，几乎都是共产党员和共青团员，个个都很纯朴，既能吃苦耐劳，又勤奋好学。用当时系领导的话来说，这一届学生就整体素质而言，超过以往中大历史学系各届同学。

我们进校后，"反右派"斗争虽已结束，但政治气氛还是很浓烈，每个班设有班主任，年级设有级主任，年级有党支部、团总支部。班主任都是刚毕业留校的优秀年轻教师，甲班班主任为张映秋老师，乙班为骆宝善老师，丙班为黄慰文老师，年级主任由骆宝善老师兼任。我被班主任指定为丙班班长。那个时候的学校基本上是学生管理学生，宿舍和室外环境卫生，以及课室的清洁全是由学生值日包干，学生的日常活动除课程是由系里统一安排外，其他如劳动锻炼、学生的思想工作和日常的管理基本上都是在班主任指导下，由学生会和共青团支部的小头目管理。

58级本科学生，学制是五年，这是中山大学首批五年制本科学生，三年修完基础课后，有两年修专门化课程。课程体系非常完整，基础课除马克思主义哲学、政治经济学、外语、体育为必修课外，专业历史课有世界通史、中国通史、世界史学史、中国史学史、历史文选，还有经典著作选读（如《家庭、私有制与国家起源》《资本论》《反杜林论》《国家与革命》《中国革命与中国共产党》等）。三年普通的基础教育，除了必修课外，老师还开设各种选修课供同学选修，尤其注意锻炼学生的实际能力，如举办课程讨论、撰写课程学习总结、考察历史遗址等，特别是一些实用课程如工具书使用之类很受学生欢迎。

当时中山大学历史学系的著名教授如岑仲勉、董家遵、梁方仲、刘节、戴裔煊、何竹淇等都为我们授课。陈序经、陈寅恪、杨荣国、朱杰勤等教授虽然没有专门授课，但他们的学术著作都摆在历史学系阅览室，方便同学们阅读，从中得到教育和启迪。当时正属中年的陈锡祺、蒋相泽、钟一均、金应熙、梁钊韬、何肇发、谭彼岸、宋长栋、秦如藩等正副教授是主要课程的承担者，他们各有专长，教课风格不一，但都对同学智慧的开发起了很大作用。从进入中大历史学系的第一天起，我就立志要成才，努力学习。在中大历史学系学习的五年中，因为贯彻教育部的教育方针，培养德才兼备的人才，教育必须与生产劳动相结合，除了有意识地培养我们懂得马克思主义，预防修正主义，安排很多阅读马列主义经典著作的课程外，还经常组织学习当年中共中央宣传部组织撰写的批判苏共修正主义的文章，政治气氛非常浓厚，个个同学都不敢在政治上有半点疏忽，从严要求自己。此外，还安排许多劳动锻炼，比如1958年秋进入中大后，正是"大跃进"的年代，开学仅几个月，为了参与"大跃进"，接受教育，中山大学文科中文系、历史学系的师生便拉队到东莞县劳动锻炼，中文系在虎门，历史学系在篁村。历史学系的领导是系主任杨荣国教授，队伍按年级分中队，班为小队。我们小队分到东莞县温塘村，马菊英、周连宽、张维持、陈锡祺、梁钊韬、麦佩芳、陈胜粦、黄慰文各位老师，还有兰州大学来中山大学历史学系进修的屈志义老师，与我们班"三同"（同住、同吃、同劳动）。我是小队长，马菊英老师是党支部书记，陈胜粦老师是中队劳动锻炼时的中队长。在"鼓足干劲生产，放开肚皮吃饭"的鼓动下，我们这些青年学生，个个干劲十足，上面叫干啥就干啥，虽意气风发，但蛮干苦干，干了许多蠢事。比如上面说要深翻土地，增产粮食，我们就将队伍拉到室外荔枝树下搭起帐篷住下，没日没夜地深翻土地，将原来很好的耕地深挖，将石头和黄土都掀了起来。这明明是破坏生态环境，却偏偏说是增产的措施。还有什么大炼钢铁之类的事，更是啼笑皆非的荒唐行为，捡些石头和废旧铜铁来铸铁，现在想起真是滑稽的闹剧，但在当时人人都非常执着和认真。为了将我们小队师生的热情鼓动起来，陈胜粦老师和我还创作了一首歌，歌名为《鼓足干劲生产，放开肚皮吃饭》。师生们每天扛起镢头、铁锹去劳动，大家唱起鼓劲歌，威风十足地走在田间小路上，干活累了又在唱，一唱就是数十天。在"放开肚皮吃饭"口号的鼓动下，当时人民公社食堂一日三餐，晚上干活回来还有宵夜吃，的确是放开肚皮吃了些日子。然而好景不长，很快便将农民的粮食吃得所剩不多，加上天灾和苏联的追债，饿肚子的日子跟着就来了。那时日真惨，记得当时中大食堂香蕉皮人造肉，什么"猪(mà)菜"都用上了，生物系老师还教学生去田间捉老鼠来食用，但同学还是叫饿，有的还得了水肿病。

记得在1958年的冬天，教育部在北京举办了一个"教育与生产劳动相结合展览会"，中山大学文科中文、历史学和外语系组团赴京参观展览，接受教育。那时我们还在东莞劳动锻炼，历史学系领导派我和李松生同学作为代表赴京参观展览。北京的冬天真冷，而我这个南方农村长大的人连个棉裤都没有，记得在我进京前，兰州大学来本系进修的屈志义老师将他的棉裤借给我用，但因他是个高个子，我这个南方人无法用上。到了北京，住在前门的一间旅店，每天要到西郊"八大学院"如航空学院、地质学院、邮电学院等院校参观展览，冻得够呛。晚上回来待在旅舍里不敢出去，旅舍有暖气蛮舒服，可是外面大风夹沙扑面而来真有点受不了。不过这是我首次远行进京，也有一种满足感。在北京，我们到天安门、北海、石景山、故宫、颐和园等地参观，看到首都建筑的气派，故宫、颐和园等遗存的深厚历史，天安门的庄严雄伟，都在我的心中铭刻。而对我教育最大，让我体会最深的，除了北京作为政治中心和文化中心所昭示的政治气势，以及清华、北大等高校的骄人成就，首都在我心中所凸显的更是中国人的聪明才智，是中国人的自豪和骄傲。走到北海，登上景山，放眼远眺，不仅中南海的神秘、故宫的气派尽收眼底，往东、往西望去更有一种望不到边的雄伟。古城北京真美。首次进京，见闻很多，有许多都是我闻所未闻、见所未见的事物，我很震撼，也很满足。北京给我留下了美好的回忆。

1959年寒假过后，我们回到学校康乐园过着正常的学生生活，所谓正常也是一面上课，一面"斗批改"，参加定期的劳动锻炼。比如，修建广州芳村铁路，开挖广州东湖公园、流花湖公园，中山大学的东湖、西湖也都有我们的身影，流下了我们的汗水。此外，我们还定期在校内参加建设生物大楼及其他建筑的劳动。由于劳动多，营养不够，不少同学都有透支过多带来的毛病。这些艰苦的生活，实在磨砺人、锻炼人。在那个改造人、锻炼人的日子里，人人都得硬顶上，没有退路，也没有别的路可以逃避。不过还好，因为我们是劳动人民的子女，正如我们年级主任骆宝善老师所常说的，"不知其父视其子"，说起劳动个个都是好样的。所以劳动关容易过，生活困难关难过。在那个困难时期，我们这些青年学生吃不饱饭，有时连油水都没有，还要劳动，还要上课，苦到那般情形，有时真的难以支撑，精神处于崩溃边缘。所以，在那三年困难时期，对于我们这些正在长身体、长知识的青年学生来说，损失的不仅是身体，更重要的是知识的匮乏和无知。

1960年大三年级时，曾庆鉴老师又带领我们班到东莞大岭山去考察抗日游击队活动遗迹。大岭山是出产荔枝的地方，农民带领我们男生爬上荔枝树摘荔枝，随摘随吃挺有兴味。

1961年暑假，我们三年基础课程修完，接着是有两年的专门化选修课，当时历史学系的专门化课程有中国古代史、东南亚史和中国近现代史，我选修中国近现代史。在这两年专门化训练中，除了陈锡祺、金应熙教授上课外，还有秦如藩、谭彼岸和周连宽等老师授课。青年教师陈胜粦、骆宝善也为我们开一些专题讲座。陈胜粦老师开设"马列主义经典著作与近代中国"讲座，帮助我们了解经典作家对中国近代如鸦片战争、太平天国农民起义、义和团运动、辛亥革命等的评价，为我们学习和研究中国近代史掌握历史唯物主义的观点和方法给予启导。与此同时，我们又阅读了马克思、恩格斯、列宁、斯大林和毛泽东的许多著作，使我们的马列主义理论水平有了提高，并初步掌握了马列主义的史学理论，为后来的工作打下了较为扎实的基础。尤其是陈锡祺先生带领我们到广州三元里考究鸦片战争时期广州人民抗英遗址和太平天国农民战争领袖洪秀全的家乡，骆宝善老师率领我们考察广州清军抗英炮台，以及广州郊区社学遗址等等，对我们的学习都有深远的影响。

我不聪明，但非常刻苦。在中山大学历史学系的五年，我非常认真地对待各种学习机会，如饥似渴地吸取各种知识，除了认真听课，做好笔记外，校图书馆、本系的资料室是我每天必去的地方。在校图书馆，我会利用各种工具书，解决我听课中不明白的地方，在历史学系资料室阅览室（陈嘉庚堂）主要是翻阅各种杂志和报纸，开阔了视野，增长了知识。我还经常跟同学们在一起校对课堂笔记，温习功课，做好考试的准备。在大学五年中我听了30多门功课，有的是选修课，有的是必修课。

人生最有意义的事莫过于读书，读书不仅增长知识，也提高智慧，学会分析问题，增强逻辑思维。在中山大学的五年读书经历，养成了我的学习习惯。我不喜欢背诵枯燥无味的史料书，而喜欢阅读那些既有分析又有理论的研究性论著，比如毛泽东的《新民主主义论》《论联合政府》《矛盾论》《实践论》，胡绳先生的《帝国主义与中国政治》，戴逸先生的《中国近代史稿》第一卷，还有黎澍先生的《辛亥革命前后的中国政治》等都是我最喜欢阅读的论著。正由于这样，我的毕业论文是在李坚老师指导下选题与写作的《马列主义在中国的传播与李大钊同志由民主主义者向马列主义者转变》，本文得李坚老师好评，被评为优秀，后来发表在《中山大学学报（社会科学版）》。正由于我对中国近现代史产生了兴趣，又学会了基本的治史方法，就注定了我后来的工作选择和学术生涯。大学毕业后，我进入学术机关从事学术研究，大学五年对我后来选择从事学术研究作为终身职业起了关键作用。

1963年7月，我结束了在中山大学的五年学习生活，等待分配，奔赴工作岗位。我们全年级（加上几名参加所谓劳动教养的高年级"右派"同学回校和个别因病休学重读的同学）90多位同学都在静默地等待着祖国的挑选，到祖国最需要的地方去服务。在学校分配工作之前，我们每一位同学都要填写工作志愿表。1963年中山大学毕业生的分配单位都不好，多数人都是到基层工作，历史学系多数人都要到煤炭系统从事教师和基层行政工作，只有少数人继续读研究生和到学术部门从事研究工作。毕业前，历史学系办公室主任宋长栋老师曾动员我留下做金应熙先生的研究生，但我以神经衰弱为由，不愿留校做研究生。历史学系党总支书记黄汉华同志也征求过我的意见，问我可否留下从事政治指导员之类的工作，我这个人有做行政工作的条件，加入共产党较早，初中、高中都做过青年团的工作，也当过中学、大学的学生会主席和班长，但我明白，我这个人心直口快，有什么说什么，容易得罪人，我的性格不适合做行政工作。所以，我对黄书记说："感谢您对我的关怀，但我还是希望到更适合我工作的地方去工作。"为此，我报名到北京中国农业科学院做农史研究工作，后李根蟠同学被分到中国农科院，学校则宣布分配我到北京中国科学院哲学社会科学部民族研究所，从事研究工作。与我同时分配到民族研究所的还有同班的林卓才和卢勋同学。后来我才知道是民族研究所派人来系里挑选研究人员，条件是学习好、身体好、能够吃苦耐劳，因为要到少数民族地区调查研究，女同学不太适合这样艰苦的工作环境，所以要人单位声称不要女生。我能分配到北京学术单位工作，也感到非常满足，这就注定了我后来的学术生涯，为我能"混迹"史学界，在学术界"招摇"数十年奠下了基础。在我们读大学时不能自己选择工作，全由学校根据用人单位需求，将同学分配到所需工作单位，所以有同学说，人生的命运不是决定于上什么大学，学什么专业，而是决定于大学毕业分配。读史悟人生，我在中山大学读五年书，聆听许多名教授的教导，不仅学到了做事的知识，也积累了做人的智慧和做学问的方法；不仅学到了做人的本领，也得到从事学术工作的基本训练。所以，在中大读五年书便奠定了我的人生历程。

回首往事，我非常感激，也觉得非常幸运，我热爱母校，更爱我就读过的历史学系，对于那些为我成长付出巨大心血和热情、已经作古和还健在的老师们，我永远充满感恩、感激的心情，我千遍万遍地说：谢谢。我没有忘却他们的教诲，我永远也不会忘却他们的关怀、爱护、指导和教育。就这样，我怀着感激、喜悦，又依依不舍的心情告别母校，辞别老师们准备北上，接受新的任务、新的工作，开始新的人生历程。

那个年代，我们都是四海为家，无论到了天涯还是海角，我们的心情都是一个样，祖国的需要就是最大的志愿。在工作分配问题上，虽有个别同学想不通，也有的同学对新的工作感到彷徨，但没有一个人抗拒分配。有些同学到了北方或西南各省因为水土不服，或家族的原因又调回到广东工作，但无论在哪里工作，他们都表现得不错，这是我们学校的自豪，也是我们同学的自豪。现在有一部分同学已经故去，离开了人世，想起当初同学五年，很多往事涌上心头，我不能抑制自己的情绪，对于故去的同学，我十分怀念他们。

二、中山大学历史学系老师的教风和教书育人的忆述

（一）中山大学历史学系老师授课印象记忆

恩师难忘。我在这里所提到的教授，是指在大学教育过我，给我上课，对我后来的学术经历产生过重要影响的老师。其他老师对我的教育也很大，因为记性的原因不能都详写，但我永远怀念和尊敬他们。

1958年8月至1963年8月，我在中山大学历史学系读本科，上的课有30多门，除了政治课、外语课和体育公共课外，基础课和选修课的教师都是历史学系的教授、副教授。比如刘节、梁方仲、戴裔煊、何竹淇、钟一均、金应熙、陈锡祺、蒋相泽、何肇发、周连宽、梁钊韬等先生，以及秦如藩、谭彼岸、宋长栋等老师。他们有的给我上基础课，有的是选修课。他们所教给我的知识性、通史性的知识我留下的记忆不多，但他们上课的认真，以及教授的学术方法有很多还在我脑中留存。比如，刘节先生给我们上中国史学史课，他编有教材，讲课时不带讲稿，不照文宣讲，而是拿着他编写的教材作解释，如司马迁的《史记》是如何写作的，内容是什么，影响怎么样，讲得一清二楚。他还给我们讲授历史文选，也是边读

边解释。当时是"斗批改"的年代，经常有人贴他的大字报，如遇外面读报栏有人贴他的大字报，他就是铃声响要上课了，也会对同学们说："你们先看书，我出去看大字报。"看完大字报，他照常上课，没有任何情绪性的表现，心中非常坦然。他的历史文选课，有的要我们背读，而中国史学史课则要求我们理解，不要求死记硬背。期终考试也是在堂上按规定的时间写读书体会和心得，不是出道什么偏题考你的无知。他的教学方法很适合像我这样爱动脑，但不喜欢死记硬背的学生。记得我们年级90多位学生选修他的中国史学史课，期终考试时得"优"的学生不超过10位，而其中则有我。我是丙班班长，考完他的中国史学史，我和其他几位同学曾到中大东北区原29号（今332号）刘先生的府上向他了解我们班考试的分数，刘先生在客厅接待我们，他还鼓励我一番，"林家有考得不错，希望继续努力"。刘先生是中山大学的二级教授，曾任历史学系主任，同学们都很尊敬他。我们年级的陈其泰同学（现为北京师范大学教授）毕业时还准备考刘先生的研究生，但由于刘先生对于当时学校和广东学术界批判他的"天人合一论"和所谓的资产阶级教育思想不检讨，故学校不允许刘先生招研究生，陈其泰毕业后只好被分配到河南省嵩山县教中学，"文化大革命"后恢复高考，他考上了北京师范大学著名学者白寿彝先生的研究生，研究生毕业后留校当教师，重点研究中国史学史和学术史，他出版的著作有10多部，很有成就。

　　还有一门课对我影响很大，就是由梁方仲、钟一均、金应熙、梁钊韬等教授共同开讲的马克思主义经典作家著作选读，梁方仲先生讲马克思的《资本论》，梁钊韬先生讲恩格斯的《家庭、私有制与国家起源》，钟一均先生讲列宁的《国家与革命》，以及《德国农民战争》《共产党宣言》，金应熙先生讲毛泽东的《中国革命与中国共产党》《新民主主义论》《改造我们的学习》等。我们过去没有读过，甚至从未接触过马克思、恩格斯、列宁、毛泽东的原著作，经过多名教授的讲解，我们不仅了解到马克思主义经典作家写作某书的背景，对待历史问题的观点，以及研究问题的方法，更重要的是了解做学问除了要有立场、观点外，更要读原著，注意原始材料的利用方法。梁方仲先生讲马克思的《资本论》，他第一讲就是讲王亚南先生翻译的《资本论》，此著是从英文版翻译成中文的，梁先生对照德文版《资本论》指出王亚南先生翻译的《资本论》不准确的地方，并用德文版的《资本论》给我们讲解。梁先生对学术的认真态度对我影响很大。钟一均、金应熙、梁钊韬先生的讲授也很精彩，从此我读了不少马克思主义经典著作，这对我后来的理论思维、学术观点产生极大影响。

还有周连宽先生当时是中山大学历史学系资料室主任，他的知识很渊博，我们到资料室查资料或借书有什么问题向他请教，他会非常认真地给你解读，介绍你读什么书。记得1977年我写一篇《论满文的创制与满语废弃的原因》的论文，胡守为先生请周连宽先生和谭彼岸先生审改，两位老师很认真，不仅提出修改意见，也给我提供民国时期有关学者研究满文的材料。周先生给我们开设一门"如何使用工具书"的课，非常有用，如四角号码字典如何查，《辞源》《辞海》的内容，历史地名、地图的应用，类书讲些什么，等等。这些都是做学问少不了的工具书，这对于我们这些将要走上学术岗位的学子非常适用。还有何竹淇先生讲宋史，他写过《岳飞传》一书，讲课时不照本宣读，基本不看讲稿，对史事非常熟悉。戴裔煊先生给我们上世界中古史，他编有讲义，上课不看讲稿，也不看学生。他知识渊博，古今中外都有研究，同学们很佩服他的记忆力。蒋相泽先生讲授西方史学史，也非常精彩，他将西方著名史学家介绍得一清二楚。陈锡祺、钟一均先生讲课也非常清晰，学生很喜欢他们开的课。其他许多老师讲课留下的记忆我已经淡薄，但当时中山大学历史学系的老师对上课都很认真，他们教导我们的治学方法和传授的知识使我终身受用。

在四、五年级这两年，我选修中国近现代史，这也是我后来从事教学、研究的方向。在中国近现代史方面，当时的中山大学历史学系人才济济，老中青相结合，老的有陈锡祺、金应熙、谭彼岸、秦如藩、李坚等老师，所谓老，其实当时他们也只是中年，老是资格老，青年教师有张克谟、禤倩红、陈胜粦、骆宝善、黄淑伟、黄萼辉等。在这众多的老师中，我接触骆宝善老师最多，因他是我入校时一年级的级主任，又同在一个党支部过组织生活。他对我的教育最多，影响也很大。他没有为我们讲课，但他平时与我接触多，他知识渊博，口才很好，在学习方面经常给我指教，尤其在学习方法上我获益良多。我从北京回中山大学从事教书工作以后与他的接触最多，听他的教育和介绍中山大学"文化大革命"的情况，往往听得入迷。他当时与彭宪章老师住在东区第一教工宿舍，我们常在一起天南地北地侃大山，无话不说，以此作乐，接受教育，也以此消磨时光，保持身心健康。

然而，对我的学术生涯影响最大的中国近现代史教师则是陈锡祺先生、金应熙先生、陈胜粦先生。

我作为一名出生在粤西贫困农村的农家孩子，1958年终于能够到广州，进入由伟大的民主革命者孙中山先生亲手创办的中山大学读书。这不仅是我的荣耀，还是改变我的命运的新起点。这要衷心感谢中国共产党，衷心感谢许多教育和栽培我成长的老师，是他们给了我勇气和自信，也是他们教给我做人和做事的道理。当我想起这些，我就难以抑制自己的情绪，一种感恩和感激的情怀油然而生。

（二）陈锡祺先生对我的培养

陈锡祺先生是我进入中山大学最早认识和影响我的老师之一。1958年是一个非常的年头，所谓"大跃进"浮夸风盛行，不按科学办事、不按常规办事成为时尚。我们入校后，还没有正式上课，就拉队到广东省东莞县（今东莞市）温塘村劳动锻炼，投身"大跃进"洪流，干着"深翻土地"和"大炼钢铁"的蠢事。陈锡祺先生跟随我们丙班30位同学一起到东莞参加劳动。我是该班班长，下乡后按大队、中队、小队编制，系为大队，年级为中队，班为小队，我便成为小队长，管理本班学生的生活和劳动。当时陈先生给我的印象是高挑的身材，温文尔雅，仪表端庄，是一位连说话都很儒雅和气的先生。陈先生要求自己严格，同我们这些劳动人民出身的孩子一起劳动，有时他显得很累，但从不叫苦，也没有提出特别的要求。有一些日子，我们晚上住在室外荔枝树下，挑灯夜战深掘土地，陈先生也同我们连铺住在荔枝树下，一起生活，一起劳动。这一段共同劳动的生活，使我们师生间建立了深厚的情谊，也是我们师生回忆往事不可缺少的一段。先生在晚年经常跟人谈起，"我与家有同志一起在东莞温塘村有过一段'大跃进'年头的经历，至今记忆犹新"，有时先生同我和我的夫人梁碧莹（她与我同班，当时与陈先生在一个小组劳动）谈起这段往事，总是滔滔不绝，喜形于色，有一种快慰的感觉，表明先生与我们一起劳动生活，对我们有深入的了解，也体现出他对我们这些劳动人民的儿子有一种期待。

我们是五年制的本科生，三年基础课上完后，有两年专门化课程选修，当时我选修中国近现代史。陈先生当时是中大历史系中国近现代史教研室主任，并为我们开设"广东人民反帝反封建斗争史"课程。先生讲课非常有条理，而且对史事的来龙去脉陈述得非常清晰，他和骆宝善老师还带领我们到东莞虎门、广州三元里，以及广州郊区的社学遗址、鸦片战争时的清军炮台、洪秀全故居等地考察。通过先生的言教和实地考察，我们学到了中国近代史的知识，也初步掌握了治史方法，学识有较快增长。陈胜粦老师还将我们系1958、1959、1960年入学的、对中国近代史有兴趣的学生组织起来，成立一个学社，开展学术活动，我是其中一个成员。陈胜粦、骆宝善老师还将他们当时发表的《论姚莹》《论钱江》，以及有关广州社学性质讨论的文章赠送给我学习，对我的学习和治学影响很大。正是由于陈锡祺先生，以及当时的年轻教师陈胜粦、骆宝善对我们的关怀、爱护、培养，我在两年专门化学习中得益最大，进步最大，也激发了我对中国近现代史的兴趣，产生了治中国近现代史的念头。

1963年8月，我们大学毕业时，正遇上国家困难时期，由于自然灾害和当时苏联停止对中国的支援和逼迫中国还债，国内的经济建设受影响，我们的工作分配也受影响，我们年级多数同学分到全国各地的煤矿公司，从事教师、宣传和一般性工作。我算是最幸运的，被分配到首都北京中国科学院哲学社会科学部民族研究所从事研究工作。学中国近现代史却到了民族研究所研究少数民族，当然不是我的志愿，但在那个年代没有个人选择余地，只好服从。到了工作单位后，我又按照组织安排到山东劳动锻炼，到贵州、内蒙古搞"四清"，此后便是"文化大革命"。我无法跟先生联系，但对他们时在念中，对他在"文化大革命"期间的遭遇和身心受到的摧残也略有所知。在那个年代里，任何的师生情都只能是埋在心里，藏在自己的记忆里，不能有何表示，也不可能给先生什么安慰。好在"文化大革命"将要结束时，因为上级有在中山大学建立孙中山纪念馆的指令，陈锡祺、胡守为、骆宝善、段云章各位先生和师兄进京收集有关材料，我在北京拜见了他们。各位先生历经磨难，话语不多，但我看得出来他们当时的心情是喜悦与悲愤同在。"文化大革命"浪费了他们的大好时光，他们满肚子苦水，但在那种形势下，也只能默默地承受，不能说，苦水只能往肚子里咽。我也完全能理解和体会他们的心情，在那个年代只能如此。这次见面也了偿了我对陈先生、胡先生和其他各位师长的惦记和怀念之情。

1976年中山大学向当时的中国科学院哲学社会科学部发函征调我回校，为杨荣国教授当助手，参编《简明中国通史》。杨先生是我在中大历史学系读书时的系主任，他研究中国古代思想史，跟我的学习方向不同，我自感没有能力也没有水平为杨先生当助手。后来我与张磊先生以及黄彦、张难生、方志钦、骆宝善、段云章等师兄一起，集中到广州市黄华路中共广东省委党校，参加由杨先生主编的《简明中国通史》近代史部分的编写工作。因杨荣国先生的学术观点在"批林（林彪）批孔（孔子）运动"中受到江青、张春桥、姚文元、王洪文"四人帮"利用，粉碎"四人帮"后，杨先生也挨批判，通史的编写也就停顿。陈锡祺、陈胜粦先生要我回历史学系做中国近代史研究和教学。他们二位是我最信赖的老师，一直都在关怀和培育着我，我想能在他们的身边工作，有名师指导，我一定会有所进步和提高。就在两位陈先生的提携下，我于1976年回到历史学系，随后历史学系成立孙中山研究室（后改为孙中山研究所），陈锡祺先生任研究室主任，我做研究室秘书。在这个过程中，先生不仅指导我们编《孙中山年谱长编》，为我们确定研究方向，更重要的是教会我们如何跟有关单位合作，如何处理好合作关系。在编《孙中山全集》时，我们同中国社会科学院近代史研究所和广东省社会科学院的有关同志合作共事，先生经常提起我们要向有关同志学习，加强团结合作。他说："人都有长处，也有短处，要向别人学习长处，避免我们的短处。"合作共事就要相互尊重，虚心请教。先生从不说别人的短处和不是，他也反对我们背后说别人的闲话。他经常跟我说："家有同志，你的责任很重，一定要团结同志，把我们的任务完成好。"他对我说："胜粦同志不容易，他的工作很多，责任重大，家有同志一定要支持胜粦同志把历史系的工作做好，把近代中国研究中心的工作做好。"先生最担心的是我们内部不团结、内耗，影响同事之间的关系和工作。在编纂《孙中山年谱长编》时，先生跟我谈得最多的是如何将全研究所同事的工作安排好，发挥大家的长处，每个人的任务分工是由先生定的，具体如何收集材料、如何撰写，他只提供原则意见，不多干预，所以大家干起来挺顺利，挺愉快。

由于工作的关系，在陈先生的晚年，我与先生接触较多，先生对我的影响也很大。如果说，近40多年来我能在孙中山研究及其他方面研究做些事情，这与陈先生及历史学系的其他老师的培养教育分不开。谈到陈先生对我的影响，最为深刻的主要有三个方面：

第一，先生淡泊名利。他从不讲自己应该如何之类的话，我从未听他讲过自己应有什么待遇，也没有听他讲过钱。他也不支持学生和弟子们去追求和去讲什么名利的事。有时我会跟先生讲起关于某人的职称评定的事，但先生听后不表态，他也从不会为某位弟子去向学校领导说项。先生退休较早，工资比学生都少，但他从不讲钱。每当他的诞辰、教师节或春节，陈胜粦先生代表中山大学近代中国研究中心、黄彦先生代表孙中山基金会，都会给些贺礼，要我亲自送给先生，他除了表示感谢之外，还会说"受之有愧"。

第二，先生待人极度包容。我1976年从北京调回母校工作后，不少在我读本科时教过我的老师都向我倾诉"文化大革命"期间受摧残迫害的情况，讲到激动时还流露出不满情绪。可是陈先生则很少跟我们谈这些，有时他也会说到被批斗和在"五七"干校时的一些情况，但也都以理解和包容的心态去对待，他从不指名道姓去指斥某人待他的不公。先生能够坦然面对"文化大革命"期间别人对他的各种荒唐行为，这是先生道德、人格高尚的体现，要做到这些，对于很多人来说都是非常不容易的，但先生却做到了。

第三，先生非常关心弟子们的成长。先生对他的学生和弟子都非常关心，他不仅根据每人的长处确定研究方向，而且还通过具体的工作去锻炼提高各人的能力。先生对每一个人都了如指掌，每一个人适合干什么，可以做什么问题研究他都心中有数，他会指导你选择适合发挥优长的课题进行研究。他期望每个人都成才有贡献，但他对于团队的建设则有自己的看法，他说："一个研究单位固然要培养单打冠军，但更重要的是要培养团体冠军，只有团体冠军才能显示出团队的实力和精神。"所以，在先生指导下的中山大学近代中国研究中心、孙中山研究所以团结合作著称，开各种学术会议、编辑出版《孙中山研究论丛》（出版16集）、孙中山纪念馆的重建和布展以及许多其他工作，都是大家通力合作，没有人追求什么名利，也没有在《孙中山研究论丛》等书上标明是谁主编，是谁审稿、编辑，大家都是只管做事，不追求名利，这一点在很多地方和单位是不容易做到的，可我们却做到了。

总之，2008年1月13日23时锡祺先生虽离我们远去了，但他留下的淡泊名利思想和关心他人、助人成长的精神，则是一笔宝贵的精神财富。我常讲，要学习像陈先生那样做人，我永远是孩童，学不好，但我们一定要向先生学习高尚的人格和与人为善、和谐合作的品德，只管奉献，不求索取，为国家和民族多做些有意义的事，只有这样才不辜负陈先生对我们的关心和培育之恩。

先生一生致力于教育工作，致力于孙中山研究，始终不渝；

他教人奋进，以身作则。在他的生命中，最重要的就是"奉献"二字，其言也是，其行也是。斯人已逝，但教诲长存。师生情永恒，我永远感谢先生对我的培养，他永远活在我的心中，我也会永远纪念他、崇敬他。

（三）我记忆中的金应熙先生

转眼之间，金应熙先生辞世已经多年了，但他在我的心中，他的形象在我的记忆里依然如昨。金先生永远活在我们的心中，留在我们的记忆里，因为他做了许多大家永远忘不了的事情，所以他不会从我们的心中离去，从我们的记忆中离去。金师无论执教鞭还是从事学术研究，都非常执着，他"学为人师，行为世范"的行为，感动了每一个接受过他教育的人，他用他的学识和智慧启导了中山大学历史学系的一代又一代芸芸学子。

我是1958年进入中山大学历史学系接受教育的一位愚拙学生。在中大的五年里，因当时金师是历史学系副主任，我毕业后他又当系主任，我是学生干部，我们接触的机会多，聆听金师言传身教的机会很多。金师不仅为我们开设职工运动史课，还为我们中国近现代史专门化的同学开设经典作家论历史科学的选修课。金师讲毛泽东的《中国社会各阶级的分析》《湖南农民运动考察报告》《反对本本主义》《新民主主义论》《论联合政府》和《改造我们的学习》等文章时，他手里拿着一个小笔记本，在讲坛上走来走去，时而比划手势，时而摇头晃脑地讲解的情景，犹如昨天，在我的记忆中铭刻，永远也挥之不去。金师知识渊博，英语、俄语都能说能写，所以他学贯中西。他讲课深入又浅出，给你许多学术信息，听后不仅得到知识、智慧的启迪，也学会了诠释历史、分析历史时间的方法。在中大当学生时，我喜欢读一些带理论性的、分析性的历史书，如胡绳先生的《帝国主义与中国政治》、黎澍先生的《辛亥革命前后的中国政治》、陈伯达的《毛泽东论中国革命》《四大家族》《人民公敌蒋介石》等书，跟金师对我们的启发分不开。金师治学严谨，学术风格追求精通广泛，在课堂上他教学生要学会考察历史进程中的前后左右关系，以及人物背后的许多鲜为人知的故事。他重视史料，但更注重分析，他讲课没有讲稿，也不编教材，他要讲的内容都用小字写在笔记本上，真是靠一本笔记本和他的知识征服学生。他对学生态度热情、关爱，所以我们对他都非常崇拜和敬爱。然而，谈起做人，金师又是谦谦君子，他以人格和道德待人，不以势压人。在中大的五年里，我学习中国近现代史，金师是中大历史学系中国近现代史的老师，我没见过他训斥学生、教训过别人。只要你向他请教或问什么问题，他总是认真恳听，细心指教，诲人不倦，甚至他讲到细微处时，听者都会不由自主地微笑，表示高兴。所以，金师是我在中大读书时，最崇敬的老师之一。我也从他的教导中得益很多，金师教给我知识和指引我奋勇前行，在史学界和培养学生方面尽量做到"学为人师、行为人范"，为国家的强盛和民族的复兴奉献自己的所能。

我本来有可能也有条件成为金师的研究生，在他的指导下学着他去治史学，但后来没有如愿。我是1963年毕业的学生，在毕业之前历史学系办公室主任宋长栋老师曾动员过我，要我做金应熙老师的研究生，继续留中大学习，但我因家里贫穷，读了五年大学，觉得非常疲惫，所以以神经衰弱为由加以推托。毕业后，我进入中国科学院哲学社会科学部民族研究所从事研究工作十余年，我的同学余定邦则留校做了钟一均先生的研究生，陈国扬做了梁方仲先生的研究生。虽然我北上离开学校离开了金师，但我离校后还时时关注母校、关注金师。我虽在北京，但金师在"文化大革命"中受到批判的情况却时有所闻，"文革"后期金师应黎澍先生邀请进京参加《沙俄侵华史》编写工作，中国社会科学院近代史研究所的同人告诉我，金师没日没夜地忙碌着，他的知识、他的外语水平都深受同人称赞。他在京的生活非常简朴，金师样样都亲力亲为。星期天，一早他就到公园里去同休闲的工人下棋，晚上回来自己随便弄点什么吃又是一餐。别人告诉我，金师走在路上总是口中念念有词，有时还会手中作势，双目平视，走得很快。引起警察的注意，北京警察以为金师在数电线杆。这虽是笑话一桩，但生动地说明金师的勤奋、执着，他无时无刻不在用脑，他常常是利用走路在背外语。别人都有午休的习惯，可金师则不午睡，他利用午休时间自己下棋或看一些轻松点的书，使大脑休息。1976年，我应母校——中山大学领导的召唤重返母校工作。那时，上级指示杨荣国先生主编一部《简明中国通史》，广东省有关方面责令金应熙先生主持《简明中国通史》编写组的工作，编写组由工农兵和高校以及广东省哲学社会科学研究所的学者组成，工作地点在广州市黄华路中共广东省委党校。我和广东省社会科学院的章权才师兄都是以杨荣国先生的助手身份被调回母校工作的，所以我们一同进驻广东省委党校。权才兄在古代史组，我在近代史组。我们与金师朝夕相见，有很多机会接受金师的教导，但经过"文化大革命"的磨难，我觉得金师话少了很多，不到非说不可时，他不随便说话，但需要时他还是会说，说的都是有关中国通史编写中的具体问题，很多时候他都是在传达杨荣国先生的意见。因为编通史要插图，金师知道我在中国科学院民族研究所时曾参加过谭其骧先生主编的《中国历史地图集》的编制，故他指派我与暨南大学的李龙潜先生一起进京到中国社科院历史研究所请教田昌五等先生有关问题，到京后我们俩都住在历史研究所办公室。李龙潜先生平生很少进京，这次他住在田昌五先生的办公室，他们谈论甚欢，很有收获。可是非常不幸的是进京的第二天晚上，便遇上1976年唐山强烈的大地震，北京震感明显。这次地震发生在晚上，大家都正在睡觉，突然睡房的床左右摇晃，书架上的东西也随着晃动呼呼嘭嘭往地上掉。我意识到是地震，爬起来拔腿便向外跑。我安全逃到历史研究所宿舍外的空地，但发现李先生还在房里没出来，我又赶回房叫李先生快跑，如果此时房屋倒塌，我便活不了，幸好北京余震虽有，但不太严重，只有少数的房屋倒塌。随后几天，我和李先生同中国科学院哲学社会科学部的人员一起住在北京建国门内五号临时搭建的房子里，外面雨下个不停，满街都是避震的人群，狼狈得很。然后，我通过我在北京工作时住家的邻居兼同事果鸿昇的夫人祝嘉铭女士，她当时从事外贸工作，便到中国民航局售票处弄到两张机票，从而我与李先生一起安全回抵广州，然后向金师汇报上京的情况和蒙难的情形，金师一面听着，一面记笔记，并深情地说："回来了就好。"在一起编撰《简明中国通史》时，由于政治的干扰，所谓学术在当时也谈不上有真正的作为，但由于同人们朝夕相处，相互之间关系融洽，《简明中国通史》近代部分终于写出一个初稿，并印刷出来作为中山大学历史学系的教材使用了一段日子。在这期间，我最主要的体会是明白了在当时做学问的艰辛，以及进一步地了解了金师对工作的执着和对学问的追求。对于同事之间出现的问题，以及对杨荣国先生对中国历史问题的观点和意见，有的也许他不完全同意，但是他处理起来则相当巧妙，应对自如，我非常佩服金老师的处事才能和方法。后来，由于政治原因，《简明中国通史》未能继续进行下去，编写组解散，我们回中大历史学系。金师后调广东省社会科学院任副院长，但因在同一行业工作，又在同一地，我们见面的机会很多，向金师学习的机会还是不少。

20世纪80年代后期，金师奉命到香港从事香港史研究。1991年香港大学同台湾师范大学等单位合作在香港举办孙中山研讨会，我陪同陈锡祺、陈胜粦等先生出席会议，有幸见到金师，也是最后一次聆听金老师的教导。我为这次会议写了一篇《论孙中山铁路建设的思想与主张》论文，被安排在大会报告，而主持这次学术会议的主席便是金应熙先生。所以，在我报告开始前，我便声明金应熙先生是我在中山大学上学时的老师，今天又有幸能接受金先生的指教非常荣幸。正由于我声称我与金先生的师生关系，台湾大学缪全吉教授便将他新出版的一部书，亲自题签尊名让我转送金师，然后金师又将他们新出版的《菲律宾简史》题签尊名让我转送缪全吉教授，也由此金师与缪教授结识。可是非常不幸，随后不久金师、缪教授先后作古，永远离我们而去，使我失去了两位良师益友，但香港的聚合以及后来的永别，金师都在我的脑中留下永恒的记忆，在我的心里埋下难离难别的情丝。

至今，金师已离别我们多年了，但在我们同学的心中金师仍然活着，他活在我们的心坎里，活在我们的记忆中。我们同年级的同学只要聚会，都会谈起金师，对于他的智慧、他的学识，都佩服不已。我们同学对金师对于教学、研究事业的执着，都钦佩万分。

我们都为有机会接受过金师的教育、做他的学生而自豪。我们无论在何时何地，都会怀着深深的敬意怀念金师、缅怀金师，谢谢金师对我们的培养和教育。

（四）陈胜粦先生是我的良师益友

陈胜粦老师是一位品学兼优、极具魅力的杰出学者和教育工作者，他对事业和工作的执着精神和奉献实在感动人，值得我们永远学习。

　　胜粦教授是我的老师，又是同事，他与我同龄却比我先走，他不应走得那么快，更不应走得那么远。他一走便勾起我对他的思念，对他一些往事的回忆。

　　1958年8月是我人生的转折点，是改变我的历史命运的关键时刻。此年此月，我这个生长在粤西一个偏僻山村的穷苦农家子弟，竟然也有机会走进南方的最高学府——中山大学上学了。这是我做梦也不敢想的事，但终于成为活生生的现实，当我接到中山大学历史学系录取通知书的时候，我高兴得哭了。我能上大学了，我要感谢共产党和国家、人民对我的培养和期待。当我有机会上大学的消息在山村传开后，替我高兴的当然不是亲生父母，因为他们早已去世，而是山村的父老乡亲，他们祝贺我，并千叮咛万嘱咐要我为乡亲争气，好好读书，学成后好好为国家、为人民服务，报答国家、人民和共产党的恩情。8月的一天，我这个穷家的子弟背负乡亲的嘱托进入广州市珠江南岸的康乐园，开始了我梦寐以求的5年大学生活。刚到学校很不习惯，但学校对我却关怀备至，不仅无偿赠送棉被、蚊帐等生活用品给我，也给我甲等助学金，使我无忧无虑地开始我的大学生活。

　　1958年中山大学历史学系共招90名学生分甲乙丙三个班，我被分在丙班，除个别插班生外，全年级的学生几乎都是共产党员、共青团员，且都出身劳动人民家庭，但全级只有三名中共党员（刘清荣、张瑶和我），此三人在政治第一，强调政治挂帅的年月里自然也被安排为甲乙丙三个班的班长。每个班还有班主任，所有班主任都是当年中大历史学系毕业留校的优秀学生。甲班班主任为张映秋，乙班为骆宝善，丙班为黄慰文。当时历史学系近现代史教研室主任为陈锡祺教授，陈胜粦老师为秘书。1958年历史学系毕业留校的各位老师都非常优秀，他们的年龄有的比我们略大，有的相当，但都与我们亲密无间，关系很融洽。他们跟我们一起劳动，一起过各种集体生活，平时又跟我们打成一片，指导我们如何学习和做研究，师生关系都很好。这些年轻的老师是指导我们如何学习和生活的指导员，他们的治学态度和治学精神都成为我们学习的榜样。

我们是在我国所谓建设"大跃进"的年代进入中大的，开学后仅几个月，中文系、历史学系的师生便拉队到广东省东莞县劳动锻炼，陈胜粦老师是我们年级劳动锻炼时的中队长。从此我与胜粦师便朝夕相处，我们班的劳动锻炼和师生的日常生活一切事务几乎都是胜粦师指导我们进行的。

1959年寒假过后，我们回到中山大学康乐园过着正常的学生生活，所谓正常也是一面上课，一面进行教学改革，即所谓"斗批改"，还要参加劳动锻炼。1961年我选修中国近现代史课程。陈胜粦师为我们开设"马列主义经典著作选读"和一些关于中国近现代史的专题讲座。胜粦师还将历史学系一些热衷学习中国近现代史的学生组织起来就一些问题进行研讨，并将自己发表的关于林则徐和姚莹方面的学术论文提供给我们阅读，启发我们的思维，教育我们如何诠释和阅读历史文献，如何认识问题和研究问题。记得胜粦师曾将毛泽东在五四运动期间在《湘江评论》发表的《民众大联合》文章给我们学习和讨论。后来骆宝善老师又将他们讨论广州社学性质的文章交给我们学习。现在想起来，胜粦师当时的一些教学方法对我们后来走上科研和教学岗位影响很大，使我们懂得做史学研究是一门非常艰辛的工作，要做好就非有认真、踏实的态度不可。做历史学研究不仅要有正确的立场观点，更要掌握第一手的资料。所以我能在学术界"招摇"，"混迹"史学界，与大学生活养成的作风分不开。

在中山大学的5年读书经历，注定了我后来的学术生涯走向，此间我不仅学到了习史、治史的基本知识和技能，更重要的是一批年轻的老师如陈胜粦、骆宝善、张映秋、黄慰文等和年长的老师如刘节、梁方仲、周连宽、戴裔煊、朱杰勤、何竹淇、陈锡祺、金应熙、蒋相泽、钟一均、梁钊韬、何肇发等，除教我们应该如何做学问外，也教我们应该如何做人和为人民服务。此间，胜粦师对我的影响可谓最多最大，因此尽管1963年8月我毕业后奉命上京进入中国科学院哲学社会科学部民族研究所工作，但我们之间的联系不断。

在那个不要文化的"文化大革命"期间，胜粦师的日子挺不好过，据说，他不仅挨批挨斗，也因为他是学校党委的秘书而吃够了苦头，家里连基本的生活都很困难。记得，我们离开中大北上至"文化大革命"开始，我与胜粦师只有过一次见面。那是1966年1月，我与梁碧莹回广州结婚，我和碧莹到中大西北角胜粦师住宅拜会他和他的夫人朱菊芳师母，我们称她为朱姨，胜粦师和朱姨在那斗室里招待我们吃饭，喝客家糯米酒，大家谈得很欢。胜粦师给我与碧莹谈了好些鼓舞上进的话。1968年10月我送碧莹回广州生第一个小孩，那时的广州非常恐怖，到处武斗，北京开来的火车只开到三元里不准进站，我们下了火车坐上公交车（不用买票）进了市区。此间我曾到过中大，找到同学陈国扬，打听胜粦师的情况想与他见面，但未能找到胜粦师，只好与国扬同学到南园酒家一起吃饭，随后我便匆匆赶回北京。这次南回见不到胜粦师，心里不是滋味，但只能强忍着。

到了1975年夏，胜粦师、宝善师到黑龙江参加"批判"苏联齐赫文斯基主编的《中国近代史》会议经过北京，我当时十二指肠溃疡刚做完切除手术出院不久，但得知陈、骆二师到京，我按着肚皮（因刚出院不太适应胃切除）到北京火车站迎接二师。10多年不见了，二师消瘦了，尤其是胜粦师体质、精神都很差，但见了面还是显得格外高兴。随后我领二师到了北京甘家口阜成路南二楼的寒舍，碧莹做饭请二师吃了午饭，胜粦师只喝了一点啤酒，便受不了了，躺在床上，可见那10年多么摧残和折磨人的肉体和精神。随后陈、骆二师乘火车北上黑龙江开会。回京时，我又到火车站接他俩。胜粦师住在北京火车站附近一间旅舍里，第二天就要南回，我一早就到旅舍见到胜粦师并送他上车，此时已是上午9时多，我问："陈老师吃过早餐没有？"胜粦师没有作答，我明白了，因为生活困难，他尽量节约，连早餐都不吃了，我急忙跑到小卖部给他买了一包蛋糕甩给他。他不好意思地望着我，车起动了，我也低着头，流泪了。

陈师这次北上也为我举家南回奠下基础。他在北京时对我说过，他这次北上除参加会议外，中山大学校长李嘉人同志还给他交代一个任务，要他北上物色一些校友回母校当教师以解决"文化大革命"带来的师资短缺。由于胜粦师的努力，中山大学刘嵘教授又到北京疏通，结果我和碧莹于1976年1月举家南返，再次回到康乐园，回到培养我们的母校中山大学。随后，我参与杨荣国教授主编的《简明中国通史》近代史部分编写，干了一年多。此间，胜粦师在中共广东省委写作组工作，后他返回中山大学党委宣传办公室工作，还有一段时间他被借调到香港新华社工作。当时我与他各奔东西，各顾各的工作，没有机会向他请教。20世纪80年代初，我回历史学系任教，胜粦师与我同在一个教研室，我们亲密无间，经常在一起商讨教学和学术问题，我得益匪浅。

回忆起这些经历，只是想说明一个问题，那就是胜粦师对我的工作关怀备至，我之所以会离开生活十余年的京师重回母校工作，是胜粦师的主意，也是他努力的结果。像我这样的人四海为家，在哪里都无所谓。现在看来，由广州到北京，又由北京回广州，一晃便过去了数十年，在这些日子里，我辛勤地工作，做我力所能及的事，遵循"活着干，死了算"的格言，只要对得起培养我成长的中国共产党、中华人民共和国和培养我成长的母校中山大学，干什么我都无所谓。就这样又在中大历史学系干到2006年我69岁时退休。这些年我在努力，国家、人民和母校也给了我不少头衔和精神上的许多安慰。人家都说我，在改革开放之初就立下决心从首都北京举家南返广州做得很对。说老实话，我和碧莹合议南返并无先见之明，带有很大的盲目性。今天的广东和中山大学已令世人刮目相看了，我有今天，我能在中大做个教师和从事研究工作，应该说还是尽职尽责，培养的一批本科学生和硕士、博士生，他们也在所在单位的工作上有所作为，有所贡献，我也感到安慰和喜悦。

1991年爱国华侨姚美良先生捐资创办中山大学近代中国研究中心，胜燊师任中心主任，我为副主任。他是指挥员，我是战斗员，在筹建永芳堂过程中，当时任历史学系副主任的王化三老师和我承担了许多具体的事务性工作，让胜燊师能腾出手来考虑学科建设及历史学系的振兴问题。在这过程中，胜燊师利用他的影响力沟通省内外、国内外，以及海峡两岸和香港、澳门学术界，做了许多事情，为中山大学和历史学系的振兴操碎了心。1991年他和我们除了配合姚美良先生举办"纪念黄遵宪当代书画艺术国际展览"外，同年胜燊师又同澳门学术界和教育界共同举办纪念林则徐巡阅澳门学术活动，以及纪念辛亥革命80周年澳门展览会。随后又几次同台湾政治大学历史系、香港珠海书院亚洲研究中心联合举办学术研讨会，以及研究生研讨会，为祖国学术交流起了组织和推动作用。

20世纪90年代是我们中山大学近代中国研究中心辉煌的年代。胜燊师不仅动员姚美良先生捐巨资建起一幢集学术、教学和纪念于一体的办公楼——永芳堂，而且还举办了多次影响国内外的国际学术研讨会，并资助出版了像《孙中山年谱长编》和《"孙中山与亚洲"国际学术讨论会论文集》等有巨大影响的优秀学术著作，新建了中山大学孙中山纪念馆、校史陈列馆。此间，胜燊师还协助中国史学会举办了两次青年学者研讨会，以及教育部历史指导委员会的会议，并动员中大近代中国研究中心的全体人员协助姚美良先生举办了"孙中山与华侨国际书画展览"。正由于胜燊师的贡献，加上有近代中国研究中心同人的共同努力，中山大学历史学系、近代中国研究中心、孙中山研究所的研究和教学都有了突飞猛进的发展，历史学系被评为教育部人才培养教学基地，历史学为一级学科，中国近现代史专业先后获批博士点和博士后流动站，使中山大学的历史学学术研究和人才培养上了一个档次。

胜燊师是一位才思敏捷，非常聪明，既有领导才能，又有很好的学术素养的学科带头人。他做事非常认真，凡做一事都思前顾后，反复平衡各方关系。他对同事要求严格，并经常指导和批评，但他对学生又关怀备至，对同事平等热情，他是领导，放手让同人大胆工作，出了问题他不推辞责任而是勇于承担。所以，我们这些在他领导下工作的人，虽有时觉得他啰唆，每做一事他都要反复叮咛，生怕别人不理解他的主意，但大家都乐于在他下面干事。他为历史学系学科的发展、教师的成长和教学质量的提高想了很多，做了很多。正因为他凡事太认真，浪费了他的时间，摧残了他的身心，也极大地影响了他的学术成就，然而他无怨无悔，直至得了不治之症血癌后，还一如既往地关心工作。比如，他主持的"八五"期间国家"211工程"建设的重点项目"中山大学中国近现代史建设"，项目启动时他已患病，但他不仅经常找我商量建设事项，还强调务必将建设的项目做好，将经费管理好。"211工程"重大建设项目不仅需要规划，组织各方力量开展工作，也要身体力行，他毕竟力不从心了。为此，有一天他约我和邱捷教授到他所住的中山大学（原中山医科大学）肿瘤医院病房亲自将任务交给我。他对我说："老林，我现在在医院治疗，没有精力主持中国近现代史的'211工程'项目建设，今后由你主持该项工作，老邱要支持老林团结大家将这项任务完成好。"我没有作声，只是在沉思，认真地理解胜粦师的意图。从医院回来后我便抓紧规划，将因胜粦师得病停滞一年多的"211工程"建设项目重新启动，经过本中心全体同人的共同努力，出色地完成了任务。教育部组织专家组——复旦大学的姜义华、南京大学的张宪文教授，以及中央民族大学、中国人民大学等校的多位专家来中山大学近代中国研究中心进行验收工作，在他们的验收总结报告里，特别提到中山大学近代中国研究中心的建设成绩显著，尤其孙中山研究所成绩显著，中国近代社会思潮研究也有特色。随后我即到广州市赤岗解放军海军医院病房去探望住在那里治疗病体的胜粦师，并将"211工程"建设验收组对我们的评价转告给他，他高兴地说："那好，谢谢大家。"多年来，我与胜粦师共事，我非常了解他的处事原则，他是对事业非常认真和执着的人，每干一事都要有交代和反馈。正由于这样，10余年来他为中山大学历史学系的发展付出了很多很多，加上姚美良先生捐资上千万人民币作为建筑永芳堂和建设近代中国研究中心的费用，由于他对姚先生的尊敬，他表示一定要干出点名堂来让姚先生放心。他跟我说过："姚先生相信我们，他捐巨资建设近代中国研究中心，他知道将钱交给我们绝不会被丢下珠江白流，所以我们要对得起姚先生。"他的意思我明白，就是要我们要将中国近代史研究工作干好，干出成绩。胜粦师想得很多，想得很远，但他的好心也被一些人误解和非议，使他的良心受到委屈，也正因如此，他活得很累，精神极度受伤，果然累垮了。还有许多工作等待他去做，去完成，但他来不及了，先生在2003年病逝了，实在可惜。他的逝世不仅使中大历史学系失去了一位杰出的学术带头人，我失去了一位良师益友，而且也是中山大学的巨大损失。胜粦师为学术和教育事业做出了很大的贡献。他培养的博士、硕士研究生都在各条战线挑重担，发光发热，如果陈先生有知，他应该高兴，他的付出不是不结果，而是硕果累累。胜粦师一生只讲奉献不讲索取，他遗留给我们的是他的精神和他的人格魅力，我们应该发扬他的精神，继承他的人格和品德，将我们中山大学历史学系的教育和研究工作做得更好，以此来报答胜粦师。

三、进入中科院民族研究所工作的希望与失望

（一）兴奋与无知

1963年8月25日，广州中山大学分配到北京工作的100多位同学，因湖北、河南、河北各省大雨绵延，造成水灾，影响京广铁路火车的正常运行，学校统一组织分配去北京工作的100多名学生乘广州至上海的火车先到上海，在上海外国语学院住了一夜，再由上海乘船到天津塘沽港，转乘天津到北京的火车。到了北京已是8月31日。

中山大学历史学系分配到北京工作的同学除我之外，还有林卓才和卢勋（中国科学院哲学社会科学部民族研究所）、卢钟锋（中国科学院哲学社会科学部历史研究所侯外庐先生的研究生）、李根蟠（中国农业科学院）、梁碧莹、李普昌、石世荣，我们一起北上，到了北京则各奔东西，分别到各自单位报到。

31日，当我们乘坐的火车到了北京站，我们工作的民族研究所办公室的史凤耀同志到车站迎接，我们出站后，乘民族所派来的车直奔北京西郊海淀区魏公村中央民族学院（今中央民族大学前身）。当时中国科学院哲学社会科学部民族研究所业务由中央民族

事务委员会和哲学社会科学部双重领导，办公地点在中央民族学院2号楼和6号楼。民族研究所办公室和民族历史研究室、民族理论研究室在2号楼办公，民族语言研究室、图书资料室和单身青年研究人员住在6号楼。民族研究所是当时哲学社会科学部研究人员最多的（200多人）研究单位。20世纪60年代前，民族研究所的工作条件尚好，研究人员的热情很高，他们有的长年累月在少数民族地区进行民族识别、民族历史和民族语言调查，积累了大量的文字和影视材料，出版的著作（多是内部参考）也不少。我们都为能到首都的国家最高民族研究机构工作感到自豪和满足。

1963年分配到民族所工作的学生，除我们中山大学历史学系林卓才、卢勋和我3位毕业生外，还有北京大学哲学系的李毓斌、牛德林2人，武汉大学经济系的杨荆楚、刘龙初2人，四川大学历史系的夏之乾、陈佳华、唐启淮3人，吉林大学历史系的王玉林、黄德厚、滕绍箴3人，共13人。我们各校分配到民族所的毕业生报到后，当时民族所所长包尔汗先生，副所长王利宾、秋浦先生接见了我们新到所的全体人员。包所长是维吾尔族中具有相当影响的人物，曾经荣任过新疆维吾尔自治区主席，他的汉语不太流利，但讲得还是能让人听清楚。记得，他给我们讲了不少鼓励的话，希望我们成为又红又专的民族研究专家。接着王利宾副所长讲，今年我们从全国几所有影响的大学中挑选你们到民族所工作，主要是为民族所补充新的研究力量，准备进行我国原始社会、奴隶社会、农奴制社会史研究。

马克思主义划分的人类社会发展的五种社会形态：原始社会、奴隶社会、封建社会、资本主义社会、社会主义—共产主义社会，我国历史学、民族学专家研究认为，在1949年至20世纪50年代，我国少数民族中的云南省宁蒗纳西族保留有原始社会母系社会遗留，海南岛黎族，东北的鄂温克族、赫哲族、鄂伦春族都保存有原始社会的生产关系，四川省凉山彝族保留有奴隶制残余，西藏藏族、新疆维吾尔族也保留有封建农奴制残余。为了保存史料，20世纪50年代至60年代，我国的民族史研究工作者在中央民族事务委员会的组织领导下，以中央民族学院和中国科学院哲学社会科学部民族研究所的少数民族语言研究室、历史研究室研究人员为主，配合各省区有关单位和研究人员组织少数民族调查组分赴各少数民族地区进行民族识别、民族社会和历史调查工作，积累了大量文字、实物和影视材料。我们到民族所的主要任务就是整理材料，开展我国少数民族社会形态的研究。我们民族所的每一位研究人员都有一年的工作预备期，一年考核及格准予转为正式研究人员，给予一个实习研究员（相当于大学的助教）职称。我到民族所后很兴奋，但也很无知。给我们的任务是学习马克思主义经典作家关于民族理论和我国的民族政策方面的材料，也安排学习外语。起初，大家热情都很高，也很有压力。每天上班坚持8小时工作制，上午8时上班，下午6时下班。原在民族所工作的人员每年都有以不适宜在民族所工作为由，调到地方或调到民族出版社、民族文化宫、中央民族事务委员会等单位工作，无形中给我们这些新到研究所的人员巨大的压力。我们每天都忙碌着寻找资料，学习马克思主义民族理论，并观看民族所拍摄的有关少数民族的各种资料片，了解我国少数民族的历史和现状，也参加所里编纂《辞海》民族词条的工作，以及倾听专家对西藏、新疆、云南等地区民族史的研究的讲演。

对于少数民族的情况，在到民族研究所前，我知之甚少。在大学期间民族学研究专家梁钊韬教授曾给我们上过讲解恩格斯的《家庭、私有制和国家的起源》的选修课，梁先生也跟我谈过有关我国少数民族的情况。当梁先生知道我被分配到北京中国科学院哲学社会科学部民族研究所工作时非常高兴，他和师母还约我到他府上，请我喝茶和吃香蕉，他和师母给我讲了很多鼓励的话。梁先生还叮嘱我到北京后要我代表他向民族研究所罗季平先生、中央民族学院的杨成志先生问好。我到北京后，和罗季平先生一起，到中央民族学院家属区杨成志先生家里拜见了杨先生。杨先生是梁钊韬先生在中山大学读研究生的导师，是中山大学民族学的开山鼻祖，但他非常谦虚，没有一点大学者的架子。杨先生对我这位梁先生的学生，徒孙小字辈，给了很多启导性的教导。罗季平先生还跟我讲述杨先生在四川凉山调研时被彝族奴隶主打坏照相机，他便利用被扣留的时间坚持学习彝语和进行调查，这些经历非常有戏剧性和趣味性，所以我对杨先生十分尊敬。罗季平先生也讲了杨先生研究民族史所取得的成就，罗先生说，杨先生到了香港，将他在凉山调查的成果向外界公开，轰动国内外学术界。梁钊韬先生1975年到北京办公事，杨成志先生已经故去。梁先生请中大历史学系毕业在北京工作的弟子们，如梁碧莹、黄崇岳、杨鹤书、陈启新和我等到北京展览馆莫斯科餐厅吃饭，这是一家西餐厅，也是我第一次吃西餐，第一次到这样高档的餐厅吃饭。梁先生给我们讲了中山大学"文化大革命"的很多情况，但他没有流露出半点不满。本来，我对民族研究兴趣不大，所以，到民族所后我学习了马克思主义经典作家关于民族理论和中国政府关于民族政策方面的许多论著，考虑在民族理论和民族政策方面做些研究。可是，我们这些新到民族所的人，没有能考虑自己的工作，所里也没有给我们安排工作，情况就发生了变化，原来的一切考虑都成了泡影。

1963年10月1日国庆节，所里安排我们这些刚到所的人到天安门广场参加国庆活动，这天早上5时便集中坐车到天安门广场安排好的位置。9时毛泽东主席等国家领导人出现在天安门城楼上，广场上的人们都高呼"毛主席万岁！中华人民共和国万岁！"等口号。庆祝大会领导讲话结束后，我们便潮水般地涌到天安门城楼下面的金水桥，仰望站在城楼上的毛泽东、刘少奇、周恩来等国家领导人，兴奋不已，拼命地高呼"毛主席万岁！中华人民共和国万岁！"。国庆节过后，10月中旬，中国科学院哲学社会科学部领导就发出指示，为了预防产生"修正主义分子"，要当年到学部工作的100多名大学生，必须下乡劳动锻炼一年。民族研究所将哲学社会科学部领导的指示向我们传达后，原先组织起学外语、做研究、集体编书的一切准备，皆停顿下来，准备下乡劳动锻炼。

离开学校接触社会，但我接触的这个社会还是知识分子群体，所以对中国的基层工人、农民的情况知道不多，有机会到农村到中国的大社会去锻炼去参加社会的调查，当时我还是很支持，没半点抵触情绪。但后来除了劳动锻炼外，又要去搞什么"四清"，一个运动接着一个运动，就觉得研究所不研究，去干那些与专业毫无关系的政治运动，有点莫名其妙。

（二）"研究所不研究"[①]

1963年10月中旬，中国科学院哲学社会科学部人事局将当年分配到学部工作的大学生组织为一个大队，由语言研究所办公室主任和学部人事局干部毕求自充任正、副大队长，下分三个中队，开赴山东烟台地区黄县龙口镇（今龙口市）北马公社进行劳动锻炼，时

---

① "研究所不研究"是我们民族所副所长秋浦先生的名言。他分管所里的研究工作，但研究人员都到与民族研究无关的地区去进行所谓锻炼了，他也无事可管，所以他的啰唆最多。但他没有能力也不敢去阻止。最惨的就是我们这些大学刚毕业，连研究工作都没有进行过的人。尽管大家很彷徨，但也得收拾行装准备下乡。

间一年。

10月下旬，我们到黄县龙口镇集中培训，主要是由当地干部介绍当地的情况，然后组织三个中队分赴北马、中村和古现三个生产大队。我和民族研究所的同事原先被分到中村大队，后我又被抽调到古现大队。我被抽调到古现大队，同经济研究所的林青松、世界史所的张宏儒、《新建设》杂志的刘再复等在一起。起初我们同农民"三同"（同吃、同住、同劳动），后来集体做饭，但各人还是分别住到农民家里。我们在山东黄县除了劳动，还参加黄县的社会主义教育和人口普查工作。

山东黄县是个好地方，依山傍海。胶东平原是抗日战争中共游击队根据地，人民的觉悟较高。过去，胶东人民有闯关东的传统，对外经商的人较多，外间的文化和各种信息在胶东大地上流传，所以胶东文化多元，人的思想比较开放，容易接受新鲜事物。黄县人民勤劳、热情、忠厚、诚实的性格给我留下深刻的印象。

黄县，尤其是我们所在的龙口镇北马公社是一个富饶美丽的地方，依山傍水，盛产水果、小麦、玉米、大白菜、花生，海产也非常丰富。农民的房屋多为单层，正房三间，另有厢房，屋中摆设有座钟，有大红衣柜等，生活较为富裕。黄县圩集不少，每三天有一圩期，老乡趁圩集到集上交换物品，卖自己的剩余产品，买回自己所需的东西。平常老乡以豆饼、玉米、小米为主食，加上大白菜、大葱、马鲛鱼，生活还算惬意。我们住在老乡家里，每天吃烙饼，每餐都有大葱，三天便吃一次饺子。星期日我们又成群结队步行到黄县县城洗澡和改善生活（即吃一顿），生活对于我这样的南方人还算可以。可是干起农活来，我便感到不太习惯，尤其是拔麦子、砍玉米、辘轳抽水浇地等农活，我都不会，有时干了一天回到屋子躺下，累得不像样子，一天又一天，一月又一月下来，说思想有什么进步不敢说，也不好说，但对于劳动的艰辛则体会深刻。加上同老乡一起劳动，有说有笑，有苦有累，对于黄县人民的了解加深了，瞧不起农民的情况大有改变。胶东的女孩子长得挺靓丽，有的同志还同黄县姑娘谈起了恋爱。劳动大队，尤其是大队共青团总支会组织批判会批判那些谈恋爱的同志，说劳动锻炼主要是改造思想，不能谈恋爱。听起来较有道理，但于情不容，改造思想也可以谈恋爱，没有听说谈恋爱的人就对改造思想抵触。正因为这样，我对于那些有意与农村姑娘谈恋爱的同仁采取宽容的态度，我没有批评过什么人，也没有组织过别人去批评人，甚至有的同志横下心要娶农村姑娘为妻，我还暗中给予肯定和支持。

劳动锻炼大队经常组织大家交流下乡锻炼的心得和体会，会上有人歌唱当时最流行的歌曲《唱支山歌给党听》《谁不说俺家乡好》，以及《歌唱祖国》等。这些歌唱出了人民对祖国、对共产党和家乡的热爱，优美动听，我至今仍记忆犹新。在这些聚会上如刘再复等人，还利用这样的机会朗诵他们创作的散文和诗歌。他们声情并茂，富于感情的朗诵给予我们心灵感染。农村是一个广阔的天地，是文学创作的源泉，尤其是刘再复的散文写得情真意切，具有感染力。他不仅写出下乡劳动锻炼的必要，也说明年轻人树立为民众服务思想的必要。我跟刘再复在一个生产大队劳动，劳动在一起，生活在一起，他经常将他创作的文章给我看。为了更充分地抒发他的感情，他的文章都以书信方式撰写，采用姐姐、妹妹之类的称呼。刘再复是一位非常聪明的厦门大学中文系毕业生，他身体瘦小，但感情充沛，也非常刻苦，晚间蚊虫很多，他便将煤油灯放到蚊帐里面读书写作，一年下来他写了几大笔记本。他经常同我和世界史所的张宏儒一起谈学习，谈劳动锻炼的体会，有时也谈个人感情之类的事。在他的启导下，我也开始写日记，写些体会之类的东西，但由于没有刘再复那样的才华，写不出他那样充满激情和文采的东西。我曾写过一篇到黄县劳动锻炼的体会文章作为我向所在的民族研究所领导的思想汇报，想不到所里领导批示将其打印出来发给所里和下乡劳动锻炼的同志阅读，也就因此在山东黄县劳动锻炼的人员都知道民族研究所有一个叫林家有的人，我也因此被抽调出来组成新的中队到古现生产大队，离开民族所其他同志，并被任命为劳动锻炼大队的共青团委副书记。

当年，我们每月工资只有46元人民币，后增加10元，每月56元人民币。在山东黄县时每月只用10元，每月有30元存在所里会计室。一年劳动锻炼完回所，我有360元积蓄，这是我人生第一次有这么多钱。除了买一块手表和一套新衣服之外，其余分别寄给过去支持过我上学的人，如广东省廉江县的赖炳寿同志等。赖同志当时是广东湛江地委讲师团成员，后是湛江艺术学校教师。赖同志在我读大学时曾支持过我，为了报答他无私的支持，我领取工资后即将50元人民币寄给他。他收到款后，即给我来信说："家有，寄回的款收到了，谢谢。我做了我应该做的一点小事，无需回报，现将你寄回的钱存下，留作你有必要时用。以后不要再寄钱。"收到赖炳寿同志的信，我激动不已，他真是难能可贵的大好人，共产党培养的优秀干部。此事在我心中重千斤，只要我一见到他，我都提起他对我的资助，赖同志总是心中坦然地说："那是小事一桩，不足挂齿。"正由于这样，数十年来，不论我在天南地北工作，我都记着这位恩人。后来他回廉江县（今廉江市）当了中共廉江县委宣传部副部长、部长，廉江县政协副主席。我只要有机会回乡，第一件事就是拜访他，祝他健康长寿。2005年10月，我和夫人梁碧莹到湛江市吴川县参加中国第一位驻美公使陈兰彬故居纪念馆开馆典礼后回到廉江市，一连两天同炳寿同志相聚，回忆往事，犹在眼前，一切的一切都记忆犹新。可是到了2006年2月，他则在家中因为哮喘病病逝，永远离我们而去，我万分悲痛，为失去一位大恩人而惋惜不已。现在我能为他说些什么？能为他做些什么呢？什么也不能说，不能做了，只好留下这些文字作为历史留给后人去评析、解读。

也是在这个时候，我也将我的工资寄了一些给我后来的岳父梁海潮，还剩下一些积储起来。

事隔多年，在山东黄县劳动锻炼一年的许多事已经忘却了，不能忘却的，看来也永远忘不了，它将成为我人生的一段不平凡的山东农村生活和经历的往事。

记得，我们是1964年10月从黄县回到北京。

回到北京还没有来得及休整，我的大学同学、未婚妻梁碧莹，也是刚从北京昌平县劳动锻炼回来，她刚安排工作，在北京公用事业技术学校当教师。我们还来不及见面，说说劳动锻炼的收获体会，我又有新的任务，要到贵州"四清"，只好收拾行装上路。在那个年代，我们没有安定的时日，没有安定的家，说走就走，走到哪里，哪里便是家，即四海为家。

（三）到贵州省晴隆县和内蒙古土默特左旗"四清"

1964年11月，中国科学院哲学社会科学部民族研究所跟随中央民族事务委员会及其所属的民族出版社、民族文化宫同中国人民解放军军事科学院等单位一起到贵州省晴隆县进行所谓"四清"工作。"四清"即清工分、清账目、清财物、清仓库，表面上是清理经济，其实是在清理阶级队伍。

一天，我们乘坐北京到柳州的火车，再从柳州转贵阳，到了贵阳再乘火车到安顺地区（今安顺市）一所学校住下。

在安顺主要是组织"四清"工作队和学习"四清"的方针政策。我们民族研究所参加"四清"的人员被安排在安顺地区晴隆县"四清"工作总团,由中国军事科学院赖光勋少将任总团团长,中央民族事务委员会副主任丹彤任副团长。此外,"四清"工作队还有贵州省大方县的干部,贵州一些大学如贵州医学院、贵州农学院的教师和学生。队伍组成后,在安顺进行编队,按分团单位对队员进行培训,学习中共中央有关"四清"的文件和听取贵州省委有关贵州情况的介绍报告。然后,队员对自己进行"三查"(查历史、查阶级立场、查思想)。我被分配到晴隆县总团鸡场公社分团,分团长由丹彤兼任,副团长是我们民族研究所的副所长秋浦。我是鸡场分团的资料员,算是团部的干部。

在安顺培训期间,"四清"工作总团的赖团长在动员会上作动员报告,把贵州的阶级斗争说得十分严重,说他这次带队到贵州就是要重新解放贵州。这话一出,事情严重了,要重新解放贵州,现任的贵州干部便是被审查、被打倒的对象。所以对"四清"工作队的要求也很严格,每个队员都必须进行查历史、查阶级立场、查思想的审查工作。有的地方干部在检查中痛哭流涕,讲到历史时有的人只因过去贵州一带缺食盐,曾经抢过一次商人的盐巴,也被认为不及格被退了回去,不能当队员。有的因出身不好,或有点什么男女关系不正之风的人也被认为不及格,退了回去,弄得人人自危。我当时作为一名出身清贫的大学毕业不久的青年干部,因为没有什么历史问题,政治上的问题也简单,没有什么可审查,只简单说说便过了关。这场阶级斗争扩大化的所谓"四清"运动,一开始就弄错了方向,成为一场搞乱地方干部队伍、扰乱基层社会的所谓运动,对县以下社会的破坏非常严重。

我们所在的晴隆县鸡场分团(原是鸡场公社所在地,处在晴隆县西30—40公里处）条件非常恶劣。原先晴隆县城到鸡场公社没有公路，汽车不能通行。因为鸡场公社处在高山中的一块平坡，盛产黄果，在我们到鸡场前修通了一条由晴隆县城到鸡场公社的简陋公路。除了鸡场公社办公地有几间砖砌平房外，其余10多座房子均是木架草房，我们到了鸡场公社后安置好住处，其余到生产队的"四清"工作队员已经分头到了下面村庄，开展组织所谓阶级队伍的摸查工作，情况十分紧张。鸡场公社是布依族、汉族、彝族、苗族，还有当地人称为"穿青族"（其实据民族学家调查，属江浙一带内迁的汉族）的杂居地。此处山高路难行，出入运输靠毛驴驮运和人们肩挑，我们进入乡村，手持竹手杖，一步又一步地攀登，走20里路到一乡村都得3个小时，非常艰苦。老乡住的地方是人畜不分的木架草房，一层四面通风，中间有一火炉取暖，侧房是猪、牛、狗圈，人住楼上，下铺稻草随席而睡。村中卫生很差，人畜随处解便。吃的是玉米、稻米混合的蒸饭，食品缺盐无油，只有一些豆豉辣椒拌成的调料。天天如此，月月如此。弄到后来，"四清"工作队员有的水肿，老年的还伴有风湿病之类。为了使工作队员能坚持下去，上头运来一批油炒面粉发给队员补充营养，也同意队员收购地方的黄果补充维生素。我吃住在"四清"鸡场分团办公地，生活比较正规，不像其他队员那样遭罪。但我们也有我们的难处，因为"四清"开展后，地方干部思想紧张，上吊吃草药自杀的事有多宗，只要接到下面电话，某村某地出事，就算是深夜，我们分团的人也只好拿起手电筒、挂着手杖起行，经过多时跋涉赶到出事地方处理。我们还要天天写简报报告"四清"情况，有一次要我起草一个工作队进村开展"四清"后村干部反应的简报，因我没有掌握更多的情况写不好，被丹彤团长批评。丹彤团长，回族人，胖胖的体型，他对人要求严苛，批评毫不留情，我们对他敬而远之。但我当时也不管他，写不出就是写不出，我不能编造，后来还是我们研究所的同事杜玉亭同志代完成这期简报为我解难。从此，我不再搞简报，专门负责各村上报的各种数字报表。

在贵州生活工作七个多月，这是我人生第一次领教贵州少数民族杂居山区的苦难生活。诚如当时我们民族研究所的副所长、"四清"鸡场分团副团长秋浦同志所说，未来贵州之前，真不知道还有这样贫困的地方。

贵州"四清"给我的教育不是增强阶级斗争观念，提高政治觉悟，而是使我进一步认识到我们伟大祖国土地辽阔，人口众多，东与西、南与北的差异很大，人们的生活水平和生存条件相差非常遥远。贵州晴隆县是山区，开门见山，跟我的家乡广东湛江开门见海比较起来，我的家乡在20世纪60年代也不发达，农民的生活也相当艰苦，但跟贵州晴隆县比较起来也不知好多少倍。晴隆县是一个多民族杂居区，在当地，汉族、布依族是人口较多的民族，彝族则是人口较少的民族，生活条件大同小异，但也有不同。所以，只从一个县看不到真实的国情，只看一地的某一民族了解不到中国民族的实际情况。这一点认知，对于我以后的做事和从事研究工作启发很大，起码使我懂得要尽量避免以偏概全、以小论大的毛病。

1965年夏天，贵州的"四清"因上头的斗争复杂，下面乱了套，应该如何清，清什么？清了好些日子，情况有多大的好转，看来大家都没有数。所以，只好打包回家，一走了之。这一切对于我们这些年轻的小学人也无所谓，但留下的后遗症则大得不得了。后来的"文化大革命"就是在这个基础上开始了一场人与人的搏斗，搞乱了社会，搞乱了人心，经济也一蹶不振。

不知道什么原因，我们民族所的罗大奎，是云南少数民族，老婆在农村。他在"四清"结束前上吊自杀了，为什么？没有人知道，他没有留下遗嘱，也没有写日记。他没有能跟随我们回北京，只好埋在他工作过的贵州，与当地人民相互守护那块土地。我们要走了，告别了同事罗大奎，也告别了"四清"运动烂摊子。要回北京了，每人的心情不一样，但大家都明白这场"四清"是一笔糊涂账，越讲越讲不清。在回京的路上途经广西柳州，我本想趁机回老家广东省湛江地区廉江县看看亲人，说说我离家北上和西行的感受，但北京方面以有新任务为由，不准告假，我也只好遵命回京。这回我再不像一年前在山东的样子，脸是黑黑的，身体瘦瘦的，头发少了，我原来的兜风耳更加凸显，简直是另外一个人。回到北京梁碧莹看到我这个样子，我知道她心里有多难受，但她只是轻言细语地说"瘦多了"。因为我本有胃病，到了贵州吃那些玉米渣子饭，实在受不了，但我还算好，基本上没有吃过药，看过病，没有死，顺利地经历了这一次艰苦生活的磨难后，安全地重返北京。

1965年秋天，中国科学院哲学社会科学部民族研究所到贵州省"四清"回京的人员，又接到上头的通知要到内蒙古自治区土默特左旗开展"四清"。与我们研究所一起到土默特左旗"四清"的还有中央民族事务委员会机关及其所属的民族出版社、西藏驻京办事处、中央民族歌舞团等单位。

内蒙古土默特旗属乌兰察布盟，其地在呼和浩特与包头市之间，分左旗和右旗，土地肥美，牧场茂盛，盛产土豆、玉米、燕麦、小麦、高粱、甜菜等。百姓平日主食以燕麦、土豆、小米和高粱、小麦为主，住房均为砖瓦房。农牧民的生活在内蒙古算是比较好，但并不富裕。其地属汉族与蒙古族杂居，民风淳朴，人民勤劳刻苦，富有革命传统。土默特左旗是蒙古族优秀的共产党人、原中共中央华北局书记乌兰夫同志的故乡。早在抗日战争时期，乌兰夫同志就领导当地蒙古族、汉族人民在白灵庙一带开展抗日游击斗争。1949年内蒙古解放后，乌兰夫同志荣任内蒙古自治区主席。在中国共产党和乌兰夫等人的领导下，内蒙古建设成就显著，呼和浩特市作为自治区首府建设得挺有气派，城市建设新旧杂陈，环境很美。包头市与土默特右旗接邻，包头作为内蒙古新兴的工业城市，黄河从城中流过，街道宽阔，高楼挺拔，据说是由20世纪50年代苏联帮助建设包头钢铁厂时作的城市规划，包头人将创业与生活设施协调发展，交通方便，环境优美。在土默特左旗生活半年多，它给我的印象非常好，给我留下美好的回忆。

"四清"工作队先集中在内蒙古乌兰察布盟的首府集宁市培训，我先被分配到土默特左旗三两公社"四清"工作团分团，后又被分配到团部从事资料工作，重操在贵州"四清"时的旧业。

贵州省和内蒙古自治区都是多民族地区，但两地的情况完全不同。贵州省晴隆县是一个山区县，有汉、布依、彝、苗各民族，虽然比较贫穷，但民族之间比较团结，民族之间纠纷械斗的事不多见。内蒙古土默特旗有山地，但多是平原，交通方便，经济比较发达，文化水平也较高。民族主要是蒙古族和汉族，也有少量回族，汉语是各族通用的语言，风俗习惯大同小异，民族之间就基层民众来看，并无太多的矛盾，基本上能和睦相处，共同进行耕牧，创造历史，但从上层来看，蒙汉之间的矛盾则存在，这主要是表现在对民族自治权利的追求和争取平等权利方面。所以，我们工作队进驻土默特左旗后，首先是学习民族政策。1935年红军到达陕北后共产党发表的《八一宣言》，工作队员都要学习，还要求工作队要坚决贯彻民族平等、尊重少数民族的风俗习惯和语言文字。我所在的三两公社是乌兰夫同志的家乡，由于乌兰夫同志的教育和影响，以及在政策执行方面做得比较好，三两公社的民族问题并不突出，阶级斗争也不如别人想象的那样尖锐。我们进驻后，主要是抓生产，抓干部队伍的建设，对于民族之间的问题只要不是暴露出来的，一般是采取回避的态度。1966年春节后，"四清"工作已基本停止。回忆起内蒙古土默特左旗的"四清"跟贵州的"四清"，贵州的"四清"是在极左思潮指导下的阶级斗争，从政策的执行到进行的方法都比较激进，内蒙古"四清"方法比较温和，对于干部还是原班任用，发动群众也和风细雨，并没有采用激烈的手段，所以，干部队伍比较稳定，生产照常进行。

"四清"忽然停止了，我们无所事事，但由于消息不灵，我们不知道其中的原因，后来才明白是因为乌兰夫同志在中共中央华北局做了所谓"检讨"。有人说，土默特旗"四清"是在乌兰夫同志的民族地方主义立场指导下进行，有民族分裂的倾向。一时间在"四清"工作队中也找来一个蒙古族出身的领导人进行揭露和批判，说他们保护蒙古族干部，通过"四清"打击和排斥汉族干部，暗中搞民族分裂，弄到我们无所适从，说也不是，不说也不行，做也不是，不做也不行，思想一片空白，"四清"工作队一片混乱。这是我人生第一次碰到所谓民族问题的烦扰。不久，所谓的"文化大革命"已经在北京开始，我们在内蒙古乡村，对京中的事情知之甚少，但有消息说乌兰夫同志已在中共中央华北局做了检查，并已停职，我们的"四清"工作立即停止，北京来的工作队撤离回京。后来得到证实，真的要立即回京了。北国的内蒙古地区我是第一次涉足，生活也不算很长，但是那里蒙、汉族人民的创业精神，建设国家、发展多民族平等关系的精神使我终身受益。因为没有很多"四清"的工作，我们也有机会到蒙古族人家的村落进行探访，但土默特旗蒙古族基本上是农牧兼有，与呼伦贝尔大草原的牧民不一样，它们是蒙汉语兼通，蒙汉文兼用，与汉族风俗同多于异。"文化大革命"开始后，我记得是1966年6月中旬，我们中央民委系统在内蒙古"四清"的人员接到上级的通知要陆续回京。一天我们乘坐由呼和浩特开往北京的火车回京，火车进入北京站就有一种紧张的气氛笼罩，大标语、大字报挂满京城的大街小巷，广播声中也传来打倒某某的声音。我们民族研究所留京未参加"四清"的人员到火车站迎接我们回京，但从他们的眼神和行为中也窥见个个严肃不语，似乎灾难即将来临。从此，我们便接受了所谓"文化大革命"的洗礼和磨难。

（四）"文化大革命"期间的磨难与我研究工作的起始

当接我们的汽车开到北京魏公村中央民族学院大门，到了民族研究所的办公室2号楼和6号楼，我们看见大字报已经贴满了大楼的门口和里面的四层楼道，气氛很紧张，不过我依然我行我素，心胸坦荡。回京后几天，我骑着自行车沿着中国人民大学、清华大学、北京地质学院、北京航空学院、北京大学一路看大字报、看热闹，也经常骑着自行车往西单中共中央统战部、教育部和建国门内哲学社会科学部、沙滩中共中央宣传部等地看大字报。当时我是个观望派。但因我出身贫苦，历史和社会关系简单，造反派劝我造反，保守派劝我保皇，我不革也不保，他们对我也无可奈何。然而，1967年2月后，形势急转直下，由于当时中共中央刘少奇、陶铸等同志委派工作组到各大学指导"文化大革命"，被江青、康生、张春桥、姚文元等人诬为镇压"文化大革命"的"二月逆流"，刘少奇、陶铸同志等人被点名批判。接着哲学社会科学部分为两大派，一派是红卫兵联队，一派是红卫兵总队，各个研究所也一分为二，直属联队或总队。民族研究所的造反红卫兵组织是"千钧棒"兵团，比较保守的组织有星火战斗队、红旗战斗队、东风战斗队，它们的观点相近，但不完全相同，所以三个战斗队没有联合成为什么兵团，从始至终均是单列行动，但它们都属于学部的红卫兵总队。我是红旗战斗队的成员，10多个人推我为队长，但我不组织他们去打砸抢，只是做一些所谓大批判方面的工作，写些批判所谓"反动学术权威"的大字报。我们研究所的"千钧棒"红卫兵团因人多势众，参与抢劫中共中央统战部档案，组织批斗中央民族事务委员会和中央民族学院领导，闻名北京。我所在的红旗战斗队由于跟"千钧棒"红卫兵团的观点不同，没有参与它的行动，并经常跟它的人员进行大辩论，所以，我们自然成为保守派。

哲学社会科学部的武斗不太厉害，但也时有发生，两派高音喇叭相互对骂，相互干扰，由此通过切断对方喇叭电线引起的人员拉扯现象时有发生，但相对于其他高校则不算什么。民族研究所所在的中央民族学院两派各占楼房，学校中间建筑一道墙分割，各有山头。少数民族学生利用弹弓射石时常打破宿舍门窗玻璃和路灯。学生武斗，教师和学校干部也武斗，完全扰乱了教学秩序，学校已无学习可言，学校办公楼也成了贴大字报和举行大辩论的场所，生活受影响，人与人的关系也被扭曲。在这场疯狂的非理性的恶斗中没有胜者，也没有败者，大家都是相同的命运，浪费了时间，正常的教学和学术研究停顿下来。

武斗越演越烈，在北京的所谓"天派"（以北京航空学院为中心的派系）与"地派"（以北京地质学院为中心的派系）学生的武斗已经成为威胁首都安全的主要乱源。为了平息武斗，毛泽东主席指令向清华大学、北京大学在1968年派去工人宣传队和解放军宣传队制止武斗，实现大联合。随后，凡是两派斗争激烈的单位都有军工宣传队进驻，我们哲学社会科学部也派来大批解放军和工人分别进驻学部机关和各个研究所。

军工宣传队进驻民族研究所后，组织各派"斗私批修"，各自进行检讨，消除隔阂，实现大联合。在组织民族所大联合委员会时，同事推我作为保守派的代表参与民族所大联合筹委会，让我分管宣传和学术。所谓宣传只是出版一份不定期的简报，当时没有什么学术，所以我这是一个闲职。可是也因祸得福。不久周恩来总理指示外交部组织编绘《中国历史地图集》。这项重要学术工作由当时外交部余湛副部长主持、国际条约司组织实施，后来由当时复旦大学历史地理研究室、南京大学元史研究室、云南大学历史系、中央民族学院历史系，以及哲学社会科学部的历史所、考古所、民族所、近代史所有关人员组织编绘组参编。由复旦大学谭其骧教授任主编，著名的历史学家夏鼐、杨宽、方国瑜、冯家昇、翁独健等人都参与具体的指导工作。动员上百名学者参与此项工作，说明上头对这项工作的重视。中原地区历代地图由复旦大学负责编制，北方地区历代地图由南京大学负责编制，东北地区历代地图由中央民族学院负责编制，西北地区历代地图由民族研究所负责编制，西藏地区历代地图由近代史所王忠先生负责编制，西南地区历代地图由云南大学负责编制，考古研究所负责秦代以前的地图编制。

西北地图组在翁独健、冯家昇等专家的指导下，由我任组长组织研究人员实施，参加这项工作的人前后有罗季平、马恩惠、任一飞、肖之兴、邓锐龄、廖宝昀、修世华、田继周、杜荣坤、陈启新等人。各位同事参加编地图的时间长短不一，但大家共同努力，自1968至1973年，先后历经5年终于编成《中国历史地图集》西北地区图集。《中国历史地图集》共八册，先由中华地图学社于1975年试版，后又改为由地图出版社正式出版，并获国家优秀图书奖。

当时哲学社会科学部除了有业务工作的人留京集中到王府井大街东厂胡同五号中国科学院哲学社会科学部近代史研究所办公，由军工宣传队统一领导外，其余的人都到了河南省息县"五七"干校劳动锻炼去了。正由于有任务留京工作，我没有下放到"五七"干校，争取了5年的业务学习和工作时间，这对我后来的学术生涯影响深远，如果没有这5年稳定的业务锻炼，可能就没有我后来的学术经历。所以，我非常幸运，我要感谢当时军工宣传队对我的信任，也要感谢民族研究所历史地图组各位先生、同事对我的支持，以及大家同心协力的工作，顺利地完成了《中国历史地图集》西北地区的编图任务。

当时哲学社会科学部有业务工作留京不去"五七"干校的人员，主要是考古所有考古任务的人员、近代史所参加范文澜先生《中国通史》编写的人员、黎澍先生主持的《沙俄侵华史》编写组人员、民族研究所历史地图组和近代史所参与西藏地区历史地图编制的王忠先生。这些人由解放军和工人宣传队统一领导。我们历史地图组全体人员集体吃住在近代史所，只有星期六晚和星期天可以回家。正因如此，在3年多时间里，我们与考古所的夏鼐先生，近代史所的刘大年先生、黎澍先生、余绳武、丁名楠、蔡美彪及其他许多先生朝夕相处，一起劳动，一起生活，也一起交流学术，生活得很自由，很自在。加上邻近中国科学院图书馆，也可利用近代史所图书馆丰富的馆藏报刊和图书资料，对于我的提高非常有利。尤其是我在大学读本科时选修两年近代史专门化课程，我对中国近代史研究的兴趣不减当年，很想继续在上面用心和用力，我便利用空暇时间同王忠、钱宏、张振鹍、吕一燃、吴剑杰、龙盛运、何重仁、刘明奎、刘明达及其他先生在一起谈论有关中国近代史的问题，这对于我后来重新归队进行中国近代史研究和教学很有帮助。

1972年我们历史地图组完成任务即将回民族所之前，近代史所黎澍先生找我谈话，劝我继续留在近代史所参加《沙俄侵华史》

编写工作。我当即向黎先生表示，就我个人的兴趣，我愿意留在近代史所，但这不是我个人可以决定的，要民族所领导决定我的去留。后来，民族所领导要我们全组人民都回所，黎澍先生的愿望未能实现，但无论如何，我都要感谢黎澍先生对我的关怀和好意。

回到民族所后，"文化大革命"尚未结束，一面搞整改，一面在准备恢复业务工作。根据我的兴趣，我选择清史、满族史作为研究方向，因为这个方向同中国近代史相接近，选择清史、满族史作为研究方向，其实也是为我后来转向中国近代史做准备。现在想起来，我当时的决定完全正确。

回想起来，我在民族研究所13年，在这期间我经历过艰苦的劳动锻炼，经历过两次"四清"的磨炼，又遇上一个所谓的"文化大革命"，真正从事专业学习和研究工作顶多也是一半时间。在这难能可贵的有限时间里，我非常用功也很刻苦，通读了马克思、恩格斯、列宁、斯大林、毛泽东有关民族理论的著作，也用功学习过有关我国民族政策方面的著作。编制历史地图使我有机会向许多专家学习他们治史的严谨和一丝不苟的精神，也学到了一不干，二不休，干什么事非干出一个结果不罢休的学风。总之，我没有白费光阴，我得到了很多学习的机会，比起研究所里同时进所的各位同人，我算是幸运的。

人们都说，"文化大革命"浪费了光阴、浪费了精力，也浪费了人的感情。但每人的情况不一样，凡事不能一概而论。从国家和民族而言，十年的"文化大革命"的确难于讲清，最重要的是搞乱了人心，社会脱序，在那个年代，许多人由此而颓废。学校的秩序乱了，教育破坏严重，许多青少年由此而未能接受系统教育，影响了一生。"文化大革命"对于我也是不幸，说不幸是因为我们当时有机会进京入中国科学院非常不容易，正热情洋溢地要在学术上做一番工作时，由于革命压倒一切，青年人研究学术的热情也被压垮了。"文化大革命"批评学术权威的喧嚣便将一些人研究搞学术的念头粉碎。青春过后，一切皆空。一些人就此消沉，一无所有。但是因为我出身贫穷，中学时加入中国共产党，革命热情一贯旺盛，唯独"文化大革命"时革命意志消沉，既不想革别人的命，也不想革自己的命，随遇而安，图个自由。就这样，我保守，但不反动，我不想当官，但我也不反对别人当官，只图清净，同那些不愿意参加"文化大革命"的老先生一起钻故纸堆、读古书、搞那些烦琐的地名考释来消磨时间。不过这个决定也使我有机会留京照顾我的家庭，哺育儿女。1966年1月10日，我与大学同学梁碧莹在北京市海淀区人民委员会登记结婚。梁碧莹当时在北京公用事业技术学校当教师，我在内蒙古搞"四清"工作，利用春节回家探亲的机会回北京办完登记结婚手续，即一同返回广州向梁碧莹的亲属报喜成婚。很快"文化大革命"开始，我们便在北京西城区阜成路南二楼七号门安了家。1967年10月，我们的女儿林征诞生，两年多后，我们的儿子林卫也于1970年2月降生。我不用去河南省息县"五七"干校劳动锻炼，可以在京照顾家庭，为妻子分担家务，照料儿女。

在"文化大革命"期间，我没有吃过挨批判的苦头，当然我也没有打过人、整过人，没有在行动上给人苦头。回想起这段经历，我经常自豪地说："文化大革命"，我也同其他人一样经受了磨难，但也增长了知识，丰富了人生的经验。至于其他什么感受，我没有。其他人的感受只好由人家自己去说，我不好说，也无权开口。

总之，经过长期的艰苦磨炼，我这个人特别能吃苦，也有刻苦奋斗的毅力和精神。凡自己决定了的事，就立下决心去干，一不干，二不休，非干出个结果不罢休。这也是我决定返回母校广州中山大学当教师培养人才和从事学术研究、留下一点文字的东西给子孙后代阅读的初心，也是我为国家和人民做点贡献的使命担当。

在北京中国科学院哲学社会科学部民族研究所的13年，我认识了当时许多研究成果斐然的著名学者，也结识了年龄相当的许多才华横溢的同事。这一切都对我后来在学术方面有很多启示和教诲。所以，没有我前段的北京工作的经历，也就没有我后来在中山大学的学术便利。我在民族研究所工作，起初有很大的希望，想成为一个什么民族史研究的学者，但后来一切皆空，所以我由满怀希望转变为失望，也因此我想一走了之，到一个新的地方和单位重新开始我原定的中国近代史研究。

没有十年"文化大革命"的内乱，我也不会离开北京，不会离开民族研究所，留下来也可能一无所有，但走了当时也没有一个长远的打算，走一步看一步。走人不是个办法，但由于当时的社会混乱，如果不能得到治理，经济不发展，教育不提高，尤其是人民的思想不觉醒，作为个人不管你到什么地方也无办法实现自己的理想和使命。好在我返回老家，回到母校中山大学以后不久，邓小平同志便坚决推行改革开放的政策，引进外资，发展经济和教育，广东人凭着改革开放的春天，努力奋斗，很快就改变了广东的面貌，教育秩序恢复，教师和学生都以兴奋的心情，在自己的岗位上尽力尽责，立下决心振兴中华，这就为我开拓了一个广阔的新天地。我也趁着这个大好的形势，抢回过去失去的时间，没日没夜地做我的研究，指导和教育学生努力学习，积极上进。所以，个人与国家，只有国家的政策好，个人才有奋斗的前途。回顾起这些经历，我又明白一个大道理，只有政策开放，国家才有今天，我才有今天，所以我这个人具有家国情怀，有爱国思想，也有牢固的家庭观念。

从过去几十年的经历看，我选择折回老家，回归母校中山大学当教师的选择是正确的。这不是我历史的终结，而是我新历史的开始。

四、回归母校中山大学当教师
与我研究方向的改变

（一）回归母校愿望的实现

1976年1月8日，周恩来总理逝世。在北京市民夹道送别周总理到八宝山火化这一天，我与妻子梁碧莹，带着7岁的女儿林征、5岁的儿子林卫，乘坐北京开往广州的火车，踏上离京回母校的途程。晚上8时多，北京火车站已是灯光四射，来往的行人熙熙攘攘，排着长队进入候车室准备乘火车离京的人，刚到达北京车站等待出站的人，送往迎来的人群，汇集在北京车站广场内外，真是里三层外三层，人实在太多。

但是，那一天正是周恩来总理逝世后遗体送八宝山火葬的悲痛日子。北京数十万人拥集在长安街的两旁送别周总理。当灵车经过时只听见人们的哭声，别的什么杂音都听不到，送走周总理，北京长安街的送灵人群缓慢地离开长安街。当时的北京死寂一般，汽车开得很慢，没有喇叭声没有笑声，歌声没有了，喧哗不见了，连孩子们都很乖，他们不打闹，不玩耍，只跟随大人——爷爷、奶奶、爸爸、妈妈，听他们诉述周总理的故去，以及对中国未来的忧虑。

当日下午5时后，民族研究所和梁碧莹单位的同事、朋友到北京甘家口阜成路南二楼七号门我们的住家欢送我们回广州。那时那刻各人的心情不一，有的人不想让我们走，如我们的邻居定正清、陈畹玲夫妇、果鸿昇、祝嘉铭夫妇、杜荣坤、白翠琴夫妇、詹承绪和王承权夫妇等等。这许多的同事、朋友，有的现在已经作古了，有的还活着，不管什么人当时都以一种依依不舍的心情送别我们，但离别以后会是怎么样，何时能再相见，谁也讲不清，只好走一步看一步，等着瞧。当然，也有人希望我们走，到一个新的地方去倒霉，免得我为他们添乱、找麻烦。在那个讲斗争的年代，总之走也不是，不走也不是。

离京前，我和梁碧莹决心都很大，但到真的要走时，心情又不一样了，反而对北京有一种眷恋不舍的心情。说老实话，在北京我们活得很好，北京毕竟是我们新中国的首都，是政治、教育、科学、文化、经济的中心，人的素质较高，社会比较文明，对外交往频繁，信息灵通，文人汇聚，论做学问在中国恐怕是最理想的地方。生活了13年的地方说走就走了，也有点舍不得。当火车缓慢地离开北京站向南驶去时，从车窗往外眺望北京华灯璀璨的夜景时，我暗暗地流泪了。我依恋着北京，因为北京是我事业的起点，也是我与碧莹建立家庭的地方，北京的一切对于我都是那样的熟悉，今天，真的要走了，真有点离不开、舍不得，许多往事一下子涌上心头。

天安门城楼的雄伟、长安街的宽阔、故宫的神秘、北海公园的幽静，还有我们家的"邻居"国宾馆、钓鱼台的优雅，以及我与梁碧莹谈情说爱的紫竹院、动物园、八一湖等，许多地方都浮现在我的脑海中。离开北京的第一晚在火车上虽有卧铺，但无法入睡。经过近30小时的颠簸，在第三天的早上终于到了广州火车站。

广州对于我们毕竟不生疏，碧莹在广州出生长大，广州是她的真正故乡。但是，经过"文化大革命"，广州也失去了昔日的辉煌，城很旧，路很窄，街市脏乱。过去广州人很会生活，很能享受，可是20世纪70年代的广州，物资奇缺，爱吃的广州人没有好吃的，饮早茶也只是粗茶自饮，没有什么可以挑着吃、挑着饮，广州的夏天很热，可是当时想买把电风扇都难。

我和碧莹拉着孩子走出广州火车站时，陈胜粦老师和罗承徽同志已在等候，随后他俩陪伴我们一家四口乘车到了中山大学，把我们安置在中大康乐园东北区29号一楼客厅。楼上住着冯秉铨教授（当时他是华南理工学院院长）、高兆兰教授（物理系教授）夫妇。我们一楼的邻居是物理系的彭旭虎教授一家，我们和他家共用洗手间。我们一家四口住在这漆黑的客厅里，白天也要开着电灯，客厅的两面空空通透，刮风下雨时到处湿透，没有厨房，只好在室外的通道做饭。校方说，中大住房紧张，让我们暂住一些日子再调配。我和碧莹二话不说，就这样把家安在中大。

这时的中山大学已不是我们上学时的中大那样吸引人，这样的环境，不仅是无法做学问，连生活都成问题。家里烧饭也要到外面捡树枝作柴火，吃饭也成问题，好在我们住的地方离教工饭堂较近（在今荣光堂对面的管理学院MBA大楼处）。每天清晨，女儿林征便去饭堂打早餐，她吃过早餐后，又从我们住的东北区走到中大西门的中山大学附属小学上学；放学后，她又顺路买把通菜带回家，那时连肉都要凭票供应。穷人的孩子早当家，我们的女儿从小养成照顾自己的习惯，今天她的独立处事待人能力较强，得益于早年的锻炼。好在中大东北区马岗顶绿树成荫，空气清新，氧气充足，加上屋前的一片草地可以养鸡下蛋补充孩子的营养，我们又托北京的同事买些罐头肉、鱼之类的食品寄来。就这样一天又一天，一月又一月，总算渡过了回校初期的生活难关。

当时我和碧莹每月工资都是62元，除了吃饭和为孩子上学交书本费所剩无几，要更换一件新的衣服都做不到，所以我们一家四口在中大马岗顶冬天散步时穿的都是在北京置的棉衣、棉鞋，走在路上别人一看便看出我们这家人来自北方。但我对于生活无特殊的要求，由于出身贫困，对于生活的艰难我无所谓，只要能填饱肚子就行。面对当时中大的情况，有的老师和同学问我，在北京有那么好的工作以及宽敞舒适的房子，为什么还要回来中大吃苦？我说，说来话长，回母校是既定方针，既来之则安之。

回到母校，对于我也是一种精神的解脱，对于北京中国科学院哲学社会科学部当时的乱局，我也非常讨厌，名义上是研究院、研究所，实则不研究，我实在受不了。回到中大我则安静下来，教我的学生，做我喜欢的研究，心情特别好。加上北京的冬天太长，我实在不适应，多年的北方生活使我的十二指肠溃疡病治而不愈，做了切除手术，胃病最怕冷天，秋冬天的北京天气转凉，胃就疼到不能睡觉，我不想在北方受冻，也有回南方的念头，但这不是主要原因。主要原因还是想找一个学术环境较好，能够宽松、安定做学问的地方。

广州远离政治中心北京，它是南方经济、教育、文化中心，人们比较务实，他们关心国家大事，但不像北京那样政治挂帅，干什么都离不开政治，所以广州适合我们这些在研究院啃书本的人生存、生活和工作。同时，中山大学是我的母校，它有悠久的历史，曾有过不少名教授在这里教书、著述，学术环境较好，还有许多教育过我的老师，以及一起上学求知识的同学在一起工作，是一个可以安身立命之地。而促使我产生回归母校念头的，还是陈胜粦老师的劝说和启导。1975年夏天，陈胜粦、骆宝善老师到黑龙江哈尔滨参加"批判"苏联齐赫文斯基主编的《中国近代史》一书会议时经过北京，我到北京火车站迎接这两位老师，并陪伴他俩到我当时的家里吃午餐，晚上二师乘火车继续前往哈尔滨。几天后返北京，我又到火车站迎接二师到寒舍，在聚谈的过程中，陈胜粦师说，他这次北上除了参加会议外，中山大学李嘉人校长还交给他一个任务，要他北上物色一些校友回母校当教师，以解决"文化大革命"造成的师资短缺现象。他问我和碧莹是否有意思回母校工作。我俩当时没有表态，也没有回归母校的打算。可是，事有凑巧。当时，我在中大历史学系读书时的系主任杨荣国先生正在北京协和医院住院做膀胱癌手术。我和原中大历史学系在北京中国科学院哲学社会科学部工作的黄宣民（历史所）、邝柏林（哲学所）等经常到医院去探望老主任，我们当时都称他为"杨老"。有一次杨老跟我与宣民兄谈起，周恩来总理指示，要他主编一部《中国通史》，现正在筹备组织编书班子，以便尽快开展工作。他说："编书由金应熙教授主持，但现在缺的是人。"宣民兄听完即向杨老推荐我，他说："家有适合做这个工作。"杨老征求我的意见，问我有无意思返回母校工作。我说："待我考虑，考虑后再答复您老。"宣民兄说："不考虑了，就这样定了。"

就这样顺水推舟，但说实在的，我当时并没有拿定举家南返的主意。可能是经黄宣民兄一吹，杨老即上书李嘉人，要将我调回中大做他的助手参编《中国通史》。李校长又通过胜粦师与当时中共广东省委管文教的书记雍文涛的秘书张澄光（他是比我低一级的中大历史学系同学）向雍书记汇报，不到一个月，征调我到中山大学工作的调令便到了中国科学院哲学社会科学部。部里人事局的同志劝我留下，因为当时中山大学是以调我任杨国荣教授的助手为由征调，学部人事局同志告诉我说："杨老可能要调学部哲学所任所长，所以你不能走。"后来，由于胜粦师的努力，中山大学党委副书记曾桂友同志又派刘嵘教授和戈平同志到北京疏通，而我回中大的决心也由动摇转坚定，故我再向中国科学院哲学社会科学部人事局呈交调到中大工作的报告，学部也只好放人。

就这样，我与碧莹带着两个孩子在1976年1月举家回到了中山大学，实现了回归母校的愿望。

（二）我的学术经历回顾

我从事学术研究是从20世纪60年代开始，但那时民族研究所除有一些老专家带领的研究生做自己的专题研究，多数中青年学者都没有严格意义上的专题研究，在"文化大革命"等政治运动的冲击下，真正做学问的人很少，我也凭自己的兴趣做一些小课题研究。我真正从事学术研究活动是回归母校中山大学以后才开始。从此时起有几项集体的学术研究和编书，我也开始走向规范的学术活动。

第一，参加《中国历史地图集》编制使我领受到学术工作的艰辛

1963年8月，我在中山大学历史学系毕业，接受学校分配，到当时的中国科学院哲学社会科学部民族研究所以后，前面说过没有真正做过学术研究，只是在1968年以后在民族研究所参与谭其骧先生（复旦大学历史地理研究所教授）主编的《中国历史地图集》编制工作，我被所里指派为历史地图西北小组的组长，业务由维吾尔族史、西域史研究专家冯家昇先生指导，冯家昇、罗季平、廖宝昀、邓锐龄他们的外语都很好，尤其是冯先生的日文，罗先生的英、日、俄文，廖先生和邓先生的英文，这几位老先生不仅历史知识深厚，对西北地区的历史地理也有较多了解。加上马恩惠、肖之兴、

任一飞、田继周几位民族研究所中年骨干，带着几位年轻人如修世华、陈启新等，一干就是5年，开始时集中在民族所食宿和工作，看了很多历史地理方面的书，参阅了许多古地图，对于每一朝代的边界划分、走向、标准，以及每一个历史地名的考释都一丝不苟，我对做学问的艰辛和要求的严格有了初次体会。

这项工作由当时我国外交部的余湛副部长领导，外交部国际条约司具体组织，由历史学家吴晗、尹达、谭其骧、翁独健等多位专家指导。从1955年初吴晗先生便成立改绘杨守敬的《历代舆地图》委员会至1975年《中国历史地图集》编成出版，将近二十年。当时我国历史地理学的著名专家和领导都参与了这一工作的讨论和指导，如中国科学院哲学社会科学部历史所的尹达、顾颉刚、陈可畏，考古所的夏鼐，近代史所的王忠，民族所的冯家昇，北京大学的侯仁之，南京大学的施一揆、陈得芝、蒋赞初，云南大学的方国瑜、尤中、朱惠荣，中央民族学院的贾振颜、郭毅生、陈连开，复旦大学的谭其骧、杨宽、邹逸麟、王天良、王文楚、林汀水（后调厦门大学）、项国茂（后调福建师大）等一大批专家、学者，以及北京地图出版社的编绘出版工作者前后有100多人参与。每位学者都非常认真，有时为了一个边界的走向和古地名的考释，驿站、卡伦的兴废争论不休。历史地图组同人认真治学的精神和态度对我的启发教育很大，使我受益匪浅。

更使我终生难忘的是我们小组负责西北地区（主要是今新疆维吾尔自治区）自古至清代的地图编制。我们大量阅读了从古代西域以来至民国时期新疆的历史、地理书，这其中有外国人写的著作，但更多的是我国历史学家的著作，使我明白了新疆自古以来就是中国的神圣领土，也使我了解自元代以后，尤其是清代以来，沙皇俄国以及英国对我国西北地区领土的侵略野心。新疆地区清代嘉庆二十五年（1820年）时的疆界，上级指示请当时中国科学院院长兼哲学社会科学部部长郭沫若先生审稿，为此我曾受命几次到北京什刹海郭老的府上去向郭老汇报和呈交划界的资料，有时郭老和他的夫人于立群还约请我国著名的科学家竺可桢先生一起商讨。二老非常认真，郭老拿起红铅笔在我们呈送的材料上圈阅，小至每一个卡伦的定位，大到国界线的走向，有疑问的郭老就打个问号，让我们回去补充材料再送上。我当时只是一个30多岁的年轻人，但郭老优俪及他的秘书不仅给我倒茶，而且非常耐心地听我汇报。事毕，郭老和他的夫人把我送到他们办公室门口，并交代秘书把我送到院内大红门，让警卫员开门把我送走。

编制《中国历史地图集》的几年，让我接触到众多有专长的学者和专家，他们治学的认真、干事的执着对我的影响巨大而深远，使我明白一个真理，只有掌握大量准确的资料才会有精准的结论，别看历史地图上每一个地点的定位只是一个小黑点，但是都要有大量材料作依据。记得有时讨论西藏地区中央政府的治理和管辖情况时，外交部副部长余湛同志除了认真听取近代史所西藏组王忠先生汇报外，还插话问这问那，王忠先生是范文澜先生的助手，不仅对汉文资料非常熟悉，还懂藏文，但由于他不善言辞，经常是说不明白，他就向余湛副部长递上材料，并说："资料都在这，请余部长指教。"弄得在场的人都乐了。

100多位学者历经10多年编绘的《中国历史地图集》八册，起初用中华地图学社名义试版，1975年改用地图出版社名义正式出版发行，被学术界认为是一部优秀的科学著作，获得国家社会科学最高图书奖，每位参编者都得到一些奖金。至于历史地名考释资料，数量庞大，原工作单位的工作人员都进行了认真的整理、编校。

这5年是我在中国科学院民族研究所13年经历中，唯一的一次大型学术活动，时间之长，参与人员之多，尤其是当时全国著名的历史地理学、地方史的研究者都参与其中，说明社会主义中国的学术制度是全国一盘棋，能干大事。

第二，参加《简明中国通史》的编写无果而终

1976年1月8日，我从北京回到中山大学后，杨荣国先生主编的《简明中国通史》编写工作已经开始，编写组分古代史组和近代史组。当时"文化大革命"尚未结束，编写组由金应熙教授主持，由军工宣传队领导，编写组人员全部集中到广州市黄华路中共广东省委党校集体食宿、工作，只有星期六才放假回家，星期日晚必须返回党校。章权才（我在中大历史学系读书时的师兄，比我高一年级）在中大毕业后到复旦大学读周予同教授的研究生，治经学，他也是作为杨荣国教授的助手调来，被分配到《简明中国通史》古代史编写组，我也是名义上的杨荣国教授的助手，被分配在近代史组。近代史编写组成员还有中山大学的骆宝善、段云章，广东省社会科学院的张磊、黄彦、张难生、方志钦等，此外还有解放军的黎政委和工农青年毕应胜（花县，今花都区）、李卓枢（中山县，今中山市）和钟淦泉（东莞县，今东莞市）。经一年多的努力，《简明中国通史》近代史部分写出一部30多万字的《中国近代史稿》，虽未公开出版，但已付印作为中山大学历史学系的教材使用。古代史组除广东的金应熙、蒋祖缘、李龙潜、章权才外，还有一位河南开封师范学院的教师（名字记不住了）等。

未几，杨荣国先生也挨批判，说他颂法批儒是映射批判周总理、支持"四人帮"，又说他批判邓小平同志是在肯定"凡是派"，反对改革派。因为杨先生挨批判，编写组的人也不宣而散，各自返回原单位，《简明中国通史》的编写也就不了了之。

在那个年代，知识分子很难工作，学术研究做也不是，不做也不是。今天某人出来发话应该如何如何，明天某一个人又出来"指示"一番，应该如何如何，如果你听话做了，便两边不是人，如果你不听不做，更不得了，得罪了某人恐怕连饭碗都保不住。在那个时候，聪明人最好是夹着尾巴做人，拿得起，放得下，把知识分子的清高自傲面具收拢起来，学点外语，或读点马克思、恩格斯、列宁、斯大林、毛泽东的著作打发日子最保险。在当时的环境下，我就是这样打发日子的，除写了几篇批判当时苏联歪曲中国近代史和关于民族史方面的小文之外，几乎不做研究，但我学懂了政治斗争你死我活的道理，更加坚定了我做些小学问，当个教书匠的决心。舍下了过去得意忘形、根正苗红的老共产党员架子，回归到人性的初衷，追捧起法国资产阶级革命时的自由、平等、博爱的人权法则，反对以势压人，以官欺负人的行为，同情下层民众，关怀被压迫的弱势群体。这使我养成了敢于抵制不讲道理、以势欺人的所谓官僚的性格，学会同情和关爱下层民众和学生，教导学生成长。

这是我人生观的转变，也是我治学谋生的开始。

第三，编写《辛亥革命史》改变了我后半生的学术生涯

1976年11月，章开沅、林增平先生主编的《辛亥革命史》的编写组会在湖南省长沙市举行，这是《辛亥革命史》编写组的第一次会议。据我所知，编写《辛亥革命史》是由当时人民出版社编辑林言椒先生策划的，原定主编是章开沅先生，但章先生主张主编应加上林增平先生，林先生是当时该书编写组的唯一副教授，所以大家都尊称他为林教授。林教授当时是湖南师范学院（今湖南师范大学）从事中国近代史教学且早已有著作问世的前辈学者，学问人品都堪称一流，章先生提议林教授为该书的主编之一，得到大家的

赞扬。

这是在"文化大革命"后期，受到当时"极左"思潮的影响，要编一部关于孙中山领导的资产阶级民主革命的《辛亥革命史》，阻力和压力都很大。经费奇缺，由谁来编、怎么编都是问题。但林言椒、章开沅、林增平、吴雁南、隗瀛涛等先生克服了种种困难，终于达成共识，以工农兵、知识分子相结合的方式组织起一个编写组。人员分别来自湖北的华中师范学院（今华中师范大学）、武汉大学、武汉师范学院（今湖北大学）、中南民族学院（今中南民族大学）、河南开封师范学院（今河南大学）、湖南师范学院、湘潭大学、四川大学、贵阳师范学院（今贵州师范大学），并邀请我，以及贵州安顺机械厂的冯祖贻等十多人组成一个老中青、工农兵相结合的编写组。

编写组的人员复杂、水平参差不齐，为了统一认识，编写组采取讨论的办法，集思广益。长沙会议，主要讨论编写该书的指导思想及体例诸问题。这次会议编写组决定邀约我为该书撰写辛亥革命时期我国少数民族与革命关系的书稿。从此，我便以该书"编外"人员的身份，跟随编写组于1978年在成都举行了有关辛亥革命问题的讨论会，以及于1979年在郑州召开的统稿会议。成都会议谈论有关辛亥革命史稿的各种问题，诸如辛亥革命的开端与下限、辛亥革命的性质、辛亥革命与对外关系、辛亥革命的阶段划分、辛亥革命与南京临时政府、辛亥革命的胜利与失败，对孙中山与黄兴、章太炎、袁世凯的评价，以及应如何评价当时的中国民族资产阶级，孙中山与康有为、梁启超的改良派、保皇派，孙中山与立宪派的张謇，孙中山与会党、新军和民军的关系等等，这对于我是很好的学习机会，等于是选修了辛亥革命史课程，从中我学到了很多知识，也扩大了我的学术视野。

这一次参编《辛亥革命史》的经历，便奠定了我后来在孙中山和辛亥革命史研究和教学上的基础，以至于改变了我后半生的学术生涯。因为杨荣国教授主编的《简明中国通史》停工，我有几个出路：一是跟随中山大学哲学系的李锦全教授、吴熙钊教授一起做思想史研究；一是重操旧业搞回本行，跟随梁钊韬教授到中山大学人类学系从事少数民族历史与文化的研究与教学；还有就是回归中山大学历史学系跟随陈锡祺、陈胜粦等教授从事中国近代史的教学和科研。后来，陈锡祺先生和陈胜粦先生决定要我回历史学系参加孙中山与辛亥革命史的研究。就这样，从1976年至今，我都在孙中山、辛亥革命史这个行业里"招摇"，做了该做能做的教书、培养研究生和研究工作。这要感谢章开沅、林增平先生的栽培，是这两位尊敬的师长将我扶持、拉上这个行当，也要感谢陈锡祺、陈胜粦两位老师极力把我弄回历史学系，这两位老师对我的信任和栽培，以及倾注全心的关怀、指导、信任和扶持，使我得到全面的锻炼和提高。

第四，参加《孙中山全集》和《孙中山年谱长编》编纂，奠定我进行孙中山研究的基础

《孙中山全集》由当时广东省社会科学院历史研究室、中国社会科学院近代史研究所中华民国史研究室和中山大学历史学系孙中山研究室合编，1981年至1986年由中华书局分11卷出版。我与李吉奎、周兴樑合编第5、6两卷。这是基础性的资料工作，为了广收资料，当时中山大学孙中山研究室的同仁分别到北京、上海、南京、重庆、昆明、贵阳、桂林等地收集材料。我与段云章先生曾到云南省档案馆、云南省历史研究所、云南大学图书馆、贵州省档案馆、贵州省图书馆、桂林市图书馆、桂林市档案馆等单位查找资料，收

获颇丰，尤其是云南省档案馆将存放在外地的有关唐继尧的档案运回云南省档案馆，并开辟专处给我们阅读，虽事过几十年，至今记忆犹新，对于他们对《孙中山全集》编辑工作的支持，我非常感激，并永远铭记在心。

1986年中山大学孙中山研究室升格为孙中山研究所，陈锡祺先生因为年事已高，由陈胜粦先生任所长，我和段云章先生为副所长。1991年后，孙中山研究所由我任所长，一干10多年。陈锡祺先生任研究室主任期间，我任研究室秘书，主要是协助陈先生组织专题研究，如"孙中山与日本""孙中山与近代中国军阀""孙中山与国共第一次合作"，以及编辑和出版《孙中山研究论丛》等。

《孙中山年谱长编》是在陈锡祺先生指导和陈胜粦先生关心支持下，孙中山研究所全体同仁合力共作的成果。它是中华人民共和国国家教育委员会哲学社会科学重点项目，得到国家教委博士基金和广东省高等教育局科研基金的资助。本书从1985年开始着手，至1988年完成全稿，1990年定稿，几近5年。本书的编撰中1866—1894年、1912年、1923年7月至12月的部分由邱捷承担，1895—1905年的部分由桑兵承担，1906—1911年的部分由李吉奎承担，1913—1918年的部分由段云章承担，1919—1922年的部分由我承担，1923年1月至6月的部分由郭景荣承担，1924—1925年的部分由周兴樑承担。本书于1991年由中华书局分上下册，共3卷出版。全书由陈锡祺先生总编，第一卷由李吉奎任主编，第二卷由段云章任主编，第三卷由我任主编。本书后来获国家教育委员会哲学社会科学第二届优秀著作一等奖、孙中山基金会孙中山研究优秀著作一等奖，以及国家新闻出版署优秀图书一等奖。

《孙中山年谱长编》是一项繁重的学术工作，要将孙中山一生的重要经历通过编年史的方式排列开来，既要突出重点，又要顾及全面，既要有新的资料，又不能不继承前人的研究成果，对于一些史料要考证真伪，对于外国学者的研究成果既要了解，又要分辨，工作量很大，如果没有同事间的合作是不可设想的。参与编纂《孙中山年谱长编》的人都以工作为重，没有一个人流露出半点烦躁的情绪，更没有人在名与利上面闹矛盾。全体人员发挥各自的长处，相互提供资料和看法，并经常在一起交流工作情况，遇到的问题及时向陈先生汇报，得到陈先生及时指导，工作起来很顺利，也很愉快，可称为合作编书的楷模。

本书得由北京中华书局出版，首先要感谢永芳集团董事长姚美良先生赞助出版，更要感谢中华书局当时的领导李侃先生的大力支持，以及责任编辑陈铮先生的认真、负责和执着的精神。不过现在看来，本书也有不足，受当时条件限制，很多资料没有发现，有的发现了受篇幅限制也没有用上，也有时间和选材方面的错误。不过，通过本书的编纂和资料的广泛搜集，我掌握了孙中山主要经历的过程，以及国内外研究孙中山的情况和问题，为我后来的孙中山研究奠定了扎实的基础。这一工作不仅培养了中山大学孙中山研究所全所人员的合作精神，也提高了学术水平，为中山大学孙中山研究扩大了影响，增进了学术上的广泛交流。

第五，学术交流

广州中山大学是伟大爱国者孙中山先生亲自创办的综合性重点大学，是广东教育界向往的中心，各方面的人才都有，通过这些人与中国各地和世界各国的高等学校、科学研究机构建立了广泛的联系，学术交流很频繁。

我返回中山大学的1976年，"文化大革命"已接近尾声，但经过这场灾难，在学校里不仅是老教授对于学术研究感到渺茫，一些中年的教师因为在这场横扫旧文化的所谓革命中，胡乱批斗权威学者和老先生，也感到有一种负疚感，有的"造反派"已远离学校，有的保守派也感到前途渺茫，对于未来没有期待，一走了之。因为我从北京而来，对于中山大学在"文化大革命"期间的事知之甚少，所以不管原是哪一派的人都愿意与我交谈，因而慢慢地我对于中大在那个灾难年代的情况也有些了解。我对他们说，不管你在"文化大革命"期间属于哪一派，都是受害者，浪费了大好时光，伤了人与人的感情，破坏了教育秩序，在大学里不教书育人，在研究所不研究学术，大家都去"革命"，这是对人性的扭曲，对人类社会的犯罪。随后，随着从外地调来中大任教人员的增加，以及改革开放钟声的敲响，更由于接近香港、澳门，各种信息的输入，知识分子在觉醒，人民在觉醒，广州在觉醒，那些不要教育、不要文化，不做学问，专门拉帮结派、专搞破坏的人为越来越多的人所不满。学校的秩序已逐渐恢复，停止多年的招考学生制度也已恢复。一些新的学系如人类学、法学、社会学、政治行政学、管理学系等都已开始或正在筹划恢复，并引进了大批从外地来的学者，学校开始萌发新的生机。

我所在的历史学系，以蒋相泽先生、吴机鹏先生、蔡鸿生先生为代表的世界史专业，以胡守为先生、姜伯勤先生为代表的中国古代史专业，以陈锡祺先生、陈胜粦先生为代表的中国近现代史专业，不仅成立了各种研究室，也开始招收研究生，随着正常学术环境的恢复，学术交流也日益频繁。

1979年11月，中山大学与中南地区辛亥革命研究会、广东历史学会联合在广州流花宾馆举行改革开放以来第一次"孙中山和辛亥革命"国际学术讨论会，香港中文大学的王德昭教授，以及香港大学的学者与会，内地许多重要学者如陈锡祺、林树惠、魏宏运、陈匡时、李时岳、张磊、陈胜粦等出席会议，会议开得很成功。这次学术会议传递了学术的春天已经来临的信号。随后，许多国外学者来访，加上许多学术会议在广州、在中山大学举行，标志着学术的交流与学者的交往已经不可阻挡。从20世纪80年代开始，在美国大学教书的华人学者李又宁、陈福霖、薛君度等相继来访中山大学进行学术交流。

1983年，美国哥伦比亚大学著名的孙中山研究专家韦慕庭（C. Martin Wilbur）教授来访，我陪陈锡祺先生到广州白云宾馆拜访他。韦教授的中国话讲得很地道，陈先生与韦教授就孙中山研究的问题进行交流，他们谈得很融洽，我在旁聆听很受启发。韦教授还将他于1976年在哥伦比亚大学出版社出版的英文专著*Sun Yat-Sen: Frustrated Patriot*题签送给中山大学。1984年岁尾，我应林增平先生之命赴湖南师范大学历史系参加研究生论文答辩，杨慎之先生也参加答辩会。此前我已读过他翻译的薛君度的《黄兴与中国革命》、周锡瑞的《改良与革命——辛亥革命在两湖》等书，觉得杨先生不仅精通英文，中文也很好，经他翻译的英文书比原著还好，故我请杨先生翻译韦慕庭教授的大作，杨先生欣然答应。我从长沙回到学校后，当即把韦教授的英文原著寄给杨先生，并与当时中山大学出版社的负责人刘翰飞先生谈妥，杨先生的译著由中山大学出版社出版。刘翰飞先生也很爽快地答应，待杨先生把译稿寄来当即安排出版。杨慎之先生夜以继日地花了一年多时间，终于把这部西方孙中山研究的英文名著翻译出来，真不容易。该书原名是*Sun Yat-Sen: Frustrated Patriot*，不少学者翻译为《屡经挫折的孙中山》，而慎之先生则采用了郭兴仁先生的译法，用《孙中山：壮志未酬的爱国者》作为书名，不仅更准确也更具科学性。但慎之先生将作者译为韦慕廷。韦慕庭教授曾给我来信说，他的中文名应译为韦慕庭，意思是敬慕"家庭"，不是"朝廷"。书已印出不能更正，为此，我曾征询韦先生的学生陈福霖教授如何处理，陈说不用改了，将来有机会再版再更正。

杨慎之先生翻译韦慕庭先生大作于1986年10月由中山大学出版社出版后在我国引起很大的反响，广泛地被学者重视和引用。但令我感到内疚的是，杨先生把译稿寄到中山大学出版社后即病倒住院，我心中极为难受。后来在长沙我向杨先生道歉时，他则说："家有，我病倒与你无关，是我自己体质太差，年纪大了，扛不住病痛了。"杨先生这部经典译著《孙中山：壮志未酬的爱国者》经台北张朋园先生重校，2006年8月由北京新星出版社再版，并将韦慕廷的"廷"字改为"庭"，恢复了韦慕庭先生中文名的原意。

为了促进和加强国内孙中山研究与国外学者的联系，中国孙中山研究会在胡绳先生、刘大年先生的领导下，1985年3月在河北省涿县召开"孙中山研究述评国际学术讨论会"，国内外著名的孙中山研究专家，如当时美国的史扶邻，日本的野泽丰、山口一郎等教授，以及国内著名的孙中山和辛亥革命研究的专家，如胡绳、刘大年、李侃、陈锡祺、金冲及、章开沅、魏宏运、张磊、李时岳等都与会。我们中山大学除陈锡祺先生之外，段云章和我也参加了这次盛会。这次会议实际上是为1986年孙中山诞辰120周年学术会议做准备。

此外，在20世纪80年代，我参加的重要的孙中山研究学术会议还有如下几次：1981年10月在武汉举行的辛亥革命70周年国际学术研讨会，我提供一篇《论中国资产阶级革命派的民族主义宣传及其对辛亥革命的影响》论文。1985年11月，由日本孙文研究会主办，在日本东京和神户举行的孙中山研究研讨会，这次中国学者以金冲及先生为团长、王玉璞为秘书长，黄彦、俞辛焞和我等与会，日本的岛田虔次、山口一郎、野泽丰、横山英等著名学者出席会议，崛川哲男、久保田文次、狭间直树等一批中年学者也参加会议。这次会议日本孙文研究会做了充分准备，除了两天研讨会外，京都大学的崛川哲男先生始终陪同我们参观东京、横滨、广岛、京都、长崎以及九州、熊本等地，凡是孙中山在日本期间到过的地方，我们都去参观和考察，收获很大。1986年10月，澳大利亚悉尼大学的黄宇和博士在该校举办孙中山国际学术研讨会，以孙中山与外国的关系和国际思想为讨论中心，我国戴逸先生、金冲及先生、章开沅先生和我与会，会后由陈顺妍、陈福霖、冯兆基先生陪我在悉尼参观考察，会后戴、金、章先生应骆惠敏教授邀请到堪培拉澳大利亚国立大学进行学术交流，我则由中国驻悉尼领事馆的文化参赞亲自送到悉尼国际机场后回国。

过去我们与台北学界联系较少，但1995年1月，台湾逸仙文教基金会与东吴大学联合举办学术会议。章孝慈先生亲自到北京活动，邀请北京大学、苏州大学、云南大学的校长，以及中国人民大学的党委书记和一批学者组团赴台北参加"海峡两岸中山先生思想学术研讨会"。由北京大学吴树青校长任团长，参加会议的孙中山研究学者有上海的李华兴、广州的张磊和我、北京的王晓秋，还有南京大学的学者马先生和苏州大学科研处的干部。这次会议得到台北方面高规格接待，台北故宫博物院时任院长秦孝仪不仅热情设宴招待，还亲自陪伴代表团参观台北故宫博物院文物展览及地下文物保护设施。代表团委员们对台北故宫博物院对中国文物的保护赞不绝口。此外，会议组织者还组织我们参观台北东吴大学、中山纪念馆、中山楼、张大千画家工作室等重要地点。但真正大型高规格的台北学术会议是1995年在台北举行的"国父建党革命100周年国际学术讨论会"。这次会议于1995年8月在台北"中央图书馆"举行，美国、澳大利亚、俄罗斯、法国、德国、日本、韩国和海峡两岸及香港、澳门学者100多人与会，我被邀参加这次盛会。在会议期间，中国国民党大佬李焕、马树礼，还有李云汉，以及台湾的主要学者如张玉法、陈三井，台北"中央研究院"的李远哲院长和吴大猷先生和多名院士、所长，共同宴请大陆代表团。我和大陆的龚书铎先生、黄彦先生、李华兴先生、彭明先生还与美籍华人学者唐德刚和台北的张玉法、陈三井先生亲切交谈并合影留念。此外，代表团的全体成员还应邀赴南投县日月潭，以及台湾九族文化村、台中市博物馆、台中市议会会议室等地考察，使我们对台湾的政治、教育、文化和社会有初步了解。

此后，海峡两岸以孙中山为题的学术会议越来越多，我结识了研究孙中山的著名专家如德国的金德曼，中国台湾的吴相湘、蒋永敬、杨日旭，日本的野泽丰、卫藤沈吉、横山英、山口一郎、池田诚，以及美国的韦慕庭、史扶邻。此外还有大批日本的研究孙中山的中青年学者，如中村义、藤井昇三、狭间直树、山田辰雄、久保田文次、崛川哲男、中村哲夫、安井三吉等，从而也编织了中山大学对外学术交流的网络。我还结识了台湾的蒋永敬、杨日旭、李云汉、张玉法、张朋园、马起华、陈三井、胡春惠、魏萼、姜新立、黄城、刘碧蓉、陈鹏仁、庄政、邵明煌、邵宗海、邱荣举等学者，还有香港的赵令扬、吴伦霓霞、陈福霖、林启彦，澳门的陈树荣、刘羡冰等先生，使我得到他们的著作、资料和许多研究信息，为我的研究提供了许多有利的条件。

总之，自20世纪80年代以来，孙中山与辛亥革命史研究热潮造就了优良环境，我的研究工作也日有所进，成果也不断出版。学术研究工作同其他工作一样，必须有一个好的大环境，以及各方人士的支持，只有加强交流，学术才能有所进步，封闭起来很难创新，也很难发展和提高。

从20世纪90年代开始，中国近现代史以孙中山研究为中心首先是加强与香港大学、香港中文大学的学术交流。胡守为先生、陈胜粦先生率领我们与香港大学赵令扬教授和香港中文大学王德昭教授、吴伦霓霞教授，建立香港大学、香港中文大学与中山大学历史学系互访和学术交流关系，建立了人员与资料、信息的交流，互相参加对方学系的学术会议。陈锡祺先生、陈胜粦先生又通过各种关系与澳门教育界、学术界联系、互访，开展各种学术性活动。随后，陈胜粦先生又同香港珠海书院以胡春惠先生为首的亚洲研究中心合作一起举行学术研讨会，尤其是开启了海峡两岸与香港、澳门研究生论坛。这些活动我都参与其中，使我不仅结识了许多朋友，与台湾、香港、澳门教育界、学术界建立了联系渠道，更重要的是扩宽了我的学术思路和视野，也逐步接触了海峡对岸台湾出版的许多历史文献和各类图书。

20世纪90年代后，随着国家改革开放的发展，学术活动也更加频繁，与我有关的学术会议有1990年中山大学历史学系、广东历史学会等单位在广州东方宾馆举办的"纪念中国近代史开端150周年学术探讨会"。这次会议由香港永芳集团董事长姚美良先生赞助，邀请海峡两岸和香港、澳门100多位学者与会，台湾有缪全吉、吕士朋等多位学者与会，大陆的金冲及、林树惠、来新夏、龚书铎，以及中山大学的陈锡祺、蒋相泽、陈胜粦，广东省社科院的张磊等先生出席。我是这次会议的主要筹备者之一，并提交《试论鸦片战争对中华民族自觉意识和发展的影响》论文。

1990年8月，由广东省孙中山基金会、中山市孙中山研究会与日本孙文研究会联合在广东中山市翠亨宾馆举行"孙中山与亚洲"国际学术讨论会，这次会议除日本的山口一郎、陈德仁、狭间直树、中村义、伊原泽周、小岛淑男、山田辰雄、上村希美雄、横山宏章等一批学者与会外，台湾来了张玉法、蒋永敬、马起华、胡春惠、邵宗海、邱荣举等数十名学者，这是海峡两岸开始学术交流后，台湾学者来大陆参加学术会议人数最多的一次。当时年轻的邵宗海、邱荣举等首次来大陆进行学术交流，老先生蒋永敬、马起华等则首次在大陆的学术研讨会作精彩的学术报告。大陆学者陈锡祺、金冲及、刘大年、李侃、张磊、黄彦、段云章、姜义华、汤志钧、吴雁南、李时岳、苑书义、龚书铎、胡绳武等孙中山研究学者几乎都与会，黄彦先生是会议的组织者，我是会议的筹备者之一，后由中山大学出版社出版了这次会议论文集，这次会议开得很成功，影响也很深远。

1991年是辛亥革命80周年，中国史学会和湖北省社会科学联合会联合于10月15—19日在武汉市东湖宾馆举行国际学术研讨会。日本、美国、韩国以及海峡两岸的110名学者与会，提交论文100篇。会议的主题是"辛亥革命与近代中国"。我提供一篇《辛亥革命与中国教育的近代化》论文与会。会议期间，还举行了海峡两岸学者座谈会，谈如何加强两岸学者关于孙中山与辛亥革命研究的问题。大陆章开沅、李文海等多位学者参加，我是其中之一，台湾有蒋永敬、张玉法、陈三井等学者参加。在会上我调侃，现在孙中山研究在大陆是显学，不少单位都成立孙中山研究中心、研究所，这是在抢我们中山大学孙中山研究所的饭吃，引起大家哄笑。在此之前，我们中山大学孙中山研究所、广东历史博物馆还与澳门教育学会在澳门合办"纪念辛亥革命80周年图片展"和相关学术活动。中山大学党委副书记梁超伍同志、陈锡祺先生、周兴樑和我，以及中共广东省委宣传部理论处处长黎卫东、广东省博物馆副馆长李才垚参加。在澳门教育界学术报告会上我作了《辛亥革命对中国社会的影响》讲演，《澳门教育》杂志1992年第1期全文发表我的讲演稿。

1991年4月，影响较大的孙中山学术会议，还有台湾师范大学与香港大学在香港联合举办的"孙逸仙思想与二十一世纪国际学术研讨会"，台湾大学的缪全吉教授等10多位学者，大陆（内地）的陈锡祺、金冲及、张磊、金应熙、黄彦、陈胜粦、邱捷、黄明同和我等学者参加。我提交一篇《论孙中山铁路建设的思想与主张》论文，中国社会科学院《近代史研究》杂志1991年第5期全文发表，其中部分内容以《孙中山的铁路建设思想》为题发表在北京1991年6月26日的《团结报》。在这次会议上，台湾的缪全吉教授和张磊教授发生激烈争论，我也在小组会上与台湾一年轻人就所谓孙中山思想与大陆的民主化问题发生争论，赵令扬教授来"灭火"才使会议继续开下去。这个时期，海峡两岸学者因为交流刚开始不久，对问题的看法和研究方法不一，时有争论。金冲及先生答香港某报纸记者的访问还被歪曲成他同意以孙中山的三民主义思想统一中国，弄得学者见到记者就跑开。

1994年在香港还有一次重要的学术会就是香港中文大学举办的"国际客家学研讨会"。这次会议由中文大学人类学系的谢剑教授主持，他邀请海峡两岸的数十名人类学、民族学的学者，还有美国及新加坡等国学者参加研讨，加上香港、澳门地区学者，会议的规模和水平在香港都算是空前，我和中山大学人类学系的杨鹤书教授、中文系的张维耿教授与会。我提供的论文是我基于此前与邱捷教授在广东东莞和翠亨村对孙中山是否是客家人的调查材料写成的《关于翠亨孙氏是否为客家人的问题》文章。我在会议报告后，由香港中文大学历史系主任吴伦霓霞教授评论，她充分肯定文章论据充分，说文章对孙中山不是客家人，而是广府人的论述很有说服力。此文在国际客家学研讨会发表，各方反应强烈，此后虽仍有人如孙穗芳仍然坚持孙中山是客家人的说法，但多数学者都同意孙中山不是客家人的结论。

1996年11月12日，是孙中山130周年诞辰，这一年关于孙中山的学术会议特别多。由中华炎黄文化研究会主办，上海师范大学和宝钢集团协办的"孙中山与现代文明"国际学术讨论会于10月28—30日在上海举行。日本、美国、德国、韩国和中国各地学者100多人与会。中国人民大学的戴逸、山东大学的路遥教授，以及上海的沈渭滨等许多著名学者都与会。我提供文章《中华民族共同的精神财富——论孙中山爱国革命思想的时代意义》参加会议。该文在上海《学术月刊》1996年第11期刊载，中国人民大学复印报刊资料《中国近代史》1997年第2期全文转载。11月3—8日，由中国孙中山研究会、广东省社会科学联合会主办的"纪念孙中山诞辰130周年学术研讨会"又在广东省中山市举行。美国、日本、韩国、俄罗斯、澳大利亚、越南，及海峡两岸和澳门学者180多人与会，这是纪念孙中山诞辰130周年在中国大陆举行的规模最大、出席会议的世界各地学者最多的学术研讨会。会议以"孙中山与中国近代化"为主题，我写了《孙中山对中国近代化道路的反思》一文参加会议讨论。

1996年10月在台北有一场关于华侨与国民革命的重要会议。这次会议由中国台湾华侨联合会与"中研院"联合举办，议题是"华侨与孙中山先生领导的国民革命学术研讨会"，邀请大陆的学者有北京、广东、广西、云南、福建各地学者数十人，广州中山大学的温广益、许肇琳和我三位教授，以及暨南大学华侨所黄昆章等教授参加。这次会议在台北南港"中研院"召开，与会人员住在"中研院"宾馆，会议开幕式在台北侨联隆重举行。我为会议提供的论文是《论孙中山与华侨在反清革命中的互动关系》。台北的广东籍人士还邀请我、温广益、许肇琳和黄昆章等同仁一起座谈，气氛融洽。会后由台湾"国史馆"出版会议论文集。这次会议还得到台湾当局的支持，当时的台湾地区领导人萧万长还宴请与会代表。我没有参加萧万长的宴会，是因为高雄中山大学杨日旭先生、姜新立教授得知我来台参会，特派学生开车到"中研院"接我到台北市军人俱乐部宴请我晚餐，还由姜新立教授陪同我参观杨日旭先生在台北的"总统府咨政"办公室。办公室很大，也十分优雅，凡进办公室的人必须经严格检查并签名才能进入，这表明杨先生对我的信任和尊重。晚上近10时，在姜新立教授陪伴下，由学生开车把我送回"中研院"宾馆他才离开。我非常感谢杨日旭先生、姜新立教授对我的盛情款待。

自1998年台北中山纪念馆、台湾逸仙文教基金会在台北举行第一届"孙中山与现代中国学术研讨会"起，基本上每年举行一次，自第二届起由台北中山纪念馆一家独办，一共举行了10多次，我曾参加2次。2004年3月，台北中山纪念馆举行的第七届"孙中山与现代中国学术研讨会"，大陆参加的学者有张宪文（南京大学）、童星（南京大学）、李本义（湖北大学）、李良明（华中师范大学）、刘泽生（广东省社科院）、赵立人（广东省社科院）、张艳国（湖北省社科院）和来自中山大学的我，以及中国社会科学院近代史所的李长莉、郑启东、郑大华，上海的廖大伟。因我每次参加台湾的学术会议都提交论文，而且《国父纪念馆馆刊》也发表我多篇论文，所以台湾学术界对我比较了解，我对台湾孙中山研究的情况也知道较多，这对我的研究帮助很大，同样也是交流的结果，所以学术水平要提高，必须交流，只有交流才有进步。因为我常去台湾出席各种学术会议及其他的交流，台湾的蒋永敬教授、陈三井研究员、朱宏源研究员、庄政先生，以及杨日旭教授和台北中山纪念馆高崇云馆长等许多学者赠我图书和孙中山研究资料，这对我的研究帮助很大。

1999年11月，为纪念孙中山诞辰133周年，中国国民党革命委员会孙中山研究会、中国国民党革命委员会广西区委会、广西梧州市人民政府联合在梧州市举行"孙中山北伐与梧州学术研讨会"，海峡两岸及香港、澳门学者130多人与会，广东有张磊、段云章、邱捷和我等与会。我根据当时由北京学者将俄文翻译为中文出版的共产国际档案材料写了一篇题为《共产国际与吴佩孚和孙中山——从共产国际在中国的初期活动看其苏俄民族主义情结》论文与会。段云章教授刚开完开幕式后身体就不适、脚肿，邱捷教授于第二天乘车送段教授返穗，所以段、邱都未参加完这次会议便中途回校。这次会议的筹办人是民革中央宣传部部长张宏儒，他是我在中国科学院哲学社会科学部工作时的同事，他毕业于北京大学历史系，1963年与我同时分配到中科院工作，他在世界史所从事世界史研究，1963—1964年中国科学院哲学社会科学部年轻研究人员在山东黄县劳动锻炼时，张宏儒、刘再复（《新建设》杂志社）与我同在一个中队，居住在北马公社古现村。我们三人比较谈得来，有闲就一起天南地北地大侃各种问题。1976年我调回母校广州中山大学后，除1976年我出差北京（刚好唐山地震），我和张宏儒同住在当时中国科学院哲学社会科学部食堂外搭起的临时房，相聚叙谈多次，此后从未见面，这次得在梧州相会，又谈了许多各自工作的情况，很是开心。我问他为什么到民革中央当了宣传部部长，他说，因为民革中央需要一位有学历的知识分子搞宣传，他就被调离世界史所到了民革中央。

2000年4—7月，我应日本创价大学邀请去该校进行学术交流，除为该校学生上专题课外，还与该校合作研究"孙中山与世界和平"课题，具体情况在后文中详述。在此之前，我应山口一郎、陈德仁先生和日本孙文研究会邀请，还三次访问日本神户孙文纪念馆并参加学术活动，结识了很多日本学者，到东京庆应大学、立命馆大学、广岛大学、京都大学、神户大学、神户学院大学等参观考察和进行学术交流。

2000年11月13日，台北中山纪念馆、高雄中山大学联合举办"中山学术与两岸发展学术探讨会"，李萍（时任广州中山大学副校长）、梁碧莹、桑兵和我，以及学生敖光旭、张军民、谭群玉、于甦、胡雪莲与会，高雄中山大学杨日旭先生出席会议并作主题发言，孙中山的孙女孙穗芬与会，姜新立教授自始至终陪伴我们至台南、垦丁以及台北各地参观。在与孙中山的孙女孙穗芬女士接触的几天中，我们深深地感到孙穗芬女士很有涵养，文质彬彬，对人和蔼可亲，她低调不张扬，得到大家的尊敬。

2001年11月26—28日，在广东省中山市翠亨村举行"辛亥革命与当代中国社会发展学术研讨会"，全国100多名学者与会，会议收到论文80多篇，我提供一篇《论孙中山的大中华思想》论文。这次学术研讨会围绕辛亥革命与20世纪中国社会发展道路、辛亥革命与20世纪世界潮流、辛亥革命与中国近代化、孙中山与中华民族的振兴、辛亥革命与中国共产党、辛亥革命与当代中国发展问题展开讨论。会议论文集《辛亥革命与当代中国》于2004年由广东人民出版社出版。

2002年后，台湾的台北、台中、嘉义都举行过孙中山思想学术研讨会，大陆在北京、上海、福州等地也举行过多次孙中山学术研讨会，两岸学者与会不仅是交流了学术，也交流了思想，增加了相互了解，对于相互促进孙中山研究和两岸和平起了很好的作用。

2003年我参加的重要学术会议有天津南开大学等单位联合于10月12—16日在南开大学和天津远洋宾馆召开的"纪念梁启超130周

年诞辰学术研讨会"，出席会议的学者150多人，其中内地学者100多人，港、台地区以及法国、德国、加拿大、意大利、日本、韩国学者30多人，梁启超后代20人，会议收到论文138篇。著名学者汤志钧、张玉法、巴斯蒂（法）、狭间直树（日）、张磊等与会。这是中国大陆举办的有关梁启超的学术会议中规模最盛大、内容最丰富、影响最大的一次。我提供一篇《社会转型与教育改造——论梁启超的人才观》论文参加会议。本文收入李喜所教授主编的《梁启超与近代中国社会文化》一书，由天津古籍出版社2005年出版。

2004年在众多的学术会议中，规模和影响较大的有广州中山大学和广州市文化局在2004年7月15—20日，为纪念中山大学、黄埔军校建校80周年而举办的"孙中山与世界"国际学术研讨会。这次会议在中山大学和广州珠岛宾馆召开，来自河北、河南、山东、陕西、甘肃、湖南、江苏、云南、吉林、北京、上海、天津、广东等省市和港澳台地区，以及美国、加拿大、法国、澳大利亚、俄罗斯、韩国、日本、新加坡等国家的120多名专家、学者参加会议。这次会议由我和广东革命历史博物馆的同仁共同筹备，由中山大学和广州市文化局出资主办。内地许多著名学者如章开沅、张岂之、龚书铎、魏宏运、俞辛焞、沈渭滨、张磊、谢本书等与会，台湾的蒋永敬、胡春惠等教授也出席。会后由我和李明主编的《看清世界与正视中国——孙中山与世界国际学术研讨会论文选集》，2005年由天津古籍出版社出版。

2005年8月，为纪念孙中山在日本东京成立中国同盟会100周年，南京大学中华民国研究中心与南京中山陵园管理委员会等单位在南京举行"纪念中国同盟会成立100周年学术研讨会"，我参加了这次学术会议，并提供一篇《孙中山改造国民性的思想》论文。随后由北京大学孙中山国际研究中心等单位联合在北京大学举办的

"孙中山与中国同盟会国际学术研讨会"，也有100多名国内外学者参加，我提供《孙中山的国民意识与民初中国国民的觉醒》的论文并与会参加讨论、交流。

此外，在此之前我还参加了中国社会科学院近代史研究所在北京举办的"近代中国与世界——第二届近代中国与世界学术讨论会"，我提供我与陈金龙合写的《近代化视野下的孙中山与近代中国人物研究》论文，后收入社会科学文献出版社于2005年出版的《近代中国与世界——第二届近代中国与世界学术讨论会论文集》。

2006年11月12日是孙中山诞辰140周年纪念日，为缅怀这位中国伟大的民族英雄、伟大的爱国者、伟大的民主革命的先行者，中国社会科学院受全国政协委托，于11月6—8日在广东省中山市举行"纪念孙中山先生诞辰140周年学术讨论会"，会议主题为"孙中山与振兴中华"，这次会议由中国社会科学院、中国孙中山研究会、广东省社会科学院、中山市人民政府主办。会议征集到80余篇论文，经会议组织专家评审入选51篇论文，其中有我的《中华民族的复兴与文明社会的建构——孙中山拯救中国、复兴中华思想论纲》。这次会议还邀请了中国港台地区及美、日、法、俄、澳、韩等国研究孙中山的学者10名，他们的论文与内地学者的论文，由社会科学文献出版社以《纪念孙中山诞辰140周年国际学术研讨会论文集》（上下卷）为题，于2009年出版。

此后，我参加的学术研讨会还不少，不过最重要的一次是2010年4月3—5日，由陕西省人民政府主办、西北大学中国思想文化研究所承办，在西安市召开的"清明·感恩与社会和谐学术研讨会"，我与张荣芳教授、黄明同研究员应张岂之先生的邀请与会，我提供的《孙中山的民族精神对中国社会建设的启迪》一文，得到好评，于《河北经贸大学学报（综合版）》2010年第2期发表，并收入《清明·感恩与社会和谐学术研讨会论文集》，由陕西人民出版社2011年出版。

2011年10月10日是孙中山发动和领导的辛亥革命100周年。为纪念辛亥革命100周年，孙中山基金会与澳门地区和平统一促进会合作于6月在澳门举行"孙中山与辛亥革命国际学术研讨会"，海峡两岸与香港、澳门及海外学者近百人与会，我提供一篇《辛亥革命与美国广东籍华侨》文章。这次会议的论文集由社会科学文献出版社于2012年分上下册出版。

新加坡晚晴园（孙中山南洋纪念馆）、新加坡国立大学中文系与台北孙中山纪念馆于2011年11月3—4日，在新加坡滨华大酒店举办"辛亥革命：孙中山·革命志士与新世纪展望国际学术研讨会"，中国大陆章开沅先生、姜义华先生、杨天石先生、张宪文先生、朱英、吴义雄、赵立彬、李长莉、李玉、欧阳哲生、张应龙和我，中国台湾邵宗海、邱荣举、黄城、潘光哲、彭立忠、周阳山等，新加坡颜清湟、黄贤强、黄坚立，日本李玉萍以及澳大利亚的黄宇和等数十人与会。我提供一篇《历史的选择——孙中山成为辛亥革命领袖的时代意义》论文。由黄贤强、陈丁辉、潘宣辉主编，全部论文分两册于2012年11月在新加坡出版。南京大学《民国研究》也收录了我为这次会议提供的论文，由社会科学文献出版社于2012年出版。

"纪念辛亥革命100周年"国际学术研讨会中规模最大、影响最大的是由中国社会科学院、湖北省人民政府主办，中国史学会、中国社会科学院近代史研究所、湖北省社会科学联合会、武昌辛亥革命研究中心协办，于2011年10月12—15日在武昌东湖宾馆举行的国际学术研讨会。来自海峡两岸、香港、澳门与世界各地的学者183人与会。内地80岁以上的研究辛亥革命的著名学者，如章开沅、张岂之、金冲及、李文海、尚明轩、苑书义、张宪文、黄彦、张磊、段云章、萧致治先生等，以及台湾的蒋永敬、张玉法、陈鹏仁等先生都参加会议。我提供一篇《辛亥革命与中华民族自觉实体的形成》论文与会，会后本文被中国社会科学院近代史研究所思想史研究室郑大华、邹小站主编的《辛亥革命与清末民初思想》一书收录，由社会科学文献出版社于2012年10月出版。

除上面提到的学术会议外，自20世纪80年代改革开放以来，学术繁荣，举办的各种学术会议很多，我参加的各种会议也不能一一列举，比如在武汉、广州、长春举行的关于国共关系的学术会议，有在南宁、北京、重庆举行的雷沛鸿教育思想研讨会，还有在南京、浙江奉化举行的中华民国史学术研讨会，在上海举行的多次孙中山、宋庆龄研讨会，在香港举行的"宋美龄与她的时代"学术研讨会，在海南省举行的宋耀如家族以及陈序经研讨会，在广东举办的康有为、梁启超、容闳、廖仲恺、何香凝研讨会，在石家庄、武汉举行的张之洞研讨会，在浙江绍兴举行的纪念光复会成立100周年学术研讨会，在贵阳举行的护国运动学术研讨会，民革中央孙中山研究会在天津、昆明、黄山、广州和中山市举行的孙中山研讨会，还有在深圳举行的香港回归研讨会，以及在香港举行的黄世仲思想研讨会、树仁大学举办的教育研讨会，在澳门举行的纪念林则徐巡阅澳门的活动。我也参加了在日本神户举行的孙中山学术研讨会及其他学术活动。此外我还参加了在长沙市举行的黄兴学术研讨会，在广东茂名举行的辛亥革命研究会理事会、太平天国学术研讨会，在广东东莞市虎门镇举行的林则徐及鸦片战争学术研讨会，还参加了在北京、香港举行的海峡两岸关系研讨会，等等，不一一忆述了。

香港回归时由中山大学党委副书记吴文辉率领陈胜粦与我，以及特邀北京师范大学龚书铎教授参加香港校友会举办的孙中山讲座会。澳门回归时由黄达人校长、黄焕秋老校长率领我与其他人参加澳门校友会举办的孙中山演讲会。2010年许宁生校长和李萍副校长又率领我和陈春声、张荣芳、邱捷等参加在北京全国政协礼堂举办的"首届和平统一（中山）论坛大会"，数百名中山大学校友参加，我作了题为《孙中山家国情怀》的讲演。

总之，21世纪开始，中国历史进入改革开放、复兴中华的新时代，随着经济建设取得辉煌成就，科学技术的进步，文化教育、学术研究与交流也以前所未有的态势发展。中国近代史、孙中山与辛亥革命研究出版的成果也向着深化、细化的方向发展，仅是学术交流活动、学术会议就很多很广泛。比如海峡两岸学术论坛，粤沪台三地纪念孙中山的学术研究会，海峡两岸轮流举行的孙中山、宋庆龄研讨会，还有上海、海南和广东举办的宋庆龄和宋耀如家族研讨会，以及孙中山与廖仲恺学术研讨会，都很有影响。这些会议多数我都参与其中，不仅使我的研究思路、思维得到拓展，对我的研究也有很大的促进。特别要指出的是2016年1月孙中山150周年诞辰时，中国政府不仅举行了重大的纪念大会，中共中央总书记、国家主席、中央军委主席习近平还作了重要的讲话，强调孙中山是中国伟大的爱国者、中华民族的伟大英雄，也是中国民主革命的伟大先驱，号召全国同胞积极学习孙中山伟大的团结奋斗精神，实现中国的和平统一和中华民族的复兴。2016年11月13日，由中国社会科学院、广东省政协主办，"世界视野下的孙中山与中华民族复兴——纪念孙中山先生诞辰150周年"国际学术研讨会在广东省中山市举行。这次会议与会人数和提交的论文数量，都是历届孙中山研讨会中最多的，内容也最为丰富，所以影响深远。

我参加过很多学术会议,通过学术会议不仅可以结交很多朋友,更重要的是通过学术交流加强对学术信息的了解,拓宽研究思路。我养成了一个好习惯,参加学术研讨会必须提交学术论文,正因为别人出题目,我做文章,便强迫我去了解那些自己不太熟悉的学术问题,通过搜集材料写文章增加学术积累,这对于我教育培养学生有好处,对我自己提升学术水平和扩大研究范围也有好处。

第六,研究成果

1. 专著、论文集

我在中国科学院哲学社会科学部民族研究所工作13年,但由于参加各种社会活动和政治运动,除了少数老专家因为长期积累能够写出专著外,研究所的中青年研究人员都是在少数民族地区调研和编写少数民族的简史简志,以及编写《辞海》民族部分词条及参与其他集体项目,没有人能真正开展独立研究写出专著,像我这样的数十名青年研究人员连专业都没有确定,更不可能有条件做专题研究。回归母校中山大学后,我有一片自由的天地,我可以做自己喜欢的研究和开选修课教育学生。从1976年底开始,我便为章开沅、林增平先生主编的《辛亥革命史》撰写有关辛亥革命与少数民族的内容,我将我写的书稿集中起来编了一本小书《辛亥革命与少数民族》,由河南人民出版社于1981年出版。本书出版后,日本久保田文次先生在他的文章中说,这是一本填补空白的书,所谓填补空白不是说这本小书有多高的学术价值,而是说前人没有研究过这个问题。出乎意料的,当初只是当作工作责任,没有想到学术界的反应。随后我又写了一本《辛亥革命与民族问题》的书,先作为中山大学历史学系1977届学生选修课的教材,连用几届,后我又作多次修改补充并交中山大学出版社于1992年出版。该书40万字,由于当时中山大学出版社的条件局限，书印得不好，校对也不精准，错字也有。不过像类似这样内容的书，在国内没有出版过，因此该书后被广东省社会科学联合会评为优秀著作，获二等奖。

1996年是孙中山诞辰130周年，孙中山基金会出版孙中山基金会丛书十部，其中有我的《孙中山振兴中华思想研究》一书，这是一本论文选集，共有41.5万字，由广东人民出版社于1996年10月出版。这本论文集共分五章，收录22篇论文，其中关于孙中山与中华民族的发展、孙中山的民族主义思想与辛亥革命的结局，尤其是《孙中山对新文化运动的态度——兼论孙中山与陈独秀文化思想的异同》一文得到学术界的肯定，被中共广东省委宣传部等单位评为优秀论文，获二等奖。《孙中山振兴中国商业的经济思想及其演变》也是没有人研究过的课题，在中国社会科学院《近代史研究》1994年第6期发表。本书出版后，许多学者都认为我是研究孙中山民族主义、辛亥革命与民族问题的主要学者，这说得也不错，因为写孙中山与民族问题的文章，我算最多，至于水平如何那是另外一个问题。

我的专著《孙中山与中国近代化道路研究》，1999年由广东教育出版社出版。这是国家社会科学研究的重点课题。本书55万多字，出版后引起社会较好的反响，国内不少报刊如《人民日报》《读书报》《南方日报》等都发表评论和介绍文章，台北《近代中国》杂志也发表书评，后此书被评为国家优秀图书，并获国家教育委员会优秀图书奖。

我的另一本论文集《孙中山与近代中国的觉醒》，2000年11月由中山大学出版社出版。全书分五编：第一编，孙中山的爱国革命思想；第二编，孙中山与近代中国政治；第三编，孙中山与近代中国人物；第四编，近代中国人物的思想与价值观；第五编，近代中国的觉醒与民众运动。总共收录39篇文章，52万字。这部书除收录孙中山与近代中国相关人物，以及近代中国民众运动与觉醒的文章外，因为香港回归祖国是中华民族的核心利益，引起全世界的关注，因此，我写的《香港的回归与中国的未来——内地学者对香港回归中国研究的综述》长文也收入本书，表达了我对香港回归祖国的喜悦心情，陈述内地学者对香港回归祖国的贡献。2014年，中山大学建校90周年，中山大学出版社又为我出版《孙中山与近代中国的觉醒（增订本）》，共62万字。本书的内容较为丰富，涉及的人物较多，是我研究近现代中国人物的成果。

2001年，我应胡春惠先生邀约到香港珠海学院为该校研究生讲授"史学方法论"一个月。在此之前，我也为中山大学历史学系中国近代史研究生讲过做史学研究的方法问题，为此我将讲稿、一些书序，和几篇关于孙中山研究新问题的文章进行编辑，以《史学方法论》为题，交中山大学出版社于2002年出版。本书共五章：第一章，历史研究应具备的基本条件；第二章，治史者必须重视方法问题；第三章，历史研究的方方面面；第四章，从研究孙中山得到的方法启示；第五章，从书序、书评中得到的方法启迪。本书只有20万字，书没有讲很多大道理，重点讲如何读书，如何研究问题，以及注意学术规范之类的问题，对于历史学系的本科生、研究生有用。书出版后，反响尚好，我曾听说天津师范大学、南昌大学和一些年轻学者读过我这本小书。2012年全国青年史学工作者学术讨论会在中山大学举行，我作为一名老学者被邀出席会议，来自黑龙江某大学的一位青年学者跟我谈起他读《史学方法论》一书的感想。我说，那是教材，只是讲一些做史学研究应注意的问题和我治史的感受，没有讲什么史学的理论及为什么要掌握方法的理论问题，希望对青年人治史学有些帮助，开好步，走好路，不走弯路或少走弯路。他们说，对于大学历史学系本科生、硕士研究生，这样的小书有指导作用。

2004年，我的另一本书《政治·教育·社会——近代中国社会变迁的历史考察》，由天津古籍出版社出版。这是中山大学"985近现代中国政治与社会变迁"项目之一种，全书30万字，重点是从政治、教育与社会的关系论证近代中国社会变迁的历程，说明社会的变迁政治的因素固然重要，但关系到人的培养的教育更重要。以往人们在谈政治与革命时就强调政治，在谈到人才对社会发展的关系时又强调教育，但究竟政治与教育是什么关系，教育对社会变迁所起的作用又表现在哪些方面，有许多问题似乎并没有说明白讲清楚。本书对此作些试探性的研究。

2007年12月，广东教育出版社出版我的论文集《孙中山与辛亥革命史研究的新审视》，共收录我的论文23篇，40万字，其中孙中山研究论文13篇、辛亥革命史研究论文10篇，并附录林家有论著目录。这是该出版社为我70岁生日特意出版的论文集，对于该社社长、中山大学历史学系学生曾宪志同志的热忱好意，我非常感谢。书名定为"新审视"，顾名思义，就是说本书的内容研究的视角和方法有可参考之处。

2010年8月，中山大学出版社出版我的论文集《共和·民主·富强——孙中山与中国发展道路的历史选择》，本书分两部分：一、中国的共和、民主从孙中山开始；二、为中国的独立、民主、富强作出各类贡献的人物。总共收27篇论文，45万字。

2011年10月是辛亥革命100周年，我撰写《辛亥革命与中华民族的觉醒》一书，本书是国家新闻出版署社会科学重点出版课题，由广东优秀哲学社会科学著作出版基金资助，广东人民出版社出版，共33万字，获国家社会科学优秀图书提名奖。与此同时，广东人民出版社又出版"走近孙中山丛书"，收入我写的《重读孙中山遗嘱》一书，本书只有16万字，但论题新颖，就孙中山的《国事遗嘱》《致苏联遗书》和《家事遗嘱》单独成书还是第一次，出版后引起人们的重视，北京《团结》杂志发表介绍文章。

2013年8月，广东人民出版社出版我的《孙中山国家建设思想研究》和《辛亥革命与百年中国的社会变迁》两书。前书是我的《孙中山与中国近代化道路研究》的增订本，共78万字；后一书是我近年写的论文和报刊记者采访的记录稿，共43万字。这两部书由广州市政协常委、广州市工商业联合会副主席、广东省信用担保协会执行会长、广州市金融服务促进会会长、广东银达融资担保投资集团董事长李思聪先生资助出版。我和李先生从未谋面，是我的研究生马卫平曾与之偶尔谈及出书困难，他当即表示愿意支持并约我和广东人民出版社总编辑卢家明同志和责任编辑王俊辉同志商定为我出书事宜，对于李先生的热情和慷慨出资支持文化事业的行动，我和我的朋友、学生都万分敬佩。

2014年是孙中山创办广东大学90周年，也即中山大学90周年校庆，中山大学出版社为我出版《孙中山与近代中国的觉醒（增订本）》一书（前文已提及）。2017年中山大学出版社又为我出版《孙中山与中华民族的复兴》一书，共45万字。2019年广东人民出版社出版了我的文集《孙中山与近代中国的人物研究》。

2. 合著、合编的书

（1）《国共合作史》，与禤倩红、王杰等合著，重庆出版社1987年出版。

（2）《孙中山与国共第一次合作》，与周兴樑合著，四川人民出版社1989年出版。

（3）《共和国的追求与挫折——辛亥革命》，与周兴樑、余齐昭合编，文物出版社1991年出版。

（4）《孙中山年谱长编》下册，1919—1922年的部分由我撰写，约30万字，本册属本书的第3卷，由我主编，与邱捷、周兴樑、郭景荣合撰，中华书局1991年出版。

（5）《宋美龄传》，与李吉奎合著，河南人民出版社1995年版。《宋美龄传》（增订本），中华书局2018年出版。

（6）《民族独立的抗争》，是由戴逸、李炳清主编的"中国人民百年奋争史丛书"的一种，由我与当时我指导的博士生郭凡、郭华清等人合著，由山东教育出版社于1999年出版。

（7）《文武兼备的革命家——朱执信》，与张金超合著，广东人民出版社2008年出版。

（8）《孙中山社会建设思想研究》，与黄彦、陈金龙、赵立彬、郭华清、谷小水合著，62万字，中山大学出版社2009年出版。2014年中山大学出版社再版由我修订的《孙中山社会建设思想研究》。

（9）《朱执信》，与张金超合著，团结出版社2011年出版。

（10）《孙中山全集》第五卷，与李吉奎、周兴樑合编，中华书局1985年出版。

（11）《孙中山全集》第六卷，与李吉奎、周兴樑合编，中华书局1985年出版。

（12）《建国方略》（孙中山著，由我整理），中华书局2011年出版。

（13）《孙中山全集续编》共5卷，与李吉奎、邱捷、周兴樑、李兴国合编，中华书局2017年出版。

3. 主编的书

（1）《辛亥革命运动史》，本书是国家教育委员会委托我主编的大学选修课教材，由我与邱捷、李吉奎、桑兵、周兴樑合撰，中山大学出版社1991年出版，共50万字，曾获中南地区人民出版社优秀社科图书奖。

（2）《国共关系与两岸关系研究——第五届国共关系史暨第一次国共合作建立七十周年学术研讨会论文集》，我与张磊、周兴樑主编，湖北人民出版社1994年出版。

（3）《理想·道德·大同——"孙中山与世界和平"国际学术研讨会论文集》，我与（日）高桥强主编，中山大学出版社2001年出版。

（4）《孙中山与世界》，我与李明主编，吉林人民出版社2005年出版。

（5）"近现代中国政治与社会变迁"丛书主编，共16部书：《政治·教育·社会——近代中国社会变迁的历史考察》（林家有著），《国民革命与统一建设——20世纪初孙中山及国共人物的奋斗》（周兴樑著），《对接与冲突——三民主义在孙中山身后的流变（1925—1945）》（张军民著），《思想与时代的落差——晚清外交官刘锡鸿研究》（张宇权著），《宽容与妥协——章士钊的调和论研究》（郭华清著），《"少数人"的责任——丁文江的思想与实践》（谷小水著），《军人从政——抗日战争时期的李汉魂》（郑泽隆著），《中心与边缘——国民党政权与甘宁青社会》（刘进著），《教育与社会改造——雷沛鸿与近代广西教育及社会》（曹天忠著），《教育与女性——近代中国女子教育与知识女性觉醒（1840—1921）》（乔素玲著），《艰难的外交——晚清中国驻美公使研究》（梁碧莹著），《西奥多·罗斯福与中国——对华"门户开放"政策的困境》（朱卫斌著），《肯尼迪政府与中国——"遏制但不孤立"政策的缘起》（温强著），《冷战与内战——美苏争霸与国共冲突的起源（1944—1946）》（张振江著），《走向大国之路——邓小平与中美建交二十年》（高瞻著），《晚清美籍税务司研究——以粤海关为中心》（李爱丽著）。总共450万字，由天津古籍出版社于2004—2005年出版。

（6）《看清世界与正视中国——"孙中山与世界"国际学术研讨会论文选集》，我与李明主编，天津古籍出版社2005年出版。

（7）《广州：中国民主革命策源地》，香港中国评论学术出版社2007年出版。

（8）《孙中山研究》第一辑，中山大学出版社2008年出版。

（9）《孙中山研究》第二辑，中山大学出版社2009年出版。

（10）《孙中山与中国社会——博士论坛论文选集》，我与萧润君主编，中山大学出版社2009年出版。

（11）《孙中山研究》第三辑，中山大学出版社2010年出版。

（12）《孙中山研究》第四辑，广东人民出版社2012年出版。

（13）《孙中山评传》，我与张磊主编，本书是国家社会科学基金资助项目，共120万字，由广东几个单位十多位学者合作撰著，广东人民出版社2014年出版。

（14）《孙中山研究》第五辑，广东人民出版社2016年出版。

（15）《孙中山研究》第六辑，广东人民出版社2018年出版。

（16）《孙中山研究》第七辑，广东人民出版社2019年出版。

（17）《复兴文库》第一编第五卷"民主革命派的追求"，我与王杰主编，共10册，300多万字，中华书局2021年出版。

4. 发表的文章

过去，连我自己都不记得我发表过什么文章，发了多少文章。我多次说过，文章写得多，不一定写得好。应该如何评论我写的文章，那是学术界的事情，但自己发表过的文章连题目都记不住，发表在哪里也没记录，也是不负责任的学人的态度。所以，这次我经过反复查找终于弄清楚了，把它开列如下，目的是让人们了解我几十年来读书凝聚力量，写的文章的倾向和希望达到的目的。

（1）《满族是我国历史悠久的民族——斥苏修"满族非中国"的反动谬论》，《文史哲》1975年第2期。

（2）《撼山易，破坏我国的民族团结难！——斥苏修〈中国近代史〉挑拨我国民族关系的谬论》，《中山大学学报（社会科学版）》1976年第3期。

（3）《满族人民对辛亥革命的贡献》，《中山大学学报（社会科学版）》，1976年第5期。后被《辛亥革命史论文选（1949—1979）》收录，人民出版社1981年出版。

（4）《巩固全国各民族的大团结——学习〈论十大关系〉》，《中山大学学报（社会科学版）》1977年第3期。

（5）《"五四"时期马列主义在中国的传播与李大钊同志向马克思主义者转变》，《中山大学学报（社会科学版）》1979年第2期。后被《李大钊研究论文集》（下）收录，河北人民出版社1984年出版。

（6）《同盟会的建立和少数民族人民的反封建斗争》，《史学论文集》，广东人民出版社1980年出版。

（7）《孙中山的民族主义思想与辛亥革命》，《中山大学学报（社会科学版）》1979年第4期。后被《孙中山研究论文集（1949—1984）》上册收录，四川人民出版社1986年出版。

（8）《试论满族文字的创制及满语满文逐渐废弃的原因和影响》，《民族史论丛》，吉林人民出版社1980年出版。

（9）《辛亥革命时期少数民族的苦难》，章开沅、林增平主编《辛亥革命史》（上册），人民出版社1980年出版。又见《辛亥革命史》（上册），东方出版中心2010年出版。

（10）《1901—1905年少数民族人民的反抗斗争》，章开沅、林增平主编《辛亥革命史》（上册），人民出版社1980年出版。又见《辛亥革命史》（上册），东方出版中心2010年出版。

（11）《1905—1911年各少数民族人民的反抗》，章开沅、林增平主编《辛亥革命史》（中册），人民出版社1980年出版。又见《辛亥革命史》（中册），东方出版中心2010年出版。

（12）《孙中山与中华民族的崛起》，《贵阳师范学院学报（社会科学版）》1980年第4期。

（13）《论中国资产阶级革命派的民族主义宣传及其对辛亥革命的影响》，《中山大学学报（社会科学版）》1981年第3期。后被《纪念辛亥革命七十周年学术讨论会论文集》收录，中华书局1983年出版，《辛亥革命与近代中国：1980—1989论文选》再收录，湖北人民出版社1991年出版。

（14）《论孙中山晚年的民族主义思想》，《中央民族大学学报（哲学社会科学版）》1981年第3期。

（15）《辛亥革命前后广州的满汉民族关系》，《纪念辛亥革命70周年史料专辑》（下），广东人民出版社1981年出版。

（16）《伟大的民主革命先行者——孙中山》（与段云章、李吉奎合著），《长江日报》1981年10月6—9日连载。

（17）《论同盟会的民族主义纲领》（与秦通海合著），《民族研究》1983年第1期。

（18）《试论孙中山联俄的主要原因和目的》，《孙中山研究论丛》第一集，1981年版。后被《孙中山研究论文集（1949—1984）》下册收录，四川人民出版社1986年出版。

（19）《清末少数民族社会经济与阶级关系变动初探》，《广东民族学院学报（哲学社会科学版）》1983年第1期。

（20）《孙中山论"五族共和"》，《辛亥革命史研究会通讯》1983年第15期。

（21）《试论国共第一次合作的基础问题——兼论孙中山晚年对中国反帝反封建革命斗争的认识》，《近代史研究》1984年第3期。该文部分内容以《试论第一次国共合作的政治基础》为题，发表在中共广东党史研究室编《纪念中国共产党第三次全国代表大会60周年学术讨论会论文选编》，广东人民出版社1984年出版。

（22）《中国近代史教育的好教材——读吴雁南主编〈中国近代史纲〉》，《贵州社会科学》1984年第4期。

（23）《从思想战线上的斗争看辛亥革命的结局——兼论孙中山为首的革命派对君权思想的批判》，《孙中山研究论丛》第二集，1984年版。

（24）《试论康有为的民族观》，《史学月刊》1984年第6期。

（25）《孙中山学术讨论会纪要》，《中山大学学报（社会科学版）》1985年第1期。

（26）《孙中山与〈民报〉——论〈民报〉和中国民族的前途》，《孙中山研究论丛》第三集，1985年版。

（27）《试论孙中山后期思想发展的几个问题》，《孙中山研究》第一辑，广东人民出版社1986年出版。

（28）《孙中山民族主义研究述评》，《回顾与展望——国内外孙中山研究述评》，中华书局1986年出版。

（29）《时代·阶级·革命——论孙中山在中国新民主主义革命中的历史地位》，《中山大学学报（社会科学版）》1986年第3期。又见《孙中山研究日中国际学术讨论会报告集》（日文），日本法律文化社1986年版。

（30）《孙中山与近代中华民族的觉醒》，《孙中山研究论丛》第四集，1986年版。后被《孙中山和他的时代》上册收录，中华书局1989年出版。

（31）《日本孙中山研究日中国际学术讨论会简况》，《辛亥革命史研究会通讯》1986年第25期，日本《孙文研究会通讯》1986年转载。

（32）李联海、马庆忠著《一代天骄——孙中山传记》序，《一代天骄——孙中山传记》，重庆出版社1986年出版。

（33）《论孙中山的外交活动与对外政策》，《岭南文史》1986年第1期。后被《孙中山的国际思想与国际关系》（英文版）收录，澳大利亚野牡丹出版社1987年出版。

（34）《社会主义民主与新时期统一战线的任务》，《广州统战理论研究》1986年第2期。

（35）《论孙中山改组国民党的主要原因和目的》，《孙中山研究论丛》第五集，1987年版。

（36）《论孙中山晚年民族主义思想转变的原因》，《孙中山研究论丛》第五集，1987年版。

（37）《孙中山与民族精神解放的一些问题》，《广东民革》1988年第3期。

（38）《从国共两党两次合作看孙中山在国共关系中的地位与作用》，《国共关系问题》，武汉出版社1988年出版。

（39）《试论第三次国共合作的可能性与障碍》，《广东民革》1989年第2期。

（40）《中华民族的发展与民族精神的振兴——论孙中山的民族发展观》，《孙中山研究论丛》第七集，1990年版。又被《"孙中山与亚洲"国际学术讨论会论文集》收录，中山大学出版社1994年出版。

（41）《孙中山与梁士诒》，《近代史研究》1990年第3期。又被《三水文史》第20辑收录，1995年出版。

（42）《武昌起义后，孙中山、黄兴的政治倾向和建政思想——兼论"二次革命"失败的必然性》，《孙中山研究论丛》第六集，1988年版。其中部分内容以《试论武昌起义后孙中山、黄兴的政治倾向》为题，收入《黄兴研究》，湖南师范大学出版社1990年出版。

（43）《试论鸦片战争对中华民族自觉意识产生、发展的影响》，《中山大学学报（社会科学版）》1991年第1期。

（44）《论近代中华民族的觉醒与民族凝聚力增强的关系》，《增强中华民族凝聚力首次学术讨论会论文集》，香港汉荣书局1991年出版。

（45）《中山大学（广州）孙中山研究所研究状况的回顾与前瞻》，台湾高雄中山大学《中山社会科学季刊》第5卷第4期，1991年版。

（46）《论孙中山铁路建设的思想和主张》，《近代史研究》1991年第5期。其中部分内容以《孙中山的铁路建设思想》为题，发表在北京《团结报》1991年6月26日。

（47）《辛亥革命对中国社会的影响与历史启示》，《中山大学学报（社会科学版）》1991年第3期。又以《论辛亥革命的社会影响和历史启示》为题，被《辛亥革命史论文集》收录，广东人民出版社1993年出版。其中部分内容以《辛亥革命的历史功绩》为题发表在北京《团结报》1992年1月11日，以《辛亥革命对中国社会的影响》为题分别被《澳门教育》1992年第1期和《广西文史资料选辑》总第34辑收录，又被《辛亥革命与20世纪中国》收录，湖北人民出版社2001年出版。

（48）《舆论的转向与孙中山的让权》（与王文清合著），

《孙中山研究论丛》第八集，1991年版。

（49）《缅怀爱国志士推进两岸"孙学"研究》，《台声》1991年第10期。

（50）《辛亥革命的历史光辉》（与周兴樑合著），香港《紫荆》1991年10月号。

（51）《试论新时期统一战线总目标——兼论实现"一国两制"和平统一祖国的历史必然性》，《国共两党关系历史与现状研究》，东北师范大学出版社1992年出版。

（52）《孙中山对中国国情的认识》，《中山大学史学集刊》第1集，广东人民出版社1992年出版。

（53）《关于孙中山对新文化运动态度的探讨——兼论孙中山与陈独秀文化思想的异同》，《孙中山研究论丛》第九集，1992年版。

（54）《宋庆龄〈广州脱险〉一文史事考——兼谈宋庆龄对姚观顺的记述》，《近代史研究》1993年第4期。

（55）《"一国两制"的模式与祖国的和平统一》，《1992·广东台湾研究论集》，广东人民出版社1993年出版。

（56）《何香凝为继承、捍卫孙中山的革命理想和事业所作出的贡献》，《廖仲恺与何香凝研究》，广东高等教育出版社1993年出版。

（57）《论梁启超由拥袁到反袁思想的演变》，《文史哲》1994年第4期。

（58）《论美国传教士对太平天国态度的演变》（与梁碧莹合著），《太平天国与近代中国》，广东人民出版社1993年出版。

（59）贺守仁主编《孙中山研究论文集》序，《孙中山研究论文集》，中山大学出版社1993年出版。

（60）《关于翠亨孙氏是否为客家人的问题》，《国际客家学研讨会论文集》，香港中文大学出版社1994年出版。

（61）《民族性与时代精神的高度结合——论雷沛鸿教育思想的特征》，《广西社会科学》1994年第4期。

（62）《孙中山民族主义思想的特征——兼论孙中山民族主义思想产生的文化因素》，《孙中山研究论丛》第十、十一合集，1994年版。台湾高雄中山大学《中山社会科学学报》第8卷第1期，1994年版。

（63）《杰出的教育家蔡元培》，《从林则徐到孙中山——近代中国十八先贤传》，中山大学出版社1994年出版。

（64）《孙中山思想的重大变化与国民党"一大"的召开》（与刘德喜合著），《国共关系与两岸关系研究——第五届国共关系史暨第一次国共合作建立七十周年学术研讨会论文集》，湖北人民出版社1994年出版。

（65）《孙中山与中华民族的振兴》，《百年风雨话沧桑——纪念兴中会成立一百周年学术论文集》，中国辛亥革命研究会1994年出版。

（66）《评孙中山的人才观——以兴学育才为中心》，香港《中山大学校友首届国际聚会纪念特刊》，1994年。另见《孙中山研究论丛》第十二集，1995年版。

（67）《试论孙中山振兴中国商业的经济思想及其演变》，《近代史研究》1994年第6期。又被《民国研究》第1辑收录，南京大学出版社1994年出版。

（68）《情系中华的一项重要义举——姚美良先生举办"孙中山与华侨书画展览"的重要意义》，《两代华侨的心愿——从姚永芳到姚美良》，河南人民出版社1994年出版。

（69）《中国国民党"一大"宣言和孙中山的三民主义讲演》，《孙中山研究文集》，广东人民出版社1996年出版。

（70）《论孙中山先生的"五族共和"民族平等思想》，《海峡两岸中山先生思想学术研讨会辑要》，逸仙文教基金会1996年出版。其中部分内容发表在台湾《中央日报》"中山学术论坛"第61期。

（71）《振兴中华追求现代化》，台湾《中央日报》"中山学术论坛"第65期（1995年5月4日）。

（72）《试论宋庆龄与蒋介石关系的演变》，《中山大学学报（社会科学版）》1996年第2期。又载《宋庆龄与中国抗日战争》，上海社会科学出版社1996年出版。后被中国人民大学复印报刊资料《中国现代史》1996年第7期全文收录。

（73）《中华民族的共同精神财富——论孙中山爱国革命思想的时代意义》，《学术月刊》1996年第11期。中国人民大学复印报刊资料《中国近代史》1997年第2期全文收录。又见《孙中山与现代文明》，苏州大学出版社1997年出版。

（74）《孙中山的革命观——兼论辛亥革命对中国现代化的影响》，《近代中国与亚洲学术讨论会论文集》（下），香港珠海书院亚洲研究中心1995年出版。

（75）《广东孙中山研究的回顾与展望》，台北《国父纪念馆馆讯》1995年第7期。

（76）《孙中山对袁世凯的斗争——兼论护国运动的性质》，《学术研究》1996年第4期。

（77）《深切怀念林增平先生》，湖南师范大学历史系1996年印制。

（78）《论孙中山与华侨在反清革命中的互动关系》，《孙中山与华侨——孙中山与华侨学术研讨会论文集》，中山大学出版社1996年出版。又收入《华侨与孙中山先生领导的国民革命学术研讨会论文集》，台北"国史馆"1997年出版。

（79）《孙中山与清末慈禧"新政"》，《史志研究》1996年第1期。

（80）《孙中山对中国农村和农民的认识》，《孙中山振兴中华思想研究》，广东人民出版社1996年出版。

（81）胡波著《岭南文化与孙中山》序，《岭南文化与孙中山》，中山大学出版社1997年出版。

（82）《求是·创新·成一家言——评朱英著〈晚清经济政策与改革措施〉》，《新闻出版报》1997年4月25日。

（83）《香港、澳门对孙中山振兴中华思想形成的影响》，《镇海楼论稿》，岭南美术出版社1999年出版。又收入《广东文物》1999年第1期。其中部分内容曾发表于《光明日报》1997年8月12日、《史林》专刊第190期。

（84）《孙中山近代化思想的理论架构》，《孙中山与现代中国学术研讨会论文集》，台北中山纪念馆1998年出版。

（85）《孙中山与中山舰》，《中山大学学报（社会科学版）》1998年第6期。后被中国人民大学复印报刊资料《中国近代史》1999年第3期全文收录。又见《纪念武汉抗战暨中山舰遇难60周年国际学术研讨会论文集》，湖北人民出版社1999年出版。

（86）《论雷沛鸿的价值观》，《广西右江民族师专学报》1998年第4期。

（87）《孙中山的民族主义思想与世界和平》，《文史哲》1998年第6期。后被中国人民大学复印报刊资料《中国近代史》1999年第3期全文收录，又被《孙中山与世界》收录，吉林人民出版社

2004年出版。

（88）《中国近代社会思潮研究的新成果——读吴雁南等主编〈中国近代社会思潮〉》，《深圳特区报》1999年1月24日。

（89）《书评的落后必然导致史学的落后》，《近代史研究》1999年第1期。

（90）《孙中山对中国近代化道路的反思》，《孙中山与中国近代化》上册，人民出版社1999年出版。

（91）《孙中山的民族主义思想与现代化建设》，《孙中山与近代中国的改革》（《孙中山研究论丛》第十四集），中山大学出版社1999年出版。

（92）《维新与觉醒——应该如何评价维新派的"启蒙"与"新民"？》，《戊戌维新运动与贵州》，贵州人民出版社1999年出版。

（93）《论严复的"三民思想"》（与赵立彬合著），《广东社会科学》1999年第4期。又载《康有为与戊戌变法学术研讨会论文集》，学术研究杂志社1999年出版。

（94）《从传统向近代转换过程中的价值取向——论张之洞的功利主义思想》，《张之洞与中国近代化》，中华书局1999年出版。

（95）《孙中山的思想——中华民族的共同财富》，《世纪之交话中山》，南京大学出版社1999年出版。

（96）《共产国际与吴佩孚和孙中山——从共产国际在中国的初期活动看其苏俄民族主义情结》，台北《国父纪念馆馆刊》1999年第4期。

（97）《于微见著的深化与开拓》（与赵立彬合著），《中国社会科学》1999年第6期。

（98）《各行其道彻底决裂——宋庆龄与蒋介石》，《宋庆龄与中国名人》，上海人民出版社1999年出版。

（99）《论孙中山国权与民权并重的思想》，《孙中山研究论集》，香港天马图书有限公司1999年出版。

（100）《论容闳的报国心》，《容闳与中国近代化》，珠海出版社1999年出版。

（101）《陈序经的"全盘西化"文化观评析》，《海南大学学报（社会科学版）》2000年第1期。又被陈传汉等主编《东方的觉醒——陈序经学术研讨会论文选集》收录，延边大学出版社2000年出版。

（102）《评介〈港澳与海峡两岸关系〉》，《统一论坛》2000年第2期。

（103）《从共产国际联共（布）与中国革命的档案看鲍罗廷与孙中山政治理念的歧异与磨合》，台北《国父纪念馆馆刊》2000年第5期。

（104）《评康有为自上而下体制内改革的思想》，《纪念戊戌运动100周年国际学术研讨会论文集》，中央文献出版社2000年出版。

（105）《孙文的和平学说与池田大作的和平理念》，日本东京《圣教新闻》2000年7月6日。

（106）《孙文先生的精神与池田先生的精神》，日本东京《圣教新闻》2000年8月1日。

（107）《论孙中山的和平学说》，台北《国父纪念馆馆刊》2000年第6期。

（108）《孙中山先生与池田先生》，香港《黎明圣报》2000年7月10日。

（109）《五四运动与上海商人》（与周成华合著），《中山大学学报论丛》第3辑，中山大学2000年出版。

（110）《望龄兄，您为何走得这么快！》，《刘望龄教授纪念集》，广东省社会科学院孙中山研究所、华中师范大学历史研究所2000年印制。

（111）《论李大钊的伦理观》，《孙中山与近代中国的觉醒》，中山大学出版社2000年出版。

（112）《香港回归与中国的未来——内地学者对香港回归中国研究的综述》，《孙中山与近代中国的觉醒》，中山大学出版社2000年出版。

（113）《论雷沛鸿的伟大人格》，《孙中山与近代中国的觉醒》，中山大学出版社2000年出版。后被《雷沛鸿教育思想研究文集（三）》收录，广西教育出版社2001年出版。

（114）《孙中山与"人学"》，台北《国父纪念馆馆刊》2001年第7期。

（115）《孙中山研究评述》，《人民日报》2001年4月28日。

（116）《深切怀念韦善美同志》，《教育家韦善美纪念集》，香港天马图书有限公司2001年出版。

（117）《中国的改革开放与广州的历史性巨变》，胡春惠主编《五十年来的香港、中国与亚洲国际学术讨论会论文集》，香港珠海书院亚洲研究中心2001年出版。

（118）《对晚清时期革命与保皇思想的评述——兼论黄世仲〈辨康有为政见书〉的地位》，《黄世仲与辛亥革命国际学术研讨会论文集》，香港纪念黄世仲基金会2001年8月出版。

（119）《论孙中山的大中华思想》，《孙中山与祖国的和平统一——纪念辛亥革命九十周年学术研讨会论文集》，中山大学出版社2001年出版。又见《辛亥革命与20世纪中华民族的振兴》，团结出版社2002年出版。

（120）《辛亥革命与中国教育的近代化》，《中山大学学报（社会科学版）》2001年第6期。

（121）《孙中山建设"广东模范省"的思想与主张》，《孙中山与大元帅府》，广东省地图出版社2001年出版，又见《孙中山与辛亥革命》，北京图书馆出版社2002年出版。

（122）《孙中山的和平理想》，《理想·道德·大同——"孙中山与世界和平"国际学术研讨会论文集》，中山大学出版社2001年出版。

（123）中山市孙中山研究会编《孙中山与香山》序，《孙中山与香山》，广东中山市孙中山研究会2001年编印。

（124）《中华书局与近二十年的孙中山研究》，《我与中华书局》，中华书局2002年出版。

（125）《孙中山对中国近代化道路的探索》，《人民论坛》2002年第7期。

（126）《共和国的追求》，《划时代的历史转折——"1949年的中国"国际学术讨论会论文集》，四川人民出版社2002年出版，又见《近代中国是怎样走向共和的——大型电视剧〈走向共和〉引发的思考》，华龄出版社2003年出版。

（127）郭天祥著《黄世仲年谱长编》序，《黄世仲年谱长编》，中国社会科学出版社2002年出版。

（128）《再论孙中山的大中华思想》，《广东社会科学》2003年第3期；又见江中孝、王杰主编《跨世纪的解读与审视——孙中山研究论文选辑（1996—2006）》，天津古籍出版社2006年出版。

（129）《中华书局与20世纪的孙中山研究》，《中国传统文化与21世纪国际学术研讨会论文集》，中华书局2003年出版。

（130）《悼念与回忆吴雁南先生》，《吴雁南纪念文集》，贵州教育出版社2003年出版。

（131）《张之洞与广东治水》，《史志研究》2003年第1期。又见《张之洞与武汉早期现代化》，中国社会科学出版社2004年出版；《中西文化交流与岭南社会变迁》，中国社会科学出版社2004年出版。

（132）《社会转型与教育改造——论梁启超的人才观》，《中山大学学报（社会科学版）》2004年第1期，又见中国人民大学复印报刊资料《中国近代史》2004年第6期，另见李喜所主编《梁启超与近代中国社会文化》，天津古籍出版社2005年出版。

（133）《历史学者需要眼睛向下透视社会》，《史学月刊》2004年第6期，又见中国人民大学复印报刊资料《中国近代史》2004年第8期。

（134）《关于清史编纂体裁的一些意见》，《清史编纂体裁体例讨论集》上册，中国人民大学出版社2004年出版。

（135）程焕文著《晚清图书馆学术思想史》序，《晚清图书馆学术思想史》，北京图书馆出版社2004年出版。

（136）张宇权著《思想与时代的落差——晚清外交官刘锡鸿研究》序，《思想与时代的落差——晚清外交官刘锡鸿研究》，天津古籍出版社2004年出版。

（137）曹天忠著《教育与社会改造——雷沛鸿与近代广西教育及社会》序，《教育与社会改造——雷沛鸿与近代广西教育及社会》，天津古籍出版社2004年出版。

（138）《论孙中山的世界观》，台北《广东文献》第32卷，2004年第3、4期。台北中山纪念馆《第七届孙中山与现代中国学术研讨会论文集》，台北中山纪念馆2004年出版。

（139）《再论孙中山的世界观》，台北《国父纪念馆馆刊》2004年第4期。

（140）《救国与救民——从孙中山创办黄埔军校看他的教育理念》，《国民革命与黄埔军校——纪念黄埔军校建校80周年学术论文集》，吉林人民出版社2004年出版。

（141）《回忆与怀念胜粦师》，《陈胜粦教授纪念集》，中山大学历史系、近代中国研究中心2004年4月印刷。

（142）《论孙中山改造国民性的思想》，《华南师范大学学报（社会科学版）》2005年第1期。又以《三论孙中山的大中华思想》为题，被徐方平、郭劲松主编的《现代化视野下的孙中山研究》收录，崇文书局2005年出版。

（143）《为人物修志的新尝试——〈广东省志·孙中山志〉读后》，《广东史志（视窗）》2005年第3期。

（144）《孙中山和中华民族复兴的思想》，《历史教学》2005年第8期。

（145）《〈军人从政——抗日战争时期的李汉魂〉读后》，《民国档案》2005年第3期。

（146）《理性地看待和书写抗日战争这段历史》，《同舟共进》2005年第8期。

（147）《光复会与中华民族的觉醒》，《光复会与民族觉醒——纪念光复会成立一百周年学术讨论会论文集》，云南人民出版社2005年出版。

（148）李谷城著《香港中文报业发展史》序，《香港中文报业发展史》，上海古籍出版社2005年出版。

（149）《追寻和平——在武汉统一战线纪念抗战胜利60周年理

论研讨会上的发言》，《华夏之声》2005年第4、5期合刊。

（150）《章开沅先生与我的学术生涯》，《春风化雨，润物无声——章开沅先生八十华诞纪念集》，华中师范大学中国近代史研究所2005年印制。

（151）《近代化视野下的孙中山与近代中国人物研究》（与陈金龙合著），《近代中国与世界——第二届近代中国与世界学术讨论会论文集》第3卷，社会科学文献出版社2005年出版。

（152）《论池田大作的"和平"和"人道"思想——从池田大作先生对孙中山的崇敬谈起》，日本创价大学和平问题研究所编《和平·文化·教育》杂志（2），2005年。

（153）《孙中山与中华民族的复兴道路》，《孙中山研究文集》第4辑，香港天马图书出版有限公司2006年出版。

（154）《变法与变人——康有为的人才观探索》，《康有为与近代文化》，河南大学出版社2006年出版。

（155）《孙中山民生史观研究的回顾与思考——从同盟会对孙中山民主主义分歧谈起》，上海中山学社《近代中国》第16辑，上海社会科学院出版社2006年出版。

（156）《孙中山的精神：国共团结合作的纽带》，《南方都市报》2006年11月13日。

（157）《孙中山的国民意识与民初中国国民的觉醒》，台北《国父纪念馆馆刊》2006年第18期。又见徐万民主编《孙中山与同盟会——纪念同盟会成立100周年国际学术研讨会论文选集》，中共中央党史出版社2007年出版。

（158）《再论孙中山的大中华思想》，《辛亥革命与当代中国社会发展》，宁夏人民出版社2006年版。

（159）《西安事变研究的新思考》，《广东社会科学》2007

年第3期。又见中国人民大学复印报刊资料《中国近代史》2007年第8期。

（160）《孙中山的博爱观》，《北京日报》2007年4月30日。

（161）《文化与人物——论广东成为中国民主革命策源地的文化因素》，《广州：中国民主革命策源地》，香港中国评论学术出版社2007年出版。

（162）《人们永远不会忘记为中国社会进步做出过贡献的英雄们——丁未潮州黄冈起义的历史地位与作用》，《丁未潮州黄冈起义史料辑注与研究》，天津古籍出版社2007年出版。

（163）《孙中山改造国民性思想对中国社会建设的影响》，《"孙中山思想与当代中国社会"国际学术研讨会论文集》，云南大学出版社2007年出版。

（164）《博爱与爱我中华——论孙中山的博爱观》，《西南民族大学学报（人文社科版）》2008年第1期；又被杨元中主编《孙中山思想与华人世界》收录，澳门学者同盟2008年出版。

（165）《孙中山社会建设思想研究的回顾与展望》，《孙中山研究》第一辑，中山大学出版社2008年出版，又见谢阳举主编《中国思想史论集》第3辑，广西师范大学出版社2008年出版。

（166）《钟山文化中的孙中山与中山陵》，《江苏科技报》2008年5月24日。

（167）《辛亥革命对中国教育发展的影响》，《历史学习》2008年第4期。

（168）《中国改革开放以来孙中山研究的巨大成就》，《"孙中山与近代中国的开放"学术研讨会论文集》，《团结》2008年增刊。

（169）《澳门对孙中山改革开放思想形成的影响》，《岭南学术论坛》2008年第5期（总第36期）。

（170）陈予欢著《风云际会：黄埔军校第三期生研究》序，《风云际会：黄埔军校第三期生研究》，中山大学出版社2008年出版。

（171）《反对封建复辟的新举措——有关孙中山〈民权初步〉的几个问题》，《民国研究》第13、14辑合刊，社会科学文献出版社2008年出版。

（172）《维新运动与民族尊严——康有为的维新变法思想对中国社会建设的启迪》，《广州博物馆建馆八十周年文集》，文物出版社2009年出版。

（173）刘志强著《中国现代人权论战——罗隆基人权理论构建》序，《中国现代人权论战——罗隆基人权理论构建》，社会科学文献出版社2009年版。

（174）《孙中山与中华民族的复兴》，《"两岸关系与民族复兴"学术研讨会论文选萃》，武汉出版社2009年出版。

（175）《"孙学"的定位与内涵》，《团结》2009年第4期，又见《团结报》2010年4月15日。

（176）《中华民族的复兴与文明社会的建构——孙中山拯救中国，复兴中华思想论纲》，《纪念孙中山诞辰140周年国际学术研讨会论文集》下卷，社会科学文献出版社2009年出版。

（177）《交流是合作的前提——汕头经济文化产业交流合作研讨会论文集》，汕头市台办等2009年印制。

（178）《从宋耀如对子女的影响看他的时代精神》，《宋耀如及其时代国际学术研讨会论文集》，中国福利会出版社2009年出版。

（179）《感谢陈锡祺先生对我的培养》，《陈锡祺先生追思录》，中山大学出版社2009年出版。

（180）《时代与使命——谈谈我对宋美龄的评价问题》，《宋美龄及其时代国际学术研讨会论文集》，香港珠海书院亚洲研究中心2009年出版。

（181）《虎门销烟与民族正气——鸦片战争后中国精英分子救国观念的发展》，《纪念虎门销烟一百七十周年学术研讨会论文集》，广东人民出版社2009年出版。

（182）《孙中山的精神与两岸关系》，《"努力开创两岸关系和平发展新局面"学术研讨会论文集刊》，武汉出版社2009年出版；《孙中山精神的当代意义》，《南京钟山文化研究》2010年第1期。

（183）《海峡两岸纪念辛亥革命九十周年学术研讨会闭会辞》，《"两个关系史"研究资料汇编（1986—2008）》，武汉国共关系与海峡两岸关系研究中心2010年印制。

（184）《孙中山改造国民性的思想》，《大同道路——孙中山研究》，南京出版社2010年出版。

（185）曹成章著《民主革命先驱刀安仁》序，《民主革命先驱刀安仁》，中国社会科学出版社2010年版。

（186）《孙中山的民族精神对中国社会建设的启迪》，《河北经贸大学学报（综合版）》2010年第2期，又见《孙中山研究》第3辑，中山大学出版社2010年出版，又见《清明·感恩与社会和谐学术研讨会论文集》，陕西人民出版社2011年出版。

（187）洪岚著《南京国民政府的国联外交》序，《南京国民政府的国联外交》，中国社会科学出版社2010年出版。

（188）冯云琴著《工业化与城市化——唐山城市近代化进程研究》序，《工业化与城市化——唐山城市近代化进程研究》，天津古籍出版社2010年出版。

（189）《鸦片战争与中国觉醒——纪念鸦片战争170周年》，《鸦片战争研究》，广东人民出版社2010年出版。

（190）《谈谈我对孙中山研究的看法》，《孙中山·辛亥革命研究回顾与前瞻高峰论坛纪实》，社会科学文献出版社2011年出版。

（191）《辛亥革命开辟的发展道路不可逆转》，《近代史研究》2011年第4期。

（192）《广州首义初奠孙中山革命领袖地位》，《广州日报》2011年1月25日。

（193）《革命圣人朱执信》，《羊城晚报》2011年7月16日。

（194）《章太炎的功过是非》，《羊城晚报》2011年7月23日。

（195）《文武兼备的民主革命家朱执信》，《南方都市报》2011年8月11日。

（196）《孙中山对山西人民的期待》，《孙中山与山西》，团结出版社2011年出版。

（197）李谷城著《孙中山·辛亥革命与香港》序，《孙中山·辛亥革命与香港》，香港华夏书局2011年出版。

（198）陈金龙著《南京国民政府时期的政教关系——以佛教为中心的考察》序，《南京国民政府时期的政教关系——以佛教为中心的考察》，中国社会科学出版社2011年版。

（199）《近代中国开眼看世界的前沿地》，《广州：辛亥革命运动的策源地》，广东人民出版社2011年出版。

（200）《辛亥往事：躲不过的革命》，《南风窗》2011年第21期。

（201）《孙中山与广州民主革命策源地的形成》，《中山人文社科》2011年第3期。

（202）《纪念辛亥革命100周年传承侨胞的爱国精神》，《华侨华人研究》2011年10月号。

（203）《中华民族自觉实体形成始于辛亥革命》，《广州日报》2011年9月19日。

（204）《辛亥革命给中国带来了一些什么》，《孙中山研究》2011年第3期。

（205）《论宋庆龄的大爱精神》，《宋庆龄及其时代国际学术研讨会论文集》，中国福利会出版社2011年出版。

（206）林卓才著《斗南一老——岭南状元林召棠传》序，《斗南一老——岭南状元林召棠传》，广东人民出版社2011年出版。

（207）《满族人民对辛亥革命的贡献》，《辛亥革命研究论文集》下册，生活·读书·新知三联书店2011年出版。

（208）《维新运动与民族尊严——康有为的维新变法思想对当今社会建设的启迪》，《康有为与改革创新学术研讨会论文集》，岭南美术出版社2012年出版。

（209）《辛亥革命与中华民族自觉实体的形成》，《孙中山研究》第四辑，广东人民出版社2012年出版，又见《辛亥革命与清末民初思想》，社会科学文献出版社2012年出版，又见《辛亥革命与百年中国》第1册，社会科学文献出版社2016年出版。

（210）《历史的选择——孙中山成为辛亥革命领袖的时代意义》，《民国研究》2012年第1期（总第21辑），又见《辛亥革命和革命志士》，新加坡晚晴园纪念馆2012年出版。

（211）《辛亥革命与百年中国的社会变迁》，《近代中国》第21辑，上海社会科学院出版社2012年出版。

（212）《辛亥革命与美国广东籍华侨》，《海外华侨与辛亥革命》，世界知识出版社2012年出版；《孙中山与辛亥革命》下册，社会科学文献出版社2012年出版。

（213）《南京〈中华民国临时约法〉与中国政治的制度性转型》，《近代中国》第22辑，上海社会科学院出版社2013年出版。

（214）《和平·奋斗·救中国——孙中山、宋庆龄的共同精神遗产》，台北"孙中山与宋庆龄"学术研讨会论文，2012年印制。

（215）《论孙中山的人权思想》，《从孔夫子到孙中山学术研讨会论文集》，广东人民出版社2014年出版。

（216）邢照华著《中西交流下的清末民初广州社会变迁》序，《中西交流下的清末民初广州社会变迁》，线装书局2012年出版。

（217）《珍贵的思想遗产——重读孙中山的遗嘱》，《团结》2013年第1期。

（218）《孙中山的思想与中华民族的凝聚力》，中山市"第二届海峡两岸孙中山论坛"学术论文，2013年。

（219）《孙中山评传的出版与孙中山研究的未来》，《孙中山、宋庆龄文献与研究》第5辑，上海书店出版社2014年出版。

（220）《宋庆龄的中国梦》，《孙中山与近代中国的觉醒（增订本）》，中山大学出版社2014年出版。

（221）《何香凝为捍卫孙中山思想和事业所进行的斗争》，《孙中山与近代中国的觉醒（增订本）》，中山大学出版社2014年出版。

（222）《成绩与不足同在——近现代中国的建设思想研究应该引起重视》，河南大学"中国近现代思想文化研究的新进展与新走向"——暨纪念胡思庸先生逝世20周年学术研讨会论文；《中山社会科学》2013年第6期。

（223）盛永华著《宋庆龄研究丛稿》序（与张磊合著），《宋庆龄研究丛稿》，广东人民出版社2013年版。

（224）《究竟谁是孙中山事业的背叛者》，《中国社会科学报》2013年11月4日。

（225）《孙中山建构民族国家理论对中华民族觉醒的影响》，《南京钟山文化研究》2014年3月，总第26期。

（226）《宋庆龄为新中国奋斗的精神遗产》，《海南师范大学学报（社会科学版）》2014年第5期。

（227）《弘扬爱国主义思想，反对民族分裂——论爱国主义与民族主义的异同》，《中山社会科学》2014年第6期。

（228）《民强则国强——论黄兴的强国思想和主张》，《纪念黄兴诞辰140周年学术研讨会论文集》，湖南人民出版社2014年出版。

（229）《孙中山与中国的文明建设》，《近代中国》第24辑，上海社会科学出版社2015年出版。

（230）《他的梦，中国梦——孙中山对建设美好中国社会的理论构建》，《孙中山研究》2014年第3期。

（231）《孙中山与国立广东大学的创办》，《孙中山研究》第5辑，广东人民出版社2015年出版。

（232）《中华民族的复兴与文明社会的建构》，《孙中山与河南》，河南人民出版社2015年出版。

（233）《宋氏家族与西安事变的和平解决》，《孙中山与近代中国人物研究》，广东人民出版社2019年出版，又见《宋氏家族与抗日战争论文集》，南方出版社2017年出版。

（234）《关于孙中山研究如何深化和拓展的几个问题——2015年1月在孙中山基金会理事会的演讲》，《历史教学问题》2015年第4期。

（235）《孙中山的精神文化遗产对文明建设的启迪》，《廖仲恺与近代中国》，香港出版社2015年出版。

（236）《孙中山与中华民族精神的复兴》，《中山社会科学》2015年第6期。

（237）《晚来的悼念——深切怀念老朋友沈渭滨教授》，《沈渭滨先生纪念集》，上海人民出版社2016年出版。

（238）《隗瀛涛先生的智慧与学术成就》，《文史杂志》2016年第1期。

（239）《钟文典先生千古》，《永恒的情思：钟文典先生纪念集》上，广西师范大学出版社2016年出版。

（240）《一位学者眼中的孙中山：爱国·革命·建设——专访中山大学历史系原孙中山研究所所长林家有》（张宁宁整理），《南方》杂志2016年11月号。

（241）《孙中山研究口述史（广深卷）·林家有》，《孙中山研究口述史（广深卷）》，广东人民出版社2016年出版。

（242）《孙中山对黄埔军校革命精神的构建》，《团结报》2016年11月17日，又见《黄埔》2016年第6期，又见《"黄埔师生与北伐战争"研讨会论文集》，团结出版社2019年出版。

（243）《孙中山的思想对中华民族凝聚力的影响》，《上海孙中山故居纪念馆馆刊》2016年总第11期。

（244）《孙中山与中国的生态文明建设》，《团结报》2017年3月30日，又收入《中山社会科学》2018年第5期。

（245）廖伟雄、廖金龙著《廖仲恺与叶剑英》序，《廖仲恺与叶剑英》，中央文献出版社2017年版。又以《伟大的爱国者的革命情操》为题发表于《梅州日报》2017年4月28日。

（246）《论孙中山的家国情怀》，《孙中山研究》第六辑，广东人民出版社2018年出版。

（247）《孙中山与中国共产党》，《孙中山与宋庆龄研究动态》2018年第2期，又见《孙中山研究》第7辑，广东人民出版社2018年出版。

（248）金炳亮著《苦斗与壮游——王云五评传》序，《苦斗与壮游——王云五评传》，广东人民出版社2018年出版。

（249）《孙中山与陈独秀的人际关系》，《孙中山研究》第八辑，中华书局2000年出版。

（250）《日本侵略与广州南石头难民收容所》（与梁碧莹合著），《孙中山与近代中国人物研究》，广东人民出版社2019年出版。

（251）《论何香凝的伟大理想》，《"廖仲恺、何香凝与中华民族的复兴"学术研讨会论文集》，暨南大学出版社2019年出版。

（252）《孙中山与近代中国研究的传承和开拓者——林家有教授的学术访谈》（与张金超合著），《中山大学学报（社会科学版）》2021年第2期。

（253）《孙中山宋庆龄研究和宣传使命》，《孙中山宋庆龄文献与研究》第六辑，上海人民出版社2021年出版。

以上我开列的这些所谓研究成果，并不是在有意炫耀自己了不起，只不过是对培养我、关爱我的各方人士作个交代，也希望通过我的研究和所写的文章可以让大家了解我的学术立场和思想倾向。我大学毕业后，一直都在科研单位做研究，在大学教书培育学生，所以读书、教书、写书、写文章是我的工作，做得怎么样，我不好说，但我没有偷懒，每天我都很忙，我活得很累，但也活得很实在、很自由、很快乐。做点实事，留下一些工作成果，也得到各方的肯定和鼓励，所以我很知足。半个世纪以后再回头看，我当初选择这份工作，以学术为职业，没有想到要成为什么专家。写东西只是工作，成果出版当然有名，但得利则不多。有了名，得到的结果是更加忙碌。忙于写东西也有好处，得到同行许多学者的肯定和鼓励，没有同行学者的鼓励我可能也会懒散、缺乏上进。比如我研究孙中山的第一部书是与周兴樑合著的《孙中山与国共第一次合作》，本书由四川人民出版社1989年出版后得到好评。1992年孙中山基金会还将其评为中国大陆孙中山研究优秀学术著作二等奖。陈锡祺先生任总编，我和其他同事参加撰写，且我分任第三卷主编的《孙中山年谱长编》，1992年被孙中山基金会评为中国大陆孙中山研究优秀学术著作一等奖，1995年获国家教委优秀社会科学著作一等奖，1997年获新闻出版署直属出版社优秀图书奖。我主编的《辛亥革命运动史》，1993年被评为中南地区人民出版社优秀社科图书奖。《关于孙中山对新文化运动态度的探讨——兼论孙中山与陈独秀文化思想的异同》（《孙中山研究论丛》第9集，1992年）被中共广东省委宣传部，广东省新闻出版局、广东省科学技术委员会、广东省出版工作者协会、广东省期刊出版协会评为优秀论文，获二等奖。《宋美龄传》（与李吉奎合著，河南人民出版社1995年出版），1996年被北方十五省、区、市18家出版社评为第11届哲学社会科学优秀图书。《孙中山与中国近代化道路研究》获2002年国家优秀图书二等奖、教育部第三届高校优秀学术著作三等奖。《孙中山振兴中华思想研究》获2000年广东"五个一工程"提名奖。《辛亥革命与民族问题》1993年被广东省社会科学联合会评为优秀学术著作二等奖。《辛亥革命与中华民族的觉醒》2011年被评为广东优秀哲学社会科学著作，获2013年国家新闻出版总署中华优秀出版物提名奖。这些所谓的奖项是学术界对我的学术成果和经历的肯定和激励。我这个人对于奖项看得很淡，我几乎没有将本人写的书和文章申请什么奖项。以上提到的奖项都是出版部门或责任编辑申报，事后我才知道。获什么奖项对于我并不重要，因为我不需要什么奖项来提高我的地位和身价，我该有的都有了，我不会与同行好友争高低，也不会与年轻学者争名利抢饭吃。我曾不止一次地对我的学生说过，学者争名争利是一种缺德病。该有的自然会有，不该有的通过各种手段去夺取，这就不是知识人士的正当行为。所以，求什么荣誉虚名，不是我的追求。我的研究就是我的工作，就是我的责任担当。

文章千古事。你写了一些什么东西，说了一些什么话，都要负责任。说对了的要坚持要守护，说错了的要有勇气修正，这是每一位历史研究学者必须具备的基本素质。可是，历史问题讲的是过去了的事，由于材料的来源不同，记述的事不一，所以也很难说你写的说的都很真实，都绝对正确。你的研究结果只反映你写文章时的思想和掌握的史料，新的知识材料出现了，证明你当时的结论不正确或说不完全正确，作为负责任的研究者就不能固守你的观点，要有勇气改正、修正你对问题的结论。这不仅不会影响你作为一位学人的水平，相反更能体现你的责任心和做人做事的品质。

我的著作或文章，反映的是我在特定历史条件下对史事认识的水平，很难说都没有局限和问题。我对我的著作，从不认为它是我个人对真理的叙事。所以，我的著作和文章都欢迎读者、学者的责问和批评指正。这是我的学术理念和我治史的基本方法。

五、尊敬的几位师友对我的教诲和启迪

在我的数十年学术生涯中，我得到很多不是我师但胜似我师的前辈学者的扶持、奖掖和教诲。他们不是亲自教育过我的老师，但他们的著作和言传身教，对我的进步影响极大。我永远忘不了他们对我的教诲和鼓励。

榜样的力量是无穷的，很多师友都是我学习的榜样。人家的长处我不一定学得到，但有无向别人学习的意向，则是能否超越自我、不断进步的根本，所以，我心中永远有强人和智者在推动我努力奋进。

我有许多亦师亦友的同志，在我的人生中，他们都给我力量，给我勇气，给我自信，使我没有在学术中掉队。他们给我留下永远难忘的记忆，但我难以一一将他们对我的影响都记录下来，只能选其中几位前辈学者写下我的一些感想，表示我对这些师友的感激情怀。

（一）章开沅先生对我的学术影响

我不是章开沅先生的学生，但他对我的学术生涯影响很大。章先生的文章我早就拜读过，但直接与他接触，我记得好像是1974年在北京和平饭店，当时章先生借调到《历史研究》编辑部工作，我大学时的老师胡守为先生也同时借调到《历史研究》编辑部。当时《历史研究》编辑部借北京和平饭店作为办公地点，该处在北京王府井附近，我到王府井三联书店购书或到中国科学院哲学社会科学部（建国门内大街5号）办公事，便会顺便去拜访我的老师胡守为先生。有一次经胡先生引荐，我拜会了章开沅先生。章先生热情地接见了我，并同我谈了好多关于中国近代史研究方面的问题，我也向章先生谈起我在京的工作情况。记得我后来还将我写的一篇《满族人民对辛亥革命的贡献》习作交章先生审阅，该文后来随我一起到了中山大学，发表在《中山大学学报（社会科学版）》1976年第5期，并收入《辛亥革命史论文选（1949—1979）》（人民出版社1981年版）。这是我同章先生交流学习研究心得的第一次接触。章先生给我的印象是思想深刻，对学术的了解很多很广，对后生的态度是谦虚，待人以诚，善于启导。记得，章先生离京回武汉时又约我谈了一次，主要是谈对我那篇小文的处理意见。从此，我便与章先生结下不解之缘。章先生虽是我的前辈，但在那个不要文化的年代，知识分子无论老少都是猫鼠同笼，都属于被冷落的人群，是"臭老九"，即属于不被人们看好的另类人物。

1963年，我从中山大学历史学系本科毕业后，奉命上京到了中国科学院哲学社会科学部民族研究所从事研究工作，除了到山东黄县（现龙口市）劳动锻炼，在贵州晴隆县、内蒙古土默特左旗参加所谓"四清"运动外，其余时间我都在北京民族研究所追随翁独健先生、冯家昇先生从事民族史和历史地理学研究。在"文化大革命"期间，我属保守派，后来在所谓各派大联合革命时，我作为保守派代表参加民族研究所大联合委员会，后又被所谓"大联委"指派参加由周恩来总理指示谭其骧先生主编的《中国历史地图集》的工作。我作为西北组（新疆地区）的组长，在冯家昇先生的指导下，我和民族所的多位同事编绘我国新疆地区由远古至清代的地图。编绘组成员一干就是五年，在这期间，我有机会接触到许多前辈大学者，如郭沫若、竺可桢、夏鼐、谭其骧、方国瑜、杨宽等先生。在中国科学院哲学社会科学部工作期间，我们民族研究所办公地点在中央民族学院（今中央民族大学），那里有吴文藻、费孝通、杨成志，以及翁独健、黄静如、陈述、冯家昇、秋浦等许多著名的民族学、社会学学者。我读他们的著作，也有机会经常听到他们的学术教诲，懂得做学问是怎么回事，作为一名学者应该具备一些什么条件。这一切对我当然是学术的启蒙。但是在那个革命的年代里，学术活动不正常，学术没有地位，老年学者在挨批斗，年轻学人在浪费光阴。那时我虽荣居高等学术研究机关，但对于真正的学术，我还没有入门，不懂得如何进行学术积累，也不懂得独立地开展课题研究。1974年《中国历史地图集》编绘工作结束后，我选择满族史作为研究方向，并先后撰写了几篇相关文章，如《满族是我国历史悠久的民族——斥苏修"满族非中国"的反动谬论》（见《文史哲》1975年第2期）、《撼山易，破坏我国的民族团结难！——斥苏修〈中国近代史〉挑拨我国民族关系的谬论》（见《中山大学学报（社会科学版）》1976年第3期）、《满族人民对辛亥革命的贡献》（见《中山大学学报（社会科学版）》1976年第5期）、《试论满族文字的创制及满语满文逐渐废弃的原因和影响》（见《民族史论丛》，吉林人民出版社1980年版）等。这些文章均受"文化大革命"的深刻影响，除了《试论满族文字的创制及满语满文逐渐废弃的原因的影响》和《满族人民对辛亥革命的贡献》之外，其余文章都是就学习所见随便发表一点情感的东西而已。当时学界都在批判"封、资、修"，我分不清什么是"封"和"资"，所以无法批，只好批"修"。那些官样十足的文章纯是应时势，发

表一点议论而已，谈不上有什么学术价值。但是在当时也不是什么人都可以发议论的，我因属根正苗红的小学者，又没有那些"造反派"的劣迹，故有权发表文章、议论天下。然而，人的未来是难以预料的，它受到许多因素的制约。正当我想在满族史方面用功时，一个意想不到的变化来了，并影响到我的后半生，那就是1975年上级指示要由中山大学杨荣国教授主编一部《中国通史》，杨先生是我在中山大学历史学系读书时的系主任，在学术界以批孔（子）著称，因为编书的需要，杨先生将我调回中山大学。正如前面讲过的，1976年春，我举家南返回到广州时，由金应熙教授主持、杨荣国任主编的《简明中国通史》编写组正紧锣密鼓地筹组中，随后我便参加了《简明中国通史》的编撰工作。未几，杨荣国先生也被批判了，编写通史之事也就不了了之。之后，我的出路是可跟随中山大学李锦全、吴熙钊先生从事中国近代思想史研究和教学，也可以跟随梁钊韬先生继续从事少数民族历史和文化的研究和教学。陈锡祺、陈胜粦先生则主张我回历史学系从事中国近代史研究和教学，我也有意回历史学系做中国近代史教学和研究工作。但选择哪个方向作为研究的重点，我完全没有主意。就在这个时候，一个意外的机遇改变了我后半生的学术生涯，那就是参与章开沅先生和林增平先生主持编著的《辛亥革命史》编撰工作。

1976年11月，章开沅、林增平先生任主编的《辛亥革命史》编撰组在湖南省长沙市湖南师范大学开会，讨论编写该书的指导思想和体例诸问题，我有幸被邀参加这次会议。在这次会议上，我不仅有机会再次聆听章先生的教诲，还认识了林增平、彭雨新、林言椒、吴雁南、隗瀛涛、刘望龄、陈辉、王天奖诸先生。在这次会议上，编写组又决定邀请我为该书撰写辛亥革命时期有关我国少数民族与辛亥革命运动的书稿。从此以后，我便以《辛亥革命史》"编外"人员的身份，跟随章先生、林先生在长沙、成都、郑州等地参加工作会议，讨论有关辛亥革命的各种问题，草拟编写提纲以及修改书稿。我不仅有机会接触章先生、林先生，聆听诸公的教诲，而且还与林言椒、吴雁南、隗瀛涛、李润苍、钱安靖、陈辉、刘望龄、萧致治、崇汉玺、王天奖、李国俊、袁继成、彭英明、彭祖珍、冯祖贻等参加《辛亥革命史》编撰的各位同人，探讨学术，交流人生心得。在讨论过程中，各位学者有着求实求真的精神，尊重每一个人的意见，奖掖和扶持晚辈，处处表现着写作组团结协作、务实创新的精神和对学术的认真态度。工作在其中，得益无穷。尤其是我这位寒酸的"老广"常被隗瀛涛先生调侃作乐，我也乐在其中。诚如隗瀛涛先生在《深切怀念刘望龄教授》文中谈到的：编写组"团结一致，顶住政治高压，艰苦创业，夙夜匪懈。那时，我们没有科研经费，每个人都是一贫如洗，两袖清风。林家有先生是我们编写组特邀的撰稿人。1979年，郑州会议时，他穷得穿了一件蓝底透黑的旧中山装，操一口广东味的普通话，颇似一位潦倒的归国华侨。我以'难侨'戏称，望龄附和我见。家有遂以'难侨'之名活跃于我编写组"。章开沅先生在《吴雁南文集》序文中则称我为《辛亥革命史》编写组的"客座"。

正由于我有这一段不平凡的经历，奠定了我后来在孙中山与辛亥革命史研究和教学上的基础，从而改变了我的学术研究方向。

章先生是著名的中国辛亥革命史、教会史、社会史、文化史学者，尤其是对中国近代化（他称为早期现代化）、商会和中国民族资产阶级的研究，他的许多看法都非常经典，他的著作和他指导年轻学者撰写的许多著作都具有创新性和时代性的重大意义。几十年来，我一直都以章先生为榜样，自觉地接受他的影响。他与林增平先生主编的《辛亥革命史》（人民出版社1980年版，2010年

由东方出版中心再版为《中国文库·史学类·辛亥革命史》），
他的论著《离异与回归——传统文化与近代化关系试析》（湖南
人民出版社1988年版）、《辛亥革命与近代社会》（天津人民出版
社1985年版）、《开拓者的足迹——张謇传稿》（中华书局1986年
版）、《辛亥前后史事论丛》（华中师范大学出版社1990年版）、
《南京大屠杀的历史见证》（湖北人民出版社1995年版）、《辛亥
前后史事论丛续编》（华中师范大学出版社1996年版）、《实斋笔
记》（东方出版中心1998年版）、《章开沅学术论著选》（华中师
范大学出版社2000年版）、《张謇与近代社会》（与田彤合著，华
中师范大学出版社2001年版）、《从耶鲁到东京——为南京大屠杀
取证》（广东人民出版社2003年版），还有章先生与罗福惠主编的
《比较中的审视：中国早期现代化研究》（浙江人民出版社1993年
版），与马敏、朱英主编的《中国近代史上的官绅商学》（湖北人
民出版社2000年版），以及他的口述史和他保存的各个时期他的影
像资料等等著作，章先生都寄给我，许多我都认真拜读过，有的还
不止一次地拜读。读章先生的书是一种享受，没有读其他史籍那种
枯燥烦闷的感觉。章先生有大历史观，他从世界看中国，又从中国
看世界，他善于分析问题，思想深邃并富有哲理。他具有传统史学
的深厚功底，又具有广阔视野，文章信息量大，说理深刻。他能提
出一些新的问题让人思考，不管什么问题只要在他的笔下，便变得
生动有趣。章先生研究历史重视史实，从不孤立地就事论事，他研
究问题的方法是以社会运动作为整体对象，将人与事同社会运动结
合起来考察社会变迁的动因，运用社会学理论与方法分析个人、群
体与社会环境之间的互动关系，既重视个人在社会变动中的作用，
又注意将个人与阶级的中介——群体结合作整体考量。所以，读章
先生的论著会给你许多智慧和启迪，令人回味无穷。

文如其人。章先生的文风洒脱矜持，他个性突出，不随波逐流，又深谙史事背后的艰辛，善于揭示故事的谜底，说明史书背后的缘由。他的文章隐意极深，很有思考的空间。我与章先生几十年在同一行当里就业，虽不在一地，但见面机会颇多，只要见面，他总是侃侃谈论国事、天下事，总是用他的智慧和见识勖励后生。我对章先生将"学术小我"汇入"学术的大我"的情怀而感动不已。我是后生，章先生是前辈，只因我们有几十年的交往，他有时称我为"老友"，有时称我为"家有"。我则称呼他为"章先生"，不管怎么称呼，都反映一种事实——他不是我师，但胜似我师，是我亦师亦友的学习典范。

我是一位处于中国社会转型期的过渡性小知识分子。传统知识学不来，现代知识又学不会，知识结构单一，想新新不了，想旧旧不成；想去掉传统无所弃，想装扮成现代知识人也装扮不了。我治史学，但所治者，既不是旧史学，也不是新史学，是什么我也说不清。正由于我具有不古不今的文化个性，我虽也有出国及在内地（大陆）和港澳台地区参加学术会议、与学者切磋学术的许多机会，但由于先天不足，我治学的方法单一。我曾努力向章先生及其他许多我尊敬的学术前辈学习，但总是学不成。因此我写的那些东西，有激进思想的人不爱看，有保守思想的人不想看，压根儿也只能是作为自我中庸思想的流露，反映我这个"小资产阶级知识分子"的心声和情态。然而，我也不是一无是处，我是中国人，是中华民族造就的学人，所以我有一颗中国心，我对培养我成长的祖国、民族和中国共产党充满深深的敬意和热爱，我的研究总是同我们国家的命运联系在一起，我通过我的文章论著，憎我所憎，爱我所爱，抒发我的爱国情怀，唤起人们觉醒，建设美好的未来。我敢作敢为，勇于实话实说。我写的东西、编的东西没有多少说教，只是诉说我对人物和史事的一些粗疏见解。我一生都在研究院、大学学术研究机构就业，写东西、编东西是我的本业，是我的工作；带学生、培养人才是我的职责。至于学术上的工作我只能跟自己比，跟同一代的同龄人比。作为一个学人，我这一代人生不逢时，在战争年代出生，在"以阶级斗争为纲"的年代成长。"文化大革命"的十年，斗来斗去，浪费了时间，浪费了精力。后来尽管我很努力，也只是一个追随时代、与伟大的中华民族一起前进的平凡学人，说起来，回忆起来，惭愧得很。

章开沅先生对我们中山大学中国近代史研究中心的发展很关心，每次他来中大参加学术研讨会除了在大会发表指导性的讲演外，还关心我们的资料建设。我们中山大学近代中国研究中心资料室现有台湾"中研院"近代史研究所几十年来出版的资料和研究成果，就是当年章先生给张玉法先生写信，建议他将他们出版的研究成果和资料赠送一套给中山大学近代中国研究中心。张玉法先生原是台湾"中研院"近代史研究所的所长，但收到章开沅先生信时，他已交棒给陈三井先生。陈先生对此事非常认真，经过他的筹划终于实现赠书给我们的愿望。我非常感谢章先生，也感谢陈三井先生。

在2005年庆贺章开沅先生八十华诞的喜庆时刻，我曾以《章开沅先生与我的学术生涯》为题写了一篇小文章，主要是想说明一个历史过程和一种现象。这个过程和现象值得我万分珍惜，值得我去回忆。如果没有章先生、林增平先生主编《辛亥革命史》，或者章先生、林先生没有把我作为《辛亥革命史》的"编外""客座"，使我能在其中学习、磨炼，那我的情况也可能是另一个样子。是怎么个样子？谁都说不清，如今我已在孙中山与辛亥革命史研究行列中，"混迹"其间，"招摇"了四十多年，大的成就没有，但参与的学术活动则不少，也留下一些连自己的亲人都不屑一睹的论著。我写的那些东西，只是记录我的人生过程，是我工作的总结，但也正因为我一生有这些平凡的经历，才有我今天平凡的人生追忆。假如在20世纪70年代，我未能遇到章先生，没能得到一个《辛亥革命史》"编外"工作的机会，我也就没有向编写组诸位先生学习的机会，后来我是否会在孙中山与辛亥革命史研究的行当中务业，也很难说。我将章先生提携我、让我参加《辛亥革命史》撰稿工作，视为我后半生学术生涯的开启，视为我学术人生的一个重要历程。没有这个过程和机遇，就没有我后来的学术生涯，也就没有我后半生如此的人生经历。人生如梦，转眼间我也是一位八十多岁的老人了，末日不可能很长。然而，我没有悲观，没有消极地等待末日的到来。2006年我退休后，也没有虚度光阴，我还在努力，没有告别学术，我还在以实际行动来报答培养我成长的中山大学和许许多多已经故去和还健在的老师，以及像章先生这样的前辈学者对我的关爱。

说起做学问，章先生是我的学习楷模。我读他的著作，学习他看问题、分析问题的方法，接受他的高位指导和教育，这对于我的研究视野的开拓，以及研究方法的更新具有潜移默化的影响。他对中国近代史，尤其是对孙中山、对辛亥革命史研究的许多看法，无时无刻不在启发我去思考问题。

（二）我很佩服林增平先生的学问和人品

1992年12月27日7时20分，林增平先生离别人间。我为失去一位良师益友悲痛万分，并为自己未能在先生走之前赶往湖南师范大学参加"林增平与中国近代史学术讨论会"并与先生话别而抱憾终生。在林先生逝世一周年的时候，我写了一篇《深切怀念林增平先生》的小文，把我对林先生的怀念之情叙说一通，并对林先生的离去深感惋惜，但由于情长纸短，只能略陈一二，未能尽情倾诉，实在遗憾。现将《深切怀念林增平先生》小文的内容录下：

林增平先生离我们而去已经一年。一年来我常在想念他，想念这位为中国史学界作出诸多贡献、为中国近代史辛勤耕耘了一辈子的著名学者——我的良师益友林增平先生。

林先生长年执教于高等院校，见多识广，功力深厚，但他非常谦虚，毫无架子。他对学问精益求精、不断创新，他为人和善、诲人不倦。我从这位博学、忠厚长者的身上感受到他的平凡与伟大。我从林先生的为人和如何做学问方面学到很多很多。

早在20世纪50年代，我上大学的时候就拜读过林先生的大作《中国近代史》，知道林先生的尊姓大名，但真正能接受林先生的教诲和面谕那是1976年11月以后的事。当时，林先生、章开沅先生任主编的《辛亥革命史》编委会在长沙开会，讨论编写该书的指导思想和体例诸问题，我有幸被邀参加这次会议。在这次会议上，我不仅认识了林先生，而且也因此改变了我的学术专业方向。从那以后，因为作为"客座"而跻身编写组参加《辛亥革命史》一书编写，我有更多的机会接触林先生，聆听他的教诲。林先生在讨论《辛亥革命史》的提纲和书稿过程中，言语不太多，但他常是一语中的，意见非常中肯，而且又非常与人为善，他尊重作者，极力奖掖后辈，处处表现了对后学的鞭策与期待，所以他处处博得大家的尊崇和敬爱。

从1976年以后，我有很多机会向林先生请教。我每次到湖南省长沙市参加学术会议，都去湖南师范大学拜访他，他每次来广州也一定到中山大学看我。他对我的工作也给予过许多鼓励和支持。记得有一次，我曾向他请教关于中国近代史研究如何向更深的层次发展时，他只是淡然一笑，然后加重语气说："问题还有很多有待我们去研究，现在的问题在于我们如何去研究。"接着，他又指出：要发展首先要继承，没有继承就没有发展。他跟我说上个世纪五十年代，他编写《中国近代史》教材时就是继承，他说："那个时候还没有公开出版的中国近代史教材，上级教育部门要我编一部教材，为此我看了不少有关的材料，凡是有参考价值的中国近代史论著、资料，我都找来阅读，有用的就将其抄录下来。"这就是继承。但学无止境，继承是一方面，发展和创新是更重要的一方面，学术没有发展和创新，学术就会停滞不前，停滞了就没有生命力了。林先生的这一番教导对我启发很大、影响很深，使我认识到做学问既要刻苦用功、谦虚谨慎，又要不断创新的重要性。联系到后来林先生主编《中国近代史研究入门》和《辛亥革命史研究备要》等书，以及他对中国民族资产阶级的研究，就是严格坚持继承与发展相结合的思路来从事他的学术活动和工作，正由于这样，林先生的研究在他晚年达到了很高的新境界，他的新论著也使人耳目一新。

林先生为了培养下一代奉献了他毕生的精力。他对他的学生，对湖南师大晚辈教师，总是谆谆善诱，严格要求，深入指导。我曾问过他："林先生，您培养的学生成长很快，您是怎么指导的？"他说："根据每人的长处，安排不同的任务，让他们去干、去实践，从实践中学习，从实践中指导。"从言谈中，我发现他对年轻人的成长关怀备至，也对他们充满了无限的希望，先生培养了不少很有成就、很有作为的研究生，他对青年人的关心和培养所倾注的精力，实在令人敬仰。

我很佩服林先生，这不仅仅是因为他做过湖南师范大学的校长，他为人忠厚诚实，对学问精益求精，功绩卓著，更重要的是先生具有高尚的人格和忘我的献身精神。林先生热爱社会主义，拥护中国共产党，一心扑在教学和研究事业上，为新中国培养了大批建设人才，作出了显著的贡献。"文化大革命"期间，他的身心备受摧残，但他爱党、爱国、热爱自己教育事业之心无时不忘。他有时跟我聊十年动乱时，人们对他的一些诬陷，但我听不到他半句不满的言词，只是为白费他十年时光，贻误了他儿女的学业感到难过。有人说中国的知识分子是很可爱的，从林先生的身上，我们可以领略到这句话的深刻意义。

学术界都公认林先生是著名的中国近代史专家，有很高的学术地位，但我从未听到过他对此有半点儿的居功自夸。先生对自己要求很严格，有时他到外面开会或参加学术活动，总免不了要应邀去做学术报告，可他从不马虎应付了事，上世纪80年代有一次中南地区辛亥革命史研究会在广东茂名开理事会，茂名教育学院请他去做学术报告，按他的水平应付这样的报告可随叫随去，但他认认真真地写讲稿做准备，至深夜不眠，实在感动人。这说明林先生做什么事都十分认真，这一点对于我是极为深刻的教育。

记得，有一次我同林先生拉家常。我说："老林，几百年前，我们可能是一家。"他说："族弟，你说得对。"后来两人一谈才知道，增平兄的先人是从福建莆田县迁江西，我的先人是从福建安溪县迁广东，的确我们曾是一家人。后来，林先生给我来信便称我为"族弟"，他也当然成为我的"族兄"。林先生经常跟他的学生谈起我，我也经常跟我的学生谈起他，因此，在湖南师范大学历史系便有"大林公与小林公"的称呼，对此我感到无比的荣幸，从中也说明我与林先生之间的交往和关系在学生中的影响。

林先生做过湖南师范大学的校长，事无大小他都过问，连学校给教师分房子他都管，我曾对他说，你这样会很忙，会招来一些人的不满。他说：我就希望大家不满，让我早日下台。他当校长时找他的人很多，有的人不知他的住房号，找他就乱敲门。弄到与他同处一楼下层的教授烦了，在自己的大门贴上字条"要找林校长更上一层楼"。

1992年12月，林公撒手尘寰。林公病逝噩耗传来，我忍耐不住哭了，此时此刻的我，眼前一片模糊，掩面而泣，脑海里浮现的只是林公的音容笑貌。高山仰止，先生的忠厚长者风度，君子坦荡荡的心胸，以及他对学问的执着追求，对后学的殷切期望和鼓励，都在我的记忆中浮现。先生的崇高品格和对工作的认真忘我的精神是一笔文化遗产，我们要继承他对事业的奉献精神，对工作认真负责的态度，努力为国家和民族做贡献，他永远是我们学习的榜样。

转眼之间，林增平先生驾鹤西归已近30多年，此间先生的行为举止，他的待人处事，他对学问的追求，对年轻人的关怀至爱，一切的一切仍在我的脑中缠绕，一切的一切犹如昨日，许多与他交往的往事我仍然记忆犹新。

1995年，湖南师范大学在长沙举办"近代湖南与中国暨纪念林增平先生学术研讨会"，我又写了《尽大江东去，余情还绕——林增平先生往事》的小文作为"深切怀念林增平先生"的续篇，就林先生的学术成就和人品作些补充回忆，意在怀念斯人，鼓舞今人。梁启超在《中国历史研究法》中强调研究历史的目的在于"求得真事实，予以新意义，予以新价值，供吾人活动之资鉴"。做史学研究，不能够鉴别事实真伪，就失去了做史的基础。然而，史料不是史学，只有给予史实新的解说，新的价值，历史才有生命力。为此，梁启超认为历史学家首先必须懂得怎样去读史籍，学会鉴别史料的真伪，这是基础，但仅是如此还不能说是个好的历史学家，一个好的、优秀的历史学家，必须有本事给予史事新的意义、新的价值。所以，梁启超强调历史学家必须具备史德、史学、史识和史才四个基本条件。而林增平先生就是具备这四个基本条件，并将其紧密有机结合起来研究历史的杰出历史学家。读林先生的著作是一种享受，他的文字不仅运用得生动形象，将繁杂的事说得明晰准确，而且善恶褒贬，守则极严，肯定与否定都特别审慎，尽量避免主观和片面。林先生对问题的观察既不受旧思想、旧观点的蒙蔽和影响，也不受自己的成见所蒙蔽和影响，对人对事都进行超然的评定，具有卓越的史识。因为这样，林增平先生对中国近代史的研究造诣很深，建树很多。1958年8月，我进入广州中山大学历史学系学习历史，适逢林先生的《中国近代史》（上下册）出版，林先生的《中国近代史》是中华人民共和国成立后第一部采用分期的办法全面研究和叙述中国近代史的著作。对中国近代的政治、经济、军事、文化等各方面的发展变化，作综合探讨，使读者对1840至1919年这一段历史，有一个全面和系统的了解。林先生的书出版后在学术界、教育界产生较大影响。而我也是从这部巨著中了解了林先生，读他的书增长知识，了解其人，崇尚他的学问。此时的林增平先生虽然年轻，但他非常勤奋，对学问的执著和探究的精神便奠定了他后来在中国近代史学界的地位。可是，20年后，当我问起林先生是什么精神启发他在中国近代史的行当里如此认真，并写下这部61万字的《中国近代史》时，他则淡淡地笑着说："那时候无知，只是为了教学的需要，并无很多想法。见到有用的材料就抄就写。"他不愿多谈，他的谦虚是他人品的流露。就林先生的做事和为人的品格看，他只管做事，只管奉献，他当时没有名和利的追求，更没有成为著名专家学者的奢望。所以，他坦然，他放得开，也收得拢。他从不张扬自己，对自己的品评非常低调。也正由于这样，他有文人雅士的称号"林夫子"，深得学人的尊崇和敬仰，具有传统文人的风范，但他更像一位潦倒的书生，不喜欢言笑，木讷，更不善于与人争风斗趣，只管干活做事。

1977年，"文化大革命"已经结束，林增平、章开沅先生在当时人民出版社林言椒先生的支持和组织下，开始筹备编写《辛亥革命史》，因编写组邀请我撰写有关少数民族参加辛亥革命的内容，我得以参加《辛亥革命史》编写组的活动，有机会向章先生、林先生学习。林先生是当时编写组唯一的副教授，所以编写组的成员都尊称他为"林教授"。林教授谦虚谨慎，他言语不多，但对学术有追求、对问题的看法有见地。他不仅理论水平高，而且文字驾驭能力很强，改起文章来常运画龙点睛之笔，恰到好处。在成都编写组成员会议上，就中国民族资产阶级的作用展开讨论时，编写组人员的看法不太一致。在会上我曾就"文化大革命"期间对民族资产阶级立足于批的观点提出质疑，指出中国的民族资产阶级生长在半殖民地半封建的中国，在成长过程中受到资本帝国主义和封建主义的压迫，它为了自身的发展具有反帝反封建的要求。记得林先生风趣地说："在夹缝里生长起来的民族资产阶级，发展不充分，'从娘胎里带来软弱性'，但它为了发展以反抗求生存，所以民族资产阶级是两面性的阶级。可是在19世纪末20世纪初的中国只有民族资产阶级有能力组织和领导中国的旧民主主义革命取得胜利。"林先生的一席话，入木三分，将中国民族资产阶级的两面性概括得如此精粹，令我无比信服。同林先生接触，你会从中得到做学问的许多熏陶。他做事认真细致，研究问题善于追寻史事的谜底和变化的缘由。记得《辛亥革命史》编写组在郑州开会时，他对吉林满族爱国知识分子松毓有深入研究，但他认为松毓是立宪派，我则认为松毓联络吉林农、工、商、学各界各族代表在吉林省中学堂成立吉林省团体联合会，企图通过成立省临时议会，驱逐清廷吉林都督陈昭常，宣布吉林脱离清朝统治，所以松毓是革命派。当王天奖先生提出松毓是立宪派还是革命派，两位"林公"看法不一问题时，增平先生并不因为我不同意松毓是立宪派而不悦。章开沅先生当场要我将松毓的材料交林先生。经过大家讨论，与会者反而认同我的意见，林先生也说："松毓可能是由立宪派向革命派转变。"经过讨论使大家统一认识——立宪派在革命高潮到来时也有不少人改变看法，站到革命派一边支持革命。林先生对学术问题不固执己见，此事对大家启发很大，即研究者研究问题会受到各种局限，看的材料不可能都很全面，而人是会变化的，所以研究人物必须以发展的眼光看问题，以史事说话做结论。

我非常佩服林增平先生对学问的求真求实的精神。他不随波逐流，更不随意附和别人的看法。1986年11月12日是中国民主革命的伟大先驱孙中山先生诞辰120周年，中国孙中山研究学会与中山大学等单位在广州中山大学和广东中山市翠亨村举行"孙中山和他的时代"国际学术研讨会。林增平先生、章开沅先生和我都是这次学术研讨会论文评选小组的成员。1986年夏天，论文评选小组成员集中在北京京西宾馆评选论文。有一天，林增平先生、章开沅先生和我在一起闲聊，林先生说他准备写一篇《孙中山民主革命思想的形成》文章，参加纪念孙中山诞辰120周年学术研讨会，并将他的观点向章先生和我提出，征询我俩的意见。他说："孙中山在《建国方略》第八章"有志竟成"里提到：'予自乙酉中法战争之年，始决倾覆清廷、创建民国之志。'论者或据此断言，1885年中法战争的时候，孙中山即已确立革命思想。此说实可商酌。"林先生说，根据此后发展的史事，这个时候，孙中山只是对清廷的腐败无能感到愤慨，偶尔萌发了反抗的思绪，但并没有决志倾覆清廷的行动。林先生还说直到1894年11月檀香山兴中会成立，孙中山还没有确立倾覆清廷的思想。檀香山兴中会也还不是革命团体。林先生认为只有到1903—1905年孙中山才逐渐地同改良派思想划清界限，才可说具备了明确的、坚决的、基本的民主革命思想体系。林先生的新观点引起章开沅先生的兴趣，并打趣地说："就不知林家有他们那里的同仁能否接受？"因为檀香山兴中会的成立是中国民主革命的开端是我们中山大学陈锡祺先生和孙中山研究所学者的共识，也是台湾学者的共识，章先生怕林增平先生"兴中会不是革命团体"此言一出会引起麻烦，便提醒林先生注意。我坐在那里静静地听着，没有多言，但从两位先生的交谈中，我真学到不少东西，两位先生对学术的探索、求知、求实的精神感动了我。林增平先生坦诚地将他的观点提出并向我们征询意见，他的真诚和谦虚态度是他智慧的表现，也是他人品的体现。后来，陈旭麓先生也进来又谈起这个问题，大家谈得正欢时，我冒出一句："林先生的观点可以提出讨论。"由此可见，林增平先生的研究非常有深度，他善于探讨和解决重大的议题，如中国资产阶级与辛亥革命、立宪派的作用与弱点、孙中山与辛亥革命的开端等等。他用他的智慧和知识，用他锲而不舍的精神探究历史的谜底，解决许多历史人物与事件中的重大问题，对中国近代史研究作出重大的贡献。林增平先生还热心教育和培养人才，他用他的辛勤和热情造就了一大批在中国史坛上挑重担的教学和研究人才，并为此献出了他的精力，他用实际行动证实他是一位真正的杰出的学者，是无可争辩的诚恳、谦和、以人为善、善于指导和培养学生的杰出教育家。历史从他那里延伸，遗泽举世所珍，教泽永存，我们应该永远纪念和缅怀这位辛勤一生的史坛精英。

林增平先生的学术成就和道德文章，堪称学术界的楷模。师友真诚难忘，往事桩桩，言犹未尽。他的精神留存人间，万世景仰。

从林增平先生的学术和人品中可以找到一种爱国知识分子的情操，可以体验到学术和学人永不熄灭的精神光芒，它照亮别人，燃尽自己，真的伟大。

（三）我们的时代需要更多像隗瀛涛先生这样的学者

我与隗瀛涛先生是亦师亦友的关系。在我与他相识的30多年当中，我得到他很多启迪和教益。我对他的才能与智慧无比敬佩，只要与他在一起，他不仅会海阔天空地谈天说地，给你一种乐趣和快慰，也会给你的思想和学术很多启示。他为人十分淳朴与低调，对学术成就从不张扬，他从不盛气凌人，待人和蔼亲切。他虽然已经离世，但随着时间的推移，我更感觉到隗先生存在的价值所在，我无比怀念他。

2007年1月15日，华南师范大学谢放教授给我电话，告诉我隗瀛涛先生于昨日21时15分因病医治无效，不幸逝世。听到这个噩耗，我无言，我落泪，我默默地回忆起与隗公从相识到成为亲密朋友的过去，许多往事立即涌上心头，浮现在眼前。隗先生是一位品德高尚、才气横溢、智慧超人的知识分子，他的逝世是中国学术界的损失，也是我的重大损失。我除了给隗先生的学生何一民教授致函，对隗先生的逝世表示沉痛的哀悼和向隗先生的家人慰问外，也对中山大学历史学系同人谈起隗先生的经历、为人和学术成就。并常常哀叹道，中国继续有隗先生存在的话，多好呀！作为一位历史学者，隗先生与时代同步，但他每走一步都非常沉重，也很艰辛，然而他以坚强的毅力和超前的智慧，为中国的学术献身。

我喜欢与隗先生交朋友，不是因为他具有大学副校长的头衔，也不是因为他是一位带有厅级干部头衔的四川省文史馆馆长的官员，会给我带来什么好处，而是因为他是一位谦虚和蔼、不骄不躁、思维敏捷、敢于开拓进取、勇于创新的学人；又是一位由爱国主义而共产主义，甘于蒙耻忍辱，热爱中国共产党和社会主义祖国、有情有义的教育界杰出精英。

我不止一次地读过余长安、陈建明先生主编的一部写隗瀛涛先生历史的书——《一个历史学家的历史》，这部写历史学家隗瀛涛先生的书，朴实无华，但写得很真实、很动人。书中有隗先生亲笔撰写的《古稀之年的回忆》文章，读完他的回忆，我才感觉到，我这位号称做历史研究数十年的人，其实并不懂历史。读完隗先生的回忆文章才醒悟到历史原来如此。历史是由人创造，创造历史的人也是历史的人，是有血有肉、有心肝和思想的人。读完隗先生的回忆文章就会明白隗先生为研究中国近代史的奉献精神，他在为中国人民创造历史讴歌，也在创造他个人的历史。他不是出生在一个"根正苗红"的家庭，他的父亲在旧社会是乡间的一名小官，正如他所言，父亲"成了一个旧社会不能容忍，新社会不让存在的悲剧性人物"。这在那个念念不忘阶级斗争的年代，他要承受多大的政治压力，只有他本人才知道。非常了不起的是隗先生从不掩饰他父亲在旧社会的经历，但他也不因此就背上沉重的家庭包袱，消沉颓废与新社会对抗，或产生不满。这在那个一切都以家庭出身好坏作为衡量一个人的政治态度的年代，是需要智慧，也需要勇气的。他的不平凡是他以非凡的毅力，"夹着尾巴做人"，但决不爬着前行，而是以非凡的毅力奋勇前行。他不仅以优异的成绩顺利地读完中学、大学，大学毕业又以德才兼备的优等生身份留校——四川大学历史系任教。这对于一些人来说真是不可思议，但这确是千真万确的事实。从这个事实中，我们可以体味到隗先生在那个"脱胎换骨"改造思想的年代，他是多么的不容易。这对于一个年轻人与其说是在改造，不如说是再造更符合实际。隗先生对于家庭，对于父亲无比留恋，但他不因为新政府对他父亲的"误杀"而产生对抗，反而从中国共产党正视对他父亲的"误杀"和改正错误中，加深了对中国共产党的认识——"确认中国共产党是中国历史上最彻底的爱国集团，是中国历史唯一能振兴中华的政治指导者"，并郑重地向共产党组织递交了入党申请书，决心争取成为中国共产党的党员。这又增加我对他的敬佩。隗先生有很多与人不同的优长，这不是可用常理去解析的，而是他的情操、人格和智慧的结晶。仅就上述而言，我难以想象，像隗瀛涛先生这样一位有崇高人格和超群智慧的学人，对于我们的新时代和社会进步会有多大的好处。可是他离世走了，隗先生的辞世是学术和教育界的损失，也是国家的损失、人民的损失。如果我们伟大的中华民族大家庭有很多像隗瀛涛先生这样识大体、顾大局、有本事、有才华的人该有多好呀！像隗先生这样的人能再活100年、1000年多好呀！这不是我个人的期盼，而是中国人民和中华民族的期盼，可是这些期盼都已经成为不可能，然而这也许就是历史，就是历史带给我们这些治历史的人的一种遗憾和惋惜！

记得在20世纪90年代，在广东举办的一次纪念康有为的学术研讨会上，有一位上海的教授在大会发言时提出在历史学研究中应该淡化纪念史学，因为纪念史学有一个弊端，那就是容易造成史学评价标准的偏离，评价历史人物只讲积极作用，忽视消极作用，只讲好听的话，不讲或少讲不好听的话，对历史人物的偏爱会导致评价历史人物的不公允。这些意见自有其道理，但也不完全正确，因为人都有局限和弱点，就是伟大的人，也有不伟大的缺点，既然是纪念英雄或杰出人士，讲颂扬的话也没有什么不对。中国传统史学在评价人物时，除强调功过之外，还有一个道德的评判，而道德的评判往往又是最能体现多数民众的看法，所以评价人物时，需坚持思想和行为的一致性，除了考察历史人物的功过外，用道德伦理的标尺去检验一个人物的忠奸，以及对国家民族和社会的态度也是必须要坚持的原则。人是复杂的，有的人表面上看，他的某些思想和行为对人民也可能有某些积极的作用，可他更大的动机是损人利己，用表面的行为去掩盖自己的思想深处不可告人的罪恶目的。这样的人为了自己更好地追逐更大利益，他也可能将部分利益转嫁于人。对于这种人单从功过或功利标准去评价，很难说出个所以然来，但只要用道德的标准去检测他，就会很清楚地明白其思想、行为背后的真正目的。比如，一个贪官，他也可能利用人民给他的权力为人民和社会做过一些有益的事，但他这样做的背后是为了更大的贪腐，对于这种社会的残渣、腐败分子是不能用什么功利的标准来评判的，只能是用道德的标准去评判。对于这样的人，他死了也不会有人为他评功摆好，只能是全民共弃之，共讨之。但是对于那些热爱祖国，与时俱进，倔强奋进，无私无畏，全心全意为国家进步、民族振兴而努力奋斗的人，人们的崇敬、崇拜则是一种真实情感的流露。对于这样的好人，尽管他也会有缺点，但从他的主要方面去看，无论以功利或道德标准去衡量都应肯定。所以，纪念杰出的人士、崇拜英雄是一个民族文明的表现，学习和传承历史人物的伟大精神和爱国奉献的品德，也是一个民族健康向前发展的一种巨大精神推力。为此，我还是要坚持和维护纪念史学的崇高地位，要崇拜英雄，永远缅怀英雄。

我们纪念人民英雄，纪念伟大的爱国者，以及为国家、民族和人民不惜一切地奉献的先贤先进人物，是为了追寻先贤先进的人生，品味先贤先进人物的人格、品德和业绩，并从中得到有益的启示，去创造伟大的、光辉的、美好的未来。隗瀛涛先生是一位为

153

学术鞠躬尽瘁的人，他尽管算不上是一位了不起的"伟人"或"大师"，但正如我在1998年为纪念一位为中国的留学生教育事业做出过巨大贡献的"留学生之父"——容闳的170周年诞辰，为在珠海市举办的"容闳与中国近代化"研讨会写的《论容闳的报国心》一文中所说的：容闳的爱国心是一贯的、始终如一的，所以用不着称为什么"家"，他也是中国伟大的、忠诚的爱国者，他真心实意地报效祖国，希望祖国繁荣富强。他付出的不仅是精力，更重要的是一种精神，是一种无限热爱祖国、报效祖国的赤诚之心，惟其如此，他就称得上是我们国家伟大和杰出的英雄。我们怀念和纪念他也是因为他具有爱国精神和中华民族的优秀品格，不是由于容闳曾是什么政治家、实践家。隗瀛涛先生又何尝不是一位具有伟大爱国主义思想和强烈报国心的杰出知识分子呢！隗先生与容闳生活在不同时代，处境不同，经历不同，两个人虽不可比拟，但有一点我认为是相同的，那就是他们虽然都没有多少惊天动地的豪言壮语，但都具有中国文化人忧国忧民、以天下为己任的美德，具有朴实而执着地为祖国实现繁荣和富强而努力奋斗的爱国精神。隗先生尽管如他自己所说，他只是一位平凡的大学教授、副校长，位不高、官不大，但他为祖国和人民的教育事业和学术事业无私地奉献了一生，他的学问和人品都堪称楷模。难道对这样的学人不该纪念吗？答案是肯定的。所以，反对纪念史学的人的观点也不完全正确。

我与隗先生从相识到成为亲密的师友已有30多年时间。隗先生比我大几岁，我们是同时代的人。对于旧中国我们都略有所知，对新中国培养了我们，使我们有机会接受小学、中学、大学教育，最后成为学术界、教育界的一员，都充满了感激和感恩。我们这一代人都将祖国的事业和人民的事业紧紧地联系在一起，光明磊落，正直无私，淡泊名利，只讲奉献，不求回报。我们都是属于"活着干，死了算"的朋辈。但无论从德或才，我都不能与隗先生相比。虽然我们都是农村出身，但他出生在一个有财产的家庭，我则是出生在一个从小父母双亡、一无所有的贫困家庭。隗先生从小就得到良好的教育，我则是一个无拘无束、无人管教的浪荡式的野孩子。所以，隗先生是一位很有教养、聪明睿智、彬彬有礼的传统文人，而我则是一个不拘小节，有话直说的人，性格刚强，做事具有一不做二不休的毅力，但论人品和学问我都是一位不如隗先生的小学人。可我们在相交相处中，则成为亲密无间的亦师亦友，为什么？因为我们有共同的追求和执着的事业心，也有相同的学术爱好，具有同样开朗的、喜交朋友的个性。

我与隗先生相识是在1976年11月参加由章开沅、林增平先生主编的《辛亥革命史》编委会在湖南省长沙市举行的会议期间。那时的隗先生穿着一身蓝色干部服，留个平头，嘴上经常叼着烟，话不多，像个小老头。可能是受"文革"影响，心有余悸，也可能是大家相见不相识之故造成隗先生寡言。可是随着时日的推移，在接触中增进了解后，我发现隗先生是一个开朗诙谐、智慧超人、非常善于言辞的学者。后来在成都、郑州讨论《辛亥革命史》书稿的会议期间，我与隗先生、刘望龄、冯祖贻等先生相处最多，交谈最广，从中我获得的教益也最多，即学术要讲诚信，要创新，不能作假，不能守旧，这些对我后来的专业选定和研究影响最大。尤其是隗先生对我的许多教益和帮助令我终生难忘。诚如隗先生所说："学术的探索不仅靠书本，也要靠学友。能有一批学有专长、品格高尚的学友，就有学术思想的交流和前进的支撑力量，从而形成学术的整体优势。"想起章开沅、林增平先生带领一帮人写出了新中国第一部优秀的辛亥革命史，实在不容易。《辛亥革命史》开编之初，"四人帮"尚在台上大施淫威，但是，编写组的成员不仅顶住了

"四人帮"和极"左"思潮的压力，敢于坚持否定对民族资产阶级立足于批的极"左"思潮，坚持对中国民族资产阶级进行实事求是的分析。章、林团队自1976年至1981年，前后用6年时间，成书《辛亥革命史》上中下三卷，并由此形成了一支辛亥革命史及孙中山研究的队伍，活跃在中国史坛，这在当时是人们想象不到的。

《辛亥革命史》编写组聘我为"客座"，是我后期学海生涯的新起点。从此，我不仅忝列孙中山与辛亥革命史的行当，"招摇"了数十年，更重要的是我获得了很多教益，不仅学会了做学问，也学会了做人。正如我在为纪念章开沅先生80华诞所写的小文《章开沅先生与我的学术生涯》中所言："章开沅先生的大将风范，林增平、吴雁南先生的夫子人格，隗瀛涛先生的口才和智慧，以及王天奖、刘望龄、萧致治、冯祖贻等先生的务实精神、合作态度，都堪称模范。我有机会融入这个编写组跟随师友学习对我影响深远。"在那几年跟各位先生学习辛亥革命史的过程中，不仅给我的人生留下许多回忆，成为各自人生经历的一个小插曲，而且对我的学术成长也有帮助。最使我难忘的是我这位寒酸的"老广"常被隗先生调侃作乐，他常戏称我为"难侨"，我遂以"难侨"之名活跃于编写组，也乐在其中。隗先生在《深切怀念刘望龄教授》一文中也谈到了此事。我活跃是因为我年轻，需要向诸师友请教，以便为将来"混饭吃"做点准备。隗先生是一位善解人意，也非常重友情的人。在后来的治学中，他每出版一部书都题签赠送给我。他工作虽然很忙，但我这位"老广"一直都存留在他的心中。记得他在四川大学副校长任上，四川大学举办"第一届近现代中国城市发展学术研讨会"时，他曾给我来信诚恳地对我说："家有兄，我还在校座任上，希望你能来出席城市发展学术研讨会，因为我还没有下台，还可以'假公济私'接待你。"我明白隗先生的意思，趁开会之机相会，尽情聊聊别后的情况。但因为什么我不记得的原因，我没有参加四川大学这次研究会，但后来我一直后悔没有能够去成都拜见这位真诚的老友，失去了一次聆听隗先生学术教诲的好机会。为弥补这次未能相聚的遗憾，1990年8月，由广东省孙中山基金会、中山市孙中山研究会和日本孙文研究会在广东省中山市翠亨宾馆举行的"孙中山与亚洲"国际学术讨论会，我是会议的副秘书长，我特地给隗先生去信，邀请隗先生与会，他与王笛也合写了一篇《论孙中山关于亚洲国家反殖斗争的策略（1895—1912）》文章。原以为可以利用这次机会与他好好聊聊。可因为公干，隗先生也没有能与会，只由王笛代表出席。1996年11月3日至8日，由中国孙中山研究会、广东省社会科学联合会在广东省中山市翠亨村共同举办纪念孙中山诞辰130周年以"孙中山与中国近代化"为题的国际学术讨论会。这次隗先生终于与会，这也是他第一次到广东参加学术会议。我与刘望龄跟他朝夕相随，谈了很多，这是我与隗先生第一次在广东相遇，不仅让我了解到隗先生研究和工作的情况，也使他对广东有个初步的印象，度过了很有意义的几天时光，但使我终生遗憾的是因为我忙于会务，会后送客难抽出身来安排他到中山大学为师生做学术报告。会后会务组安排隗先生住广州市黄华路中共广东省委党校招待所，条件很差。当他离广州返回成都时，我赶到住宿地送他，问他昨晚休息好了没有？他说："昨晚没有睡好，广州的气候不好受，以后不来广州了。"我听后，很不是滋味，没有照顾好老友，使他生气了。其实他不是生气，是在朋友面前，诙谐幽默一番让你哭笑不得。我说："老隗，广州是个好地方，下次你还得要来。"隗公笑了，我也乐了。打这以后，将近10年我没有与隗先生见过面，但他每出版一部书，他都题签，由何一民教授寄赠给我，我有什么著作出版也敬赠给他，向他请教，所以我们虽未相见，但心相连，相互间的情况通过各自的学生也略有所闻。2005年9月，为庆祝章开沅先生八十华诞，隗先生通过冯祖贻研究员约我一同前往武汉华中师范大学为章先生祝寿。这三天，我与隗先生朝夕相处，一起登上会场的高处发表我们对章先生的赞颂之词，一起畅游武汉名胜古迹，体味武汉这座历史名城、英雄城市的韵味，一路高谈阔论，有说有笑，并合影了不少照片。当时隗先生给我的印象依然是豪爽，体态如常，虽步履稍缓，但精神颇佳，没有任何病态，原以为他身体康健，长寿无碍。殊不知仅过去一年，2006年11月，我在长沙湖南师范大学开学术讨论会时，鲜于浩教授对我说："隗先生重病住院，现已回家休养，情况不好。"听到这个消息，我的心情一下沉重了很多，我无言以对，只好默默地期盼隗先生的身体早日康复。可是只过了两个月，不幸的消息传来，隗先生走了，实在可惜。时间是最大的杀手，隗先生无力争取更多的时间就匆匆地离开人间。他的离开留下许多遗憾，因为他未能亲眼看到呈现在他面前的，他为之奋斗一生的新中国成立六十周年庆典。但可以告慰隗先生的是，他的家乡四川和由他开辟的四川地方史研究、城市史研究已大放异彩。隗先生的逝世，使四川大学失去了一位杰出的学者，我失去了一位良师益友，中国学术界、教育界失去了一位杰出的学者、教育家，实在可惜！

谁都知道做学问同做其他事情一样，要想取得成功，离不开一定的条件。我在这里所讲的是主观条件，至于客观条件同样也很重要，但不是关键所在，暂不去讨论。隗瀛涛先生治学数十年取得可喜的成果，他成功的关键是什么？据我的了解，智慧、勤奋与知不足是隗先生学术成功的三大法宝。

隗先生的智慧，在了解他的人中有口皆碑。他非常善于思考，也能很好地捕捉学术的新课题。他治史的目的不是为了过去，而是为了现在，尤其是为了未来，所以他的思想有深度，有远见。他悟性很强，一旦当他察觉到研究课题的深远意义，他就锲而不舍，勇猛追寻，正因如此，他的研究课题总能扣紧时代，贴近社会，想人民之所想，他绝不干那些所谓抽象的、脱离现实的、后现代的课题。作为一个学者，要做到这一点很不容易。这跟他的出身和经历有关。隗先生常说的话是"知识分子要夹着尾巴做人""只有自觉才能主动，才能生存，才能前进"。他说，他40余年的学术生涯，走的是一条相当艰难的探索之路。他不满足于已有的成果，不愿人云亦云，但也不是人云他就不云。所以，他重视学习继承，更重视开拓创新。隗先生重视对马克思主义、毛泽东思想的学习，保持清醒的头脑，坚持近代中国"落后挨打"的观点，弄清楚近代中国历史的主题和未来发展的方向，所以他做的研究都是国家哲学社会科学的重点课题，这充分显示隗先生的智慧和力量。

隗先生在《四川保路运动史》一书的"前言"中说：

1959年6月13日，本书作者参加了老革命家、辛亥四川起义的参加者和领导者吴玉章在四川召集的研究辛亥革命史座谈会。在这次会议上，吴玉章同志曾详细地介绍了辛亥革命在四川的情况，指出："辛亥革命时期四川最突出的事件就是保路运动。这个运动对辛亥革命起了巨大的作用。这次运动的特点是群众性的，动的面很广，政治性强，一开始就是反对帝国主义的。说明人民有力量来办铁路。"他希望史学工作者尽快地把这段历史整理研究出来。

当时的隗先生还很年轻，但他经吴玉章先生一点拨，就立刻明白做"保路运动"研究对于辛亥革命、对于四川地方史研究的重要性，便立即开始对四川保路运动史资料的收集和研究工作。由于

1966年开始的"文化大革命"十年灾难，他虽一度停止四川保路运动史的研究，但他一直没有放弃，当他完成由章开沅、林增平教授主编的《辛亥革命史》编写工作，就立即重操旧业，将四川保路运动史研究继续进行下去，并写出中国第一部《四川保路运动史》专著（四川人民出版社1981年版），收到很好的效果。1985年11月，四川省社会科学院出版社又出版了由隗先生和李有明、李润苍先生主编的《四川近代史》；1990年4月，四川人民出版社又出版了隗先生及其指导的研究生合著的《四川近代史稿》；1991年9月成都出版社又出版他主编的《辛亥革命与四川社会》一书，从而奠定了隗先生在四川地方史研究中不可动摇的地位，取得了全面性的四川地方史研究的丰硕成果。这些都说明隗先生是一位具有深邃思想和学术敏感性的学者。

隗先生具有远见卓识的另一个表现是在中国改革开放后选择了城市史作为研究重点。改革开放的历史大环境给我们史学界提出许多新课题，凡是跟东西方社会转型、现代化相关的许多课题和著作都浮现出来。在这个情况下，隗先生意识到近代中国的城市史研究是一个有重大学术价值和现实意义的课题。因为工业化、城市化是西方社会发展的模式，中国的现代化又将是沿着一条什么样的路径发展，中国的经济建设必将带来社会的变迁，其城市建设又将会给中国带来一些怎样的问题，故他选择重庆城市史研究，作为他开展城市史研究的探路，并与上海、天津、武汉的有关学者一道投入我国近代城市史研究的理论和方法建构工作，并于1989年在四川大学成立城市史研究中心，使四川大学成为我国近代城市史研究的基地之一。隗先生带领四川大学的研究人员先后出版了《近代重庆城市史》《中国近代不同类型城市综合研究》等一批具有开拓性的研究成果，并培养了一批学有专长的优秀人才。隗先生的近代中国城市史研究，为我国初步形成具有中国特色的近代中国城市史研究的理论和方法做出了贡献。城市史研究是现代化研究的主要内容，中国现代化，首先是要城市现代化，所以城市的现代化研究担负着重要的指标性效益。研究近代中国城市史是一项重要的世纪工程。隗先生的研究具有开创性意义：为当今中国的城市化建设建言献策，提出了城市的地区性、民族性与世界性如何结合发展等许多可资借鉴和启示性的意见，发挥了历史如何与现实相结合以解决理论与方法问题的示范作用。

作为一个学者，思想和智慧固然是成功的重要条件，但勤奋也不可缺少。站在学术前沿，掌握学术潮流，充分发现学术的价值，如果没有超前的智慧是不可思议的，但仅有智慧没有勤奋，也不可能有所成就。隗先生的成功就是因为他能将两者紧密结合起来。隗先生中年以后，身兼四川大学副校长、四川省文史馆馆长，以及冠以各种学术机构和团体的头衔，说他很忙是真的，但他忙而不乱，怎样忙碌也不放弃学术，而且对于担任行政领导，诚如他自己说的"一上台就想下台"，说明隗先生是以学术作为他的终身事业。最使我感动的是隗先生具有"要实现振兴中华的伟业，首先必须振奋中华民族的人心"的高尚情操和爱国情怀，在"文化大革命"这场浩劫过后，他就立志做拯救人心的工作。在1979年至1983年间，他以中国近代史为"教材"，运用他的口才魅力，对四川省的学生和青少年进行爱国主义教育。他走出校门，深入社会向青年学生、机关干部、部队官兵、厂矿职工、科研人员宣讲中国近代史共130多场次，直接听众达10万多人。这是了不起的历史功绩，是隗先生不辞辛劳，将自己的爱国精神与时代和现实结合起来，加促中国社会文明进步的具体行动。

谦虚不仅是一种美德，也是激励自己进步的一种动力。当今社会充满竞争和功利，养成学人张扬和炫耀的风气。有一些人出版一本书或写一篇文章其实没有那么好，但一定要写上什么"创新""填补空白"之类显耀字眼，尽力夸大其所谓贡献，以便争得各类头衔和各种资源，因而败坏了学风，丢掉了人格。剽窃行为，累禁不止；低劣作品，粉墨登场。文化市场变成了营私舞弊、争夺财富的商场。许多学人都对这种风气痛恨不已，但也无可奈何！然而，隗先生则不一样，他光明磊落，敢讲真话、实话，绝不护短，也不张扬，坚持实事求是。他对他的著作是好就说好，不好或有不足也不避讳，这是智者、勇者才敢为的，从而也凸显了隗先生的人格和道德。比如，他在撰著的《四川保路运动史》"前言"中写道：由于写作的时间仓促，错误和缺点不少。若干年以后，他回顾当时写作本书时的情景，又指出：本书虽是我国最早出版的一部论述这一历史事件的专著，曾获得四川省哲学社会科学优秀成果二等奖。但因它出世在中国共产党十一届三中全会召开后不久的八十年代初期，具有明显的时代局限性。他概括有三点不足：一是史料不够充实，内容不丰满，有些问题没能发现，更没有展开与深化；二是有"左"的影响存在，"以阶级斗争为纲"的影响比较明显，对思想文化领域涉足甚浅，对清王朝的"新政"等问题缺少客观评价；三是错字、漏字、文字错乱之处不少，从许多方面看，《四川保路运动史》是不成熟的。又比如他对自己主编的《四川近代史》也指出，本书基本上以政治斗争史为主要内容，未能更好地反映四川近代社会发展的各个侧面与层面，也不利于对政治斗争史认识的深入研究；他还指出，本书的框架与内容新意不够。在隗先生主编的《近代重庆城市史》"前言"中，他也强调："近代城市史研究在我国还是一个新的研究领域。理论、资料的准备均嫌不足，其多学科相交叉的特点更增加了研究的艰巨性。我们凭着一点探索热情，边干边学，在工作中随时有重任在肩又有力不从心之感。如果这本书能成为我国近代城市史研究之路上的一颗最初掷下的铺路石子，我们将感到无限的满足。"说得太好了。这不是隗先生的过分谦恭，而是他治学精神的具体表现，有了这种精神就能精益求精，不断进步。这是一种负责任的精神，也是隗先生在学术上永不停步、不断进取的表现。我认为，隗先生在学术上能获取重大成就，知不足是一个重要原因。他无私，所以无畏，他为了求真理而献身学术，为了学术他可以献出一切，所以在学术的道路上，他是永不知足的探索者。他对人民负责，对学术负责，力求做到最好，这是极可贵的品质。

总之，隗瀛涛先生的学海人生给我们许多有益的启示，我为之感动。他为学术、为教育事业鞠躬尽瘁，死而后已，他的品质和对民族的奉献为我们树立了价值典范。作为一名历史学者，应该做些什么？又应该如何做？隗先生是一面旗帜，是我们的楷模，我们应以隗先生为榜样，传承他的精神，学习他为学术献身、为民族奉献的品质，将我们的国家和社会建设得更加美好，为人类做出新的贡献，让人民过上幸福、美满的生活。这是我们缅怀和纪念隗先生的意义所在。

（四）怀念为学术鞠躬尽瘁的吴雁南先生

吴雁南教授是一位为学术鞠躬尽瘁、死而后已的著名学者、教育家。他治学勤奋，兴趣广泛，著作颇丰。2003年8月，贵州教育出版社出版的《吴雁南文集》共6卷，分别为第1卷"太平天国研究"、第2卷"辛亥革命研究"、第3卷"中国社会思潮研究"、第4卷"儒学与中国社会"、第5卷"教育教学·社会主义"、第6卷"序·书评·其他"等，共200多万字；他的撰著有《孙中山与辛亥革命》等9种，共131多万字；主编《辛亥革命史》中册、《中国近代史纲》上下册、《中国近代社会思潮》（4卷）等共14种40册，总共1200多万字。吴先生为中国历史、中国文化留下那么多著作，可见他的辛勤与执着精神。

2001年8月18日凌晨，吴先生与世长辞，此时他刚走完72岁生命的历程，年纪不算很大。尽管他真正做到了鞠躬尽瘁，死而后已，但毕竟还是走得太快太早。吴雁南先生不该走得如此快、如此早，因为还有许多工作等着他去做，如果他能多活10年、20年，会留下更多成果，可是上帝不让他活下去，他就这样遗憾地离开了这个世界，真的有点不公平。只要我想起这些，就忍不住要流泪。老吴作为著名学者，是我的前辈，他为人谦和、忠厚，治学认真、执着，他的知识宏富、视野宽阔。他是我的老朋友，也是我无比信赖的良师益友，只要我们在一起，就谈学术，谈教书育人，谈做学问，说古论今，展望未来，无拘无束，其乐融融。他离开我们20年了，但他的书生笑貌、学者风范，随时浮现在我的眼前，引发我深切的哀痛与怀念。

20世纪70年代前，我与老吴都在北京工作，他在人民教育出版社，我在中国科学院哲学社会科学部民族研究所。老吴当时已是小有名气的中年学者，编辑历史教科书；我则是一名无人知晓的实习研究员。那时，我已知道吴雁南的大名，他则不知道北京当时有一个叫林家有的青年。"文化大革命"结束后，他到了贵阳师范学院（后改名贵州师范大学）教中国近代史，我也到广州中山大学做了一名中国近代史的教师，因为我们都在教育战线同一个行当中工作，所以算是一个战壕里的战友，后来见面多了，了解也就深了。

我与老吴相识，那是1976年11月的事了。当时他和我都参加了由章开沅、林增平先生主编的《辛亥革命史》编委会在湖南长沙的会议，我和老吴交上了朋友。后来跟《辛亥革命史》编写组的同仁在成都、郑州开会时，在北京、武汉、广州、贵阳、黔东南、中山各地参加关于孙中山、辛亥革命史的各种研讨会和学术活动时，我都紧跟老吴之后，与他有说有笑，有学术上的请教，也有对各自经历的回顾，有对"文化大革命"的恐惧，也有对离京后生活的陈述。此后，我们见面的机会渐多，老吴曾两次邀请我到贵州师范大学进行学术交流，他也应我的邀请多次到广州中山大学参加学术会议。我到贵阳，每次老吴都亲自到机场或车站迎接，令我非常感动。有一次老吴到贵阳市旧机场（即原磊庄机场）接我，此时他已是贵州师范大学的校长了，可他没有用学校的公车，而是乘坐民航的班车花了一个多小时到了机场，又经历一个多小时回到贵阳民航售票处，再转公共汽车到贵州师大他的府上，整整花费一个上午的时间。我实在过意不去，连声道谢，老吴则说："不用谢。"接着他又说："贵州师大条件有限，我今天没有要学校派车接你，我是想带个头，不解决贵州师大教授的用车，学校领导不能用车。"听后，我愕然了，神州大地上还有这样好的大学校长！为官不为己，老吴真是好官一个。这次到了老吴府上，雁南先生的夫人何正清老师已为我准备好了午餐，我非常感谢何老师的热情款待。老吴和何老师在席间不断地给我碗里夹菜，还问我是否习惯贵州菜。我连声道谢，并说："1964年冬至1965年夏天，我曾在贵州晴隆县搞过'四清'，贵州菜已习惯了。"老吴与何老师点头，老吴说："那就好。"饭后，我曾问老吴："不解决教授用车，校长暂不用车，您的想法很好，恐难以办到。"老吴说："是有困难，但我是一校之长，教授办公事没有公车用，我怎么心安？如果我进出校门都坐校车，人家会怎么服你？"事后，我多次跟朋友说过，吴雁南先生是个大好人，他有谦谦君子儒雅之风，处处为学校教授设想，为贵州师大发展着想，关于学校教授用车的决定用心良苦，但结果肯定不佳，后来被我不意言中。

老吴培养的研究生很多，他对研究生关怀备至，循循善诱。他将教书与教人、导师与导向结合起来。他在讲台上讲的是知识、智慧和力量，在讲台下对学生灌输的是奉献、立志和立诚。老吴对自己的要求则是严格苛刻，不知索取，身教和言传相结合，达到对学生的心灵磨炼。老吴对学生研究能力的培养是通过协助他们做具体项目。他培养的学生相当优秀，有的在出版界、宣传部门挑重担；有的取得博士学位成为教育战线的骨干，其中有在国内高校当教授的，也有出国当教师的。我每次到贵州开学术会议都会到师大老吴府上，拜访他和何正清老师，每次都见到他的学生在他家里自由自在，像一家人一样。老吴和何正清老师待学生亲如儿女，成为学界流传的佳话。老吴的学生到了广州，总会到中山大学近代中国研究中心看我，带来老吴和何老师的问候，有时还带来贵州的蜡染棉布字幅及其他。在言谈之中，老吴的学生对老师和师母都万分崇敬，谈到高兴时总会流露出感激之情。

老吴的知识渊博，兴趣广泛，研究的范围很广，他对经学、儒学、理学、中国近代农民战争、辛亥革命史、中国近代政治史、中国近代社会思潮史都有研究。老吴每出版一部书都赠送给我，并亲自题签"赠家有兄，指教"。老吴的著作多数我都读过，但说得上认真读过的只有两部，一是老吴主编的《中国近代史纲》，由福建人民出版社1982年分上下册出版。我曾为此书写过一篇书评——《中国近代史教育的好教材——读吴雁南主编〈中国近代史纲〉》（《贵州社会科学》1984年第4期）。《中国近代史纲》坚持历史唯物主义和实事求是的科学态度，按照毛泽东"帝国主义侵略中国，反对中国独立，反对中国发展资本主义的历史，就是中国的近代史"的指示，围绕资本帝国主义对中国的侵略和中国各族人民反对资本帝国主义侵略、反对封建主义反动统治的斗争为历史主线，采用夹叙夹议、史论结合的方法，从纷繁复杂的历史现象中找到近代中国历史发展的线索，总结了中国要独立，就必须反对帝国主义及其"走狗"在中国的统治，从帝国主义的蹂躏下解放出来，实现国家的繁荣富强，独立于世界民族之林的历史经验。《中国近代史纲》评价近代中国的重要人物和事件，都能放到当时的历史条件下具体考察，而不是简单地全盘肯定，也不是轻易地全部否定。对于促进中华民族的团结、统一、进步和发展，维护祖国的独立统一的爱国人士和行动，以及一切新生的进步的经济形态和力量，《中国近代史纲》均持肯定和赞扬态度；相反则持否定和批评态度。同时，《中国近代史纲》对近代中国哲学中的进化论思想、史学和文化、科学技术都有介绍，就中国近代文化领域内新学与旧学、西学与中学之间斗争的叙述，从哲学、史学和文学等许多方面分析了资产阶级的新学对封建主义的旧学斗争所取得的成就，及其在近代中国所起到的进步作用。由此便深刻地反映了该书主编吴雁南教授的历史唯物主义立场，他的所爱和所憎，他支持什么、反对什么，毫不含糊。这是一位成熟的历史学家所主编的一部具有鲜明时代特色和家国情怀的历史教科书，书中凝聚了老吴的智慧和才华。我非常敬佩老吴对学术的执著追求和勤奋。我认真阅读吴雁南先生参与主编的另一部巨著是《中国近代社会思潮》。该书由吴雁南先生与冯祖贻、苏中立、郭汉民教授共同主编，成书分四卷，1998年由湖南教育出版社出版。这是吴先生晚年主编的最有代表性的学术巨著。诚如著名历史学家戴逸先生在本书的序言中所说，本书"规模宏大，内容丰富，囊括了近代的主流思潮与非主流思潮。观点明确，资料丰富，分析深入，表述清晰。书中创新之处颇多，是学术界的一部力作"。为此，老吴付出的精力和心血可想而知。读罢这部巨著，我感慨万千，为述心中所想，我又写了一篇书评，以《中国近代社会思潮研究的新成果——读吴雁南等主编〈中国近代社会思潮〉》为题，发表在1999年1月24日的《深圳特区报》。

老吴指导那么多研究生，撰写那么多书，又有许多公务和学术活动，他实在太累了。他的身体本来就不是太好，可他总以为自己的身体没有问题，我每次跟他见面都问起他身体如何，他总是说没有问题。可是1998年在北京大学参加"戊戌维新国际学术讨论会"时，我发现他精力不佳，经常吃些洋参片解困，我便提醒他要注意劳逸结合，要注意补充营养，可他还是平淡地生活，超负荷地工作，以至很快病倒了。1999年秋，吴先生被确诊了肺癌，住进医院，当我得知他得了肺癌住院手术治疗的情况后，我曾对我的同事说："吴雁南先生累垮了。"2001年8月18日，当我得知吴先生不幸病逝的噩耗后，久久不能自己。我为学术界失去一位将一生无私奉献给学术的著名学者而悲惜万分，我久立不能言语。我回忆起我们之间的许多往事。往者逝矣，老吴作古，我们这些还活着的人只能寄予哀思，缅怀他的功劳，激励自己。当我得知吴先生逝世时，18日晚上我便向何正清老师打电话问个究竟，并请何老师节哀珍重。第二天一早，我便给贵州师大传真我写的悼文。我为失去一位多年深交的朋友而哭泣，而惋惜，也为老吴为学术界、为教育界所做出的杰出贡献而自豪。

在我们长达二十多年的相识中，我深刻地感受到老吴人格崇高、无私、无畏，他为人真挚、诚信、谦和、忠厚与热情。他为官不像官，没有官架子，没有盛气凌人。他做学问非常执着，非常认真。他才思敏捷，考虑问题周全细致。他善于与人结交，但绝无结伴为私，真是一位人格崇高且善良的老实人，与他交朋友你尽可放心。

老吴，对我的启迪是他对事业的忠诚，对名利思想的离弃，对国家、人民的敬佩和全心全意的服务精神，以及对培养人才的奉献。我崇敬老吴，赞美老吴，因为我了解他。每个人的人生都有许多故事，人无完人，人的确不可能完满，但只要他将其主要精力无私无悔地奉献给国家、民族和人民，就是活得有意义，就是杰出人士，也可称为伟大的公民，为此，人民也应该崇敬他、褒扬他、缅怀他、纪念他。

老吴，无私无憾地走尽了他的人生，他走过的路很艰辛，从他的人生大道的记录中得知，他留下的是很长很长的历史见证、很深很深的教诲，是他辉煌的业绩与无穷的启迪。我们要永恒地怀念他，并向他致敬。

总之，我赞美老吴，不是为了我，更不是为了他，而是尽我一个历史工作者的良知，将我对他所知的点滴情况告诉国人，让人们去追寻他的过去，品味他的人生，立志为创造更加伟大的、美好的、光辉的、幸福的祖国的未来而奋斗。

（五）我很佩服张岂之先生的智慧和对事业的忠诚

张岂之先生曾是西北大学的校长，现今是西北大学的荣誉校长，在我国具有大学荣誉校长头衔的人不多见。

张先生本科在北京大学读哲学，后到清华大学哲学系读研究生。1952年到西北大学从事历史教学。他长期从事中国思想史、哲学史和文化史研究，是我国少数能贯通中国古今历史，对中国思想史、学术史、传统文化、宋明理学、教育史等都有突出贡献的学者。

20世纪50年代至60年代，张岂之先生协助中国科学院哲学社会科学部历史研究所侯外庐先生整理《中国思想通史》1—4卷，后来又同侯外庐、邱汉生先生共同主编了《宋明理学史》（上下册）。20世纪80年代中期至21世纪初，他主编或自著的著作有《中国思想史》、《中国历史大辞典·思想史卷》、《中国儒学思想史》、《中国传统文化》、《中国近代伦理思想的变迁》、《中国近代史学学术史》、《陕西通史·思想史卷》、《中国历史》（六卷本）、《环境哲学前沿》、《顾炎武》、《儒学·理学·实学·新学》、《春鸟集》、《中华人文精神》、《中国历史十五讲》、《中国思想学说史》、《张岂之教授与研究生论学书信选》、《张岂之先生随笔》等，他还主编历史教科书多种。其中，张先生的《宋明理学史》《中国近代伦理思想的变迁》《中国近代史学学术史》《春鸟集》《张岂之教授与研究生论学书信选》《张岂之先生随笔》等，他都题签并由他的学生寄给我或亲自惠赠给我。我这个人不算太懒，但因为张先生的书包含的内容广泛，而且那些中国古代思想史、宋明理学史等与我的专业不同，我很少认真拜读，但泛读则常有。我认真拜读过张先生的《中国近代伦理思想的变迁》，并在我的文章中多次引用。他1997年10月23日送给我的《春鸟集》我不仅认真读过一次，而且多次拜读。《张岂之教授与研究生论学书信选》和《张岂之先生随笔》我也精读多次。张先生主编的《中国历史》中的"晚清民国卷"（本卷主编陈振江、江沛），我不仅认真阅读，而且还写过一篇《观念的更新与教材的建设——〈中国历史〉晚清卷教材出版的启示》文章，参加2006年6月由香港浸会大学、香港中国历史学会、香港树仁学院联合举办的"廿一世纪华人社会的历史教育"研讨会，文章重点是说明张先生主编的《中国历史·晚清民国卷》此书的安排与其他中国近代史教材不同，记录了从1840年鸦片战争清王朝被迫开放、1912年孙中山领导辛亥革命开建中华民国至1949年国民党南京国民政府崩溃退守台湾的历史。此书的高明之处在于观念的更新，对于国民党退守台湾后"民国政府"的政权性质不明说，让读者去理论，而且对毛泽东主席关于中国近代史反帝反封建斗争的两个过程的解读也不同，是从事件的发生、结果和影响去解读，让读者、学生去思考，特色明显。

我们这些做中国近现代史研究和教学的人，往往不懂得中国古代史，而做中国古代史研究和教学的人，又往往不懂中国的近现代史，这样治史局限很大，有些所谓"外来"的思想和观念与中国古代的某种思想的关系如何，后来又如何演变，中外思想和文化如何交融、冲突都讲不清，我曾对中国社会科学院历史所的林甘泉先生说过："现在从事史学研究的人，能贯通古今中国学术史和思想史的学者，中国只有您和张岂之先生。"这两位先生既做中国古代思想史、学术史研究，又做中国近现代思想史、学术史研究，读这两位先生的著作，你会得到许多学术渊源及其发展变化的启迪。

我与张先生相识是在"文化大革命"期间的1967年。当时张先生在中国科学院哲学社会科学部历史研究所协助侯外庐先生整理《中国思想通史》，与我的师兄黄宣民、同学卢钟锋同在历史所思想史研究室，我当时在中国科学院哲学社会科学部民族研究所历史研究室当实习研究员，那个时期学术已经中断，学部和各研究所都在"闹革命"，大字报贴满各单位办公楼的楼里楼外，还辟有大字报栏让大家贴大字报，想骂谁就骂谁，想批判谁就批判谁，自由倒是蛮自由，但也有的人借此发私愤。总之，当时知识分子斯文扫地，道德伦理全无。有一次我去哲学社会科学部（北京建国门内大街五号）找黄宣民师兄聊天，而张先生则先于我在黄宣民宿舍与黄宣民在闲聊。当时张先生和宣民兄的家属都不在北京，这次我们3人便在黄宣民宿舍点起煤油炉，宣民兄到外面弄来点苦瓜、辣椒、豆豉做了道菜，然后到哲学社会科学部食堂买来几个馒头作为午餐。我们便边吃边聊，但不聊政治，也不谈学术，只是胡说一通，发泄一下情绪而已。当时的张先生也不像后来的张先生那样彬彬有礼，他当时像个潦倒的书生，因为侯外庐先生挨批斗，张先生也吃过苦头，但他不为此说三道四，而我是个不务正业、也不热心当时"革命"的人，也没有什么辫子可以为人作弄，想说什么就说什么，天不怕，地不怕，就怕不发工资，无法维持家计。就这样，我与张先生相识相知，我暗中同情他当时的遭遇，也钦敬他的事业心，孤身一人，由西安到北京陪伴恩师侯外庐先生遭受批判。

后来，我退守广州，张先生撤回西安，各就各位，做起自己原来喜欢做的教书、研究工作，虽舞文弄墨，编书作文，但都是枯燥无味的文字工作。后来由于改革开放春天的到来，我们迎来了一片新的天地，张先生由系主任、副校长至校长，步步高升，但他不改人文学人的本性，做事认真，本事高强，待人亲切和蔼。从20世纪80年代中期到世纪末，由于学术会议频开，我们见面的机遇也多了起来，只要见面张先生总是问我身体如何，工作如何，他关怀我的工作、学术、身体，在学术方面常给我一些启导和指引。

记得1986年，孙中山先生诞辰120周年，中央政府决定隆重纪念孙中山，在广州中山大学和孙中山的家乡中山市举行"孙中山与他的时代"国际学术研讨会。为评审论文，会议筹备委员会成立了一个评审论文小组，由胡绳、刘大年先生领衔，金冲及、章开沅、林增平、李文海、李侃、张岂之、汤志钧、李时岳、龚书铎、陈旭麓、汪敬虞、胡绳武、黄彦、李宗一和我等为小组成员，住在北京长安街京西宾馆评审论文。但有的先生因公或别的原因无法参加评审论文，只是挂个名，我与张先生则从始至终参加。与张先生朝夕相见，除了谈评选的论文，有时也谈论学术和教学上的事。自那年

11月一起在中山大学和中山市参加研讨会，与张先生交流便日益多了起来。他1984年便晋升教授，并被国务院学术委员会批准为博士生指导教师，1994年他又成为清华大学特聘教授。我则比张先生晚10年升教授，1994年夏，我在广西南宁参加"雷沛鸿教育思想研讨会"，突然接到中山大学历史系领导通知要我立即赶回学校有急事要办，但不讲是什么事，回到学校才知道是学校要我、蔡鸿生、桑兵教授向国务院学术委员会申报招收博士生资格，我原来没有打算申请，后来遵命递上申请表，当时张岂之先生已是国务院学术委员会历史组的成员并参加评审，据说，我当时只差一票，未能通过。本系姜伯勤教授也是评审委员，当他回校时，张岂之先生请姜老师给我带回张先生写的简单条子："家有同志，请保重身体——张岂之。"我明白张先生的意思，他生怕我因为没有评上博士生导师而发怒生气闹出病来，但我对这些名与利的东西，抱着无所谓的态度，更不会生气。据说，在这次评审博士生导师会议投票后，戴逸先生说了一句话"历史组对博士生导师要求太严"。第二年（1995年）博士生导师的评审权下放到省及有关学校，我即通过评审成为博士生导师。1996年我开始招博士生，有郭凡、曹天忠、赵立彬、郭华清，我叫曹天忠等拜张岂之先生为师，多向张先生请教。曹天忠1997年10月还到西北大学参加张先生举办的培训班，真正成为张先生的学生。

2000年11月，我请张先生来中山大学参加陈胜粦先生和我的博士生答辩，张先生来中大后，我得以与张先生朝夕相处，听他的教导，尤其是在对学生的培养方面得他的指导很多。在博士生答辩时，我对某答辩学生说狠话，说他书生气十足，做论文不认真。张先生则提醒我，"老林，对学生不能这样说话"，还是要认真地教育和指导。

2004年7月16日，为纪念中山大学、黄埔军校建校80周年，我们与广州市革命历史博物馆共同筹备举办"孙中山与世界"国际学术研讨会，我请张先生与会为会议造势、增光，张先生来了，这次会议邀请国内章开沅、张岂之、龚书铎、魏宏运、张磊等许多先生与会，台湾的蒋永敬、胡春惠等，以及日本的狭间直树、法国的巴斯蒂等教授也来了，规模将近200人，住宿在广州美丽的东湖宾馆。会议开得很成功。张岂之先生在开幕式上作了精彩的发言，他指出：中山大学的孙中山研究经过三代人的共同努力，做出了很大成绩，成为国内外孙中山研究的重镇。接着他讲述中国和平崛起，中国永不称霸。他说，"孙中山与世界"国际研讨会，既有历史感，又有时代感。此后几年，张先生不断南来，比如2007年11月，张先生应广东炎黄文化研究会邀请来广州参加活动，11月20日晚应中山大学李萍副校长邀请向中山大学师生作了题为"我对中华文化的体验"讲演，中山大学怀士堂座无虚席。他讲了近代以来学术界对中华文化的不同诠释，中华文化逐渐由边缘走向中心，以及中华文化能给我们以力量，但中华文化不能代替世界文明，要广泛吸收人类文明成果，促进中华文化的进步发展。张先生说："我不是国学大师，我只是一个从事人文学科研究的人文学者、人文学人。"并表示，他不是新儒家，也不是新道家，只是一位研究人文的学人。这表现了张先生从不张扬自己、谦虚务实的优良品格。

2008年11月22日，张岂之先生参加中华炎黄文化研究会、广东炎黄文化研究会在暨南大学举办的"中华文化与和谐世界建设"研讨会，在大会开幕式上他第一次提出"清明节是中华民族的感恩节"的概念，受到与会者的普遍认同。在此前的11月16日，中山大学副校长、人文学院院长陈春声教授在广州簪香馆貂蝉厅宴请张岂之先生，陈春声、张荣芳、刘志伟、曹天忠与我陪同。在宴会中，我们无拘无束、天南地北地侃了起来，还一起合影留念，真如恩师与学生一样的交谈，令我记忆犹新。

后来张岂之先生还应中共广州市委宣传部、广州市社会科学联合会的邀请为广州市政各级机关的干部作题为"中国传统文化与现代社会建设"的演讲，这次演讲地点在广州麓湖公园艺术馆演讲厅，全场座无虚席，原先他不知道我也去听讲，待他讲完，我与郭凡到讲台上与他见面，他说："家有同志，你怎么也来了。"我说："郭凡告知我，您应邀来讲演，我不能不来领教。"张先生笑了，并约我们一起在演讲台合影留念。

最让我难忘的是2010年4月3—5日，张岂之先生给我写信并寄来邀请函，邀请中山大学的张荣芳教授和我，还有广东省社科院的黄明同研究员一起赴西安市参加"清明·感恩与社会和谐"学术研讨会。到了西安的当晚，在西北大学宴请与会的学者中，我见到了张先生的大批学生，不少已经是陕西省的高官以及西北大学的校座，使我非常震撼和惊喜，西北大学在人才培养方面对陕西省乃至对西北地区的建设都有非常巨大的贡献。会议期间，会议组织者还组织与会的海峡两岸与香港、澳门的学者赴黄陵参加祭奠黄帝的大典，数千人等待在黄陵大门外进场，然后举行祭拜仪式，我第一次经历这样隆重的祭拜先人的场面，那时刻作为一位中华民族的黄帝后裔真有一种巨大的自豪感。仪式过后，我与张荣芳参观黄陵的古建筑、陵墓，以及千年古树，感慨万千！

散会后的晚宴，由中共陕西省委和陕西省人民政府主办，来自世界各地和海峡两岸，以及香港、澳门地区的炎黄子孙1000多人在西安大唐芙蓉园御宴宫举行"庚寅年清明公祭轩辕黄帝典礼活动"招待会。我被安排在第6桌，100多桌的宴会，我也是第一次经历。张岂之先生被安排在主席桌，与陕西省、西安市各级官员和世界各地华裔头面人物一起，但他在那座位上坐上一阵子便走到我与张荣芳的席上坐下，与我们同吃同聊。我说："张先生您应回到原来的位置上与他们在一起。"他说："还是与学者朋友一起自由"。这表明张先生的为人作风。

多年来，我与张先生的交往频繁，我们已建立起亦师亦友的亲密关系。记得，张先生在1994年被聘为清华大学教授后，他住在清华大学西南区一栋陈旧的住宅楼，两间房子一北一南，有厨房厕所，我曾两次到清华拜访张先生，时间记不住了，但两次都是冬天，一次是与曹天忠一起去的，到了张先生的住地，曹天忠没有吃早餐，打开张先生的冰箱拿起饼干就吃起来，后来张先生请我俩到清华外的小饭馆吃午餐。那时很冷，张先生看我没有围巾，便将他的围巾套在我的脖子上，并说："冷坏喉咙，手尾很长，必须保护好。"另一次是中山大学近代中国研究中心申报国家教委重点学科，我与陈春声、刘志伟、桑兵到北京拜访林甘泉、李文海、张岂之诸位先生，因为他们是国务院学科委员会的评审委员。具体时间我记不得了，也是下雪的冬天，我们走在清华大学校园的雪地上，到处白皑皑的，冷到挺难受，桑兵说："我曾想到清华工作，但北京太冷了，不能来。"到了张先生的宿舍，因为人多，连坐的地方都没有，我们只好站着说明来意，喝杯茶水就离开了。张先生这次到清华任职，又是孤身独行，我对他的事业心非常敬佩。他说："他的高龄家母在北京，他来北京也是为了孝敬家母。"

张先生对研究生的培养工作十分重视，在《张岂之教授与研究生论学书信选》的数十封信中，小到有对学生论文修改的具体意见，大到包含对博士生培养的方法改革，甚至对于博士生的论文何时送审、送给谁审都有具体的指示。在1998年4月7日给方光华、谢阳举的一封信中，他说，"今年所里博士生论文答辩事，现在就要抓紧准备""4月25日将三份博士生稿送出和寄出，请专家们在5月25日前将评审意见（主要一条是否达到所申请学位的水平）寄回""聘请评审老师仍以西安地区的为主，如刘宝才、周伟洲、赵馥洁、彭树智、史老（指史念海）。还有谁？在北京方面，有：北师大龚书铎教授，南京大学历史系茅家琦教授，北京还有人民大学哲学系张立文教授（可审看肖永明同志论文）、李学勤教授（可审小武、小肖论文）、广州中山大学历史系林家有教授（可审看欧阳论文）"。欧阳军喜的论文《新文化运动与儒学》送来给我审读，还是张先生的意见，可见张先生对事情的认真。

《张岂之先生随笔》一书收有他《论对人的尊重》一文，他说："尊重人——说起来简单，可是要付诸实践并不容易。这不是形式问题，而与一个人的思想道德修养与工作作风密切相关。"他强调，"尊重人，首先要从内心深处真正感觉到普通劳动者和自己是平等的，大家为了一个共同的目标从事着不同的职业""尊重人——这是尊重'人'的人格""尊重人——必须平等待人，平等待人是尊重'人'的起码要求""平等待人不能以职务和级别为标准，更不能以金钱为依据"。他讲得很好，其实这完全是他个人行动的真实写照。

在我与张岂之先生的长期接触中，张先生不仅以他的学识教育人，更以他的人格、品德启导人。他的学问好，为人也好。所以，我非常尊敬他，并以他作为模范教育我的研究生。

2011年10月，"纪念辛亥革命100周年"国际学术研讨会在武汉举行，张岂之先生作为特邀代表与会。当他见到我即说："家有，这次为什么不写孙中山的论文，而写'中华民族自觉意识的形成'？"我说："我怕写孙中山论文的人多，故避开撞车。"他生怕我放弃孙中山的研究转而研究别的，他对我说："近代以来的中国没有一个人可以与孙中山相比，他的贡献实在重大。"我说："是的。实践证明孙中山不仅是杰出的民主革命家，也是中国近代化的先驱，是建设中国的第一个系统规划者。"张先生点头肯定。可他只参加第一天开幕式的会议和大会主题报告会，第二天就赶回了西安。晚上10时多，我已躺在床上休息了，张先生给我打电话。我拿起电话筒只"噢"了一声，他就抢着说"我是张岂之"，我说"张先生对不起，我已睡了"，我怕他约我出去晤谈，接着张先生说："我明天一早就回西安，给你电话告别。"并要我保重好身体。我实在有愧，因为我与张先生住在武汉东湖宾馆不同的楼房，距离20多分钟的路程，未能与张先生多谈、多请教，遗憾得很。

2014年12月30日，我给张先生寄赠我与张磊先生主编的《孙中山评传》，请他批评指正，因为是寒假，他两个月以后才收到我们的书。2015年3月8日，张先生给我亲笔来信，说我"敬业精神十分令人敬佩，笔耕不辍，过一段时间总有成果出版，而且研究的大主题不变，围绕孙中山与辛亥革命这个中心加以论述"。他还建议我就辛亥革命与五四运动的联系，以及孙中山与陈独秀的人际关系作比较研究，作为2019年五四运动一百年纪念。他还要我注意身体，心情愉快。最后落款"你的老朋友张岂之"。张先生数十年来对我的启迪，不管是做学问还是做人都很多，我很敬佩他，也非常感激他对我的爱护。

总之，张岂之先生对我的成长和进步有过很多很多的启迪，他对我的影响不仅是在学问方面，更重要的是做人，是修养和道德的引导，是对晚辈的提携和关爱。

（六）魏宏运先生的治史精神与道德品格是我学习的模范

魏宏运先生是陕西省西安市魏家寨人，1925年农历正月十八出生，2015年正好90高龄，但他仍笔耕不止，并时有著作出版，实在了不起。魏先生是我老师辈的著名历史学家，但他对晚辈学者关怀备至，他很儒雅、和蔼可亲，为我们这些后辈学者树立了学习榜样。可是2021年8月，魏先生96岁高龄辞世，告别了他为史学发展奋斗的一生。我无比钦佩和怀念魏先生。

据魏先生自述，他出生时"家境贫穷，衣不蔽体，饱受饥寒之苦"，但他家穷志不衰，从小养成爱读书，努力吸收新思想、新知识的习惯，从青少年起便自学艾思奇的《大众哲学》、潘梓年的《逻辑与逻辑学》、何干之的《中国的过去、现在与未来》与《中国社会史问题论战》，以及施存统、刘若诗译著的《辩证法浅说》等。从中学时代起，魏先生就树立了进步的历史观，向往革命，并重视对外语和汉语的学习，重视文史知识的积累，为他1946年考上辅仁大学奠定了基础。北京辅仁大学是私立大学，当时的校长是著名历史学家陈垣先生。魏先生在辅仁大学学习《论语》《孟子》《中庸》《大学》《书目问答》，以及"史学要籍介绍""中国断代史""西洋史"等内容，他也喜欢选读外文。因为辅仁大学是私立大学要交学费，为了免交学费，1948年暑假，魏先生便考取了天津南开大学历史学系。不到半年，天津解放了，1951年毕业后，魏先生因为品学兼优为名师看重，留在南开大学历史系当教师，至今已70多年。他说，开始时，他想研究世界史，因学校教学任务需要则安排他讲中国史。他曾以南明史作为研究对象，后来以中国现代史作为主攻方向，并成为闻名遐迩的中国现代史专家、中国现代学会名誉会长。他曾任南开大学历史系主任、国务院学位委员会学科评议组成员、天津历史学会会长、全国哲学社会科学基金评议组成员、香港学术评议局学科评议专家。

我认识魏宏运先生是在1979年11月6日，中山大学和广东历史学会等单位为纪念辛亥革命68周年，在广州举办"孙中山与辛亥革命"国际学术研讨会，我是会议的主要会务人员。这次会议的地点是在广州火车站对面的流花宾馆。会议邀请南开大学的林树惠先生与魏宏运先生与会。6日，魏先生与林先生由天津乘火车至广州到流花宾馆。当时的林树惠先生胖墩墩的，精神和身体都很好，魏先生略显消瘦，但精神矍铄，头发虽稀疏，但具有绅士风度。两位先生经过两天旅途劳顿已显疲惫之态，我安排两位先生住宿后便请他们休息。香港的企业家李绍基先生是魏先生的朋友，他得知魏先生来穗参加会议，特从香港赶来广州与魏先生会面，我便安排李绍基先生也住在流花宾馆，使魏、李二位能有机会多多聚谈。从那时起，我便认识了魏先生。

也就是在1979年，天津人民出版社出版魏宏运先生的《孙中山年谱》，我抢先购得此书阅读，以此得知魏先生与我同道，都在做孙中山研究。魏先生给我的初步印象是不爱多言，但为人谦逊和蔼，处事精细，行为沉稳。他喜爱思索，对问题的看法有自己的独到见解。他做事认真，具有学者型领导的潜质。随后，因为魏先生任南开大学历史系主任、国务院学位委员会学科评议组成员、全国哲学社会科学基金评议组成员，我对魏先生的了解也越来越多。1985年3月22—28日，中国孙中山研究会在河北省涿县举行"孙中山研究述评国际学术讨论会"，中山大学陈锡祺先生、段云章教授和我参加，而魏宏运先生也提交论文《孙中山民权主义研究述评》与会。这几天除了开会，还参观访问了古井、楼桑庙等地。古井是张飞的故乡，有古井遗址。楼桑有明代庙宇遗址，我边走边看，与魏先生交谈不多，但因魏先生与陈锡祺、贾亦斌、日本的山口一郎等先生常在一起交谈，而我陪伴在陈锡祺先生身后也时时听到他们交谈的内容。

记得，1995年12月，魏宏运先生赴澳门参加澳门中国哲学会举办的"综合文化观研讨会"途经广州，魏先生的学生李吉奎教授、张荣芳教授这些南开大学历史系的弟子将魏先生迎接到中山大学，安排他住在中山大学招待所。23日，魏先生由张荣芳、邱捷教授陪同在广州参观。24—25日，魏先生为中山大学历史学系本科生、研究生作题为"抗日战争研究中的诸问题"的学术报告，并与研究生座谈，我与桑兵、李吉奎、刘曼容及其他博士生参加座谈。26日，魏先生赴澳门与会。31日，魏先生回程广州，历史学系系主任陈胜粦又和张荣芳两位教授陪同魏先生到广州沙面原英法租界地参观，在白天鹅宾馆饮茶，欣赏广州的白鹅潭夜景。

此后，我与魏宏运先生的接触便越来越多。1998年10月24—26日，魏宏运先生与我都应章开沅、毛磊、田子渝先生的邀请赴武汉湖北大学参加"纪念武汉抗战暨中山舰遇难60周年国际学术研讨会"，并一起参观中山舰蒙难地武汉江夏区槐山矶石驳岸、槐山留云亭，还登上正在修复的中山舰，以及考察1927年武汉国民政府和八路军办事处等地，获益良多。

2004年5月，我和周兴樑教授为了出版"近现代中国政治与社会变迁丛书"，赴天津市西康路35号天津古籍出版社，商议丛书封面设计及出版等问题，得到该社社长刘文君、副社长任世江，以及编辑蔡世华等诸君的热情接待和照顾。刘文君女士是南开大学历史系毕业生，是魏先生的学生，为照顾魏宏运先生，特在南开大学校园内设宴欢迎我和周兴樑，刘文君社长特邀魏宏运先生及魏师母王黎女士做伴一起吃饭。就在这次宴会上，我向魏先生报告，2004年是孙中山亲自创办的广东大学（中山大学前身）和黄埔军校80周年，中山大学与广州市文化局准备开学术研讨会隆重纪念这两所学校创办80周年，为便于外国和内地学者与会，特定于暑假举行学术研讨会，暂定7月16日—19日在广州举行，题为"孙中山与世界"国际学术研讨会。我说，我和兴樑这次来天津有两个任务，一是请天津古籍出版社为应会议所需按时保质保量为我们出版"近现代中国政治与社会变迁丛书"（16种），二是当面请魏先生参加我们的研讨会，请给予支持。魏先生问夫人王黎女士去不去广州，我当面表示给予魏先生和王黎老师提供来往交通费和在广州的住宿、生活费，并请魏先生的学生邓丽兰作陪一起到广州。王黎老师当即表示愿陪魏先生一起到广州参加会议。然后，我与周兴樑又去拜访俞辛焞先生，请俞先生和他的夫人金老师也到广州参加我们的学术会议，俞先生当时的身体不是很好，但经我对俞先生说："很多老朋友都想与您见面，请您和贵夫人金老师一起到广州参加学术会议，了却大家对您的挂念。您和金老师的来往交通费由我们支付。"就这样，俞先生伉俪、魏先生伉俪都在7月15日准时到广州珠岛宾馆报到参加"孙中山与世界"国际学术研讨会，我特别高兴，会后俞辛焞先生夫妇还经深圳，然后返天津。

这次魏宏运先生来广州还亲自带来由他主编的《民国史纪事本末》1—7卷（辽宁人民出版社1999年版）送给我。我特别感谢魏先生。

此后我与魏宏运先生一起出席的大型国际学术会议，还有2006年8月于浙江省奉化溪口举行的中华民国史学术研讨会。本次会议由南京大学民国史研究中心与溪口有关单位合作举办，住溪口宾馆。我为这次会议提供的论文是《西安事变研究的新思考》，被安排在大会作报告，魏先生是本场大会的主持人，被安排在本次大会发言的，还有杨天石先生和台湾的魏萼等先生，大家均得到魏先生的鼓励。

魏宏运先生的作品《孙中山年谱》（天津人民出版社1979年版）、《中国近代历史的进程》（广东人民出版社1993年版）、《锲斋文录》（中华书局2002年版）等，我都认真拜读过。他主编的书有16种，除《民国史纪事本末》（1—7卷）我读了多次外，其余许多书都来不及阅读。除上述作品外，魏先生还将他的许多著作如《魏宏运自订年谱》（社会科学文献出版社2004年版）、《魏宏运书序书评集》（当代中国出版社2011年版）、《南开往事》（南开大学出版社2009年版）、《二十世纪华北农村调查记录》（社会科学文献出版社2012年版），以及《锲斋文稿》（中国社会科学出版社2014年版）等，他的公子魏晓明（现侨居美国洛杉矶）的著作《积沙集》（中国档案出版社2001年版），以及他的学生冯崇义、江沛、邓丽兰主编的为"庆贺魏先生80华诞暨20世纪中国"学术研讨会论文集《二十世纪的中国》（中国社会科学出版社2006年版）等，都一一题签寄赠给我。所以，我对魏先生的为人处事、学术成就、学术观点，以及他对学生的教育、奖掖，对外学术交流所做出的贡献都有较多了解。

在长期与魏宏运先生接触过程中，他给我最大的启发和教育是作为一名大学的教授，既要教好书也要教好人，仅有学问而无人品，只有学术大块文章，而缺乏道德文章则于教人无益，对于大学的薪火相传也无好处。在几十年的教师生涯中，魏先生教书育人成为我们的榜样，他是"世之懿范"。他培养和指导了许多优秀硕士、博士，这些学生都成为当今中国史坛的精英，而且许多都是我的朋友。在他们与我相处时的言谈中，都称赞魏先生是"好好先生"，说魏先生不仅关注学生的专业知识，也重视培养和锻炼学生树立正确的历史观、人生观，树立为国家、民族、社会和人民服务的立场、观点和方法。他既严格要求学生能在学术中有所建树，又要求学生要学会做人，要有高尚的人格和尊严，更要有热爱国家和民族的信念；既要具有淳朴诚信的学风，树学人懿范，又要树立大志，即做大事，为学术献身的品德。魏先生和我都出身贫穷，但他从小立大志，而我小时则在渺茫中度日，无大志，也无机会学习。他的学者经历并不复杂，但他勤奋、执着。他具有非凡的组织能力，也有团结人合作共事的高超本领，所以他能成大事，著功勋，名闻遐迩。我没有他的本事，只能做小事，做个教书匠，写点东西度日，不虚度此生。

著名书法家范曾先生曾为《魏宏运先生八秩大寿纪念集》作序，他称魏宏运先生是南开大学"博雅周瞻，宅心仁厚之长者"，说其为人"宛若春风详霭"；对其言则说"咸称大朴天华"。因此南开"莘莘学子，欣然而聊，肃然而敬"。魏先生的确是高雅、亲和，谦谦君子。他虽与世交游，但他给人的印象是诚实、低调，从不张扬，更不居高傲视，所以他为史学界和我本人所景仰和尊崇。

总之，我对魏先生非常尊敬和崇拜，但由于时间久远，加上我又不喜欢写日记，所以，我与他之间的许多往事都记不清，说不准了，我只好从略。

（七）读金冲及先生著作的一些体会

金冲及先生是我国中国近代史、中共党史研究的著名专家，由于我们都在做中国近现代史研究，故我与金先生有很多接触的机会。早在20世纪五六十年代，我还在中山大学历史学系读本科时，就知道上海复旦大学金冲及先生和胡绳武先生在研究辛亥革命运动史并共同撰著《辛亥革命史稿》。后来金先生和胡先生都被调往北京工作，金先生在文物出版社任社长，后在中共中央文献研究室任副主任。胡先生在《历史研究》编辑部，后在中国人民大学历史学系任教授。由于当时学术交流不多，我不能跟两位先生请教，但因我系姜伯勤教授研究和整理敦煌文献，他也跟我谈过金先生的学术和为人处事，而当时胡守为老师也借调到《历史研究》杂志社工作，他也跟我谈过胡绳武先生主持《历史研究》编务的工作，所以，我对金冲及先生和胡绳武先生并不陌生。"文化大革命"结束后，学术研究重新兴起，学术研讨会也很多，我们见面的机会也多了起来，特别是后来金冲及先生荣任中国史学会会长、中国孙中山研究会会长，他领导和主持的孙中山和辛亥革命史研究的学术交流和会议也很多。我得以有机会和金冲及先生一起到日本和澳大利亚参加学术会议，同时在国内一起参加的学术会议也很多。特别是1985年11月，金冲及先生组团带领我们到日本东京参加学术研讨会，并到日本各地参观考察孙中山当年到过的地方。我就特别注意到金冲及先生的处事原则和对学术问题的辨别和思考。金先生是团长，每到一地开座谈会或与学者会见他都要发言，他很忙但忙而不乱，每次讲话都恰到好处，所以我很佩服金先生对孙中山在日本活动地址和史事的细心认真了解。我也很佩服他对什么人说什么话，对日本不同学者和不同场合说话的分寸和本事。

为了掌握国内学术界对孙中山研究的情况，在1985年，金冲及、胡绳武先生合著的《辛亥革命史稿》四卷本，由上海人民出版社出版。1986年他主编《孙中山研究论文集》上下两册，由四川人民出版社出版。金先生的《辛亥革命的前前后后》，1991年由中国文史出版社出版，1996年广东人民出版社又出版金先生的《孙中山和辛亥革命》。

金冲及先生的行政工作繁忙，各种社会活动很多，但他对学术研究仍然抓得很紧，学术著作不断出版。他花了很大精力，历经四年将《二十世纪中国史纲》四卷，110多万字的巨著，在2009年由社会科学文献出版社出版。这是一部具有重大学术价值和现实意义的书，该书的出版在学术界引起巨大的反响，多数人都认为金冲及先生是以历史研究作为终身重大使命的先进科学家，值得中国学者学习和敬仰。在此书出版前后，他与胡绳武先生合著有《从辛亥革命到五四运动》，他个人还著有《转折年代：中国的1947年》《一本书的历史：胡乔木、胡绳谈〈中国共产党的七十年〉》《生死关头：中国共产党的道路抉择》《决战：毛泽东、蒋介石是如何应对三大战役的》。此外他还主编《毛泽东传》、《周恩来传》、《刘少奇传》、《朱德传》、《辛亥革命研究论文集》（上下卷），等等。金冲及先生是一位多产的历史学家。他出版的书有好几种都送给我学习，有的还题字"家有同志指正，金冲及"，并附上时间某年某月。我每次收到金先生的赠书都非常感动，而且及时阅读。读金先生的书，不仅使我对金先生研究历史的立场、思想和方法有了全面了解，也收获了很大的启示。他还会告诉你如何将真实的历史全面正确地、明明白白地告诉人们，使我懂得研究历史为了什么的道理。

邵建斌在《中共党史专家金冲及怎样做学问？》（《学习时报》2020年10月28日第5版）一文中说：金冲及先生做学问都是聚焦主要问题，关注多数人关注的问题，在研究实践中严格遵守"论从史出"的原则，任何问题都不要带有先入为主的观点，要认真地按照史实将研究的问题全面真实讲清楚说明白。还要把所研究的问题的来龙去脉梳理清楚，把所论之事在政治进程中的地位、作用说明白。他说，金先生写文章，文字讲究通顺、准确、平实、口语化，让读者读他的书，了解他的思想、观点，从而得到启迪，金先生做学问是踏踏实实一步一步地做，他的治学之道对学者有示范的作用。我完全同意邵建斌同志的看法，金冲及先生做学问几十年，他总是从复杂的史实中，追求真实，用自己的思想、观点和文字的表述，让读者有启发、有收获。这是一个成熟的历史学家告诉研究历史的人必须要坚守的原则、观念和方法。

金冲及先生在《二十世纪中国史纲》中告诉我们，是民族的觉醒、人民的奋斗精神和伟大旗帜引导二十世纪历史的巨变，是先进的思想和观念决定中国的命运和前途。

2019年金冲及先生又接受中共中央宣传部的委托，任《复兴文库》文献编纂的总编辑。《复兴文库》编纂内容的时间从1840年至2010年，跨越两个世纪170多年，共5编73卷，数百册，投入的编纂人员也不少。据我所知，为了编纂本书，金冲及先生召开几次各编主编会议，就编纂本书的指导思想、原则和编辑出版的流程作了具体的安排，并安排和落实各编编委会的组成和各卷主持人的人选，他做了大量的工作，体现出金冲及先生对于编纂本书的重视，以及保证各编各卷各册书稿的高质量和按时交稿、出版的责任担当。

几十年来，我受到金冲及先生教诲的机会很多，我对他的治学态度和方法都有较多的了解，读他的书不仅能够增长知识，而且对于看问题分析问题的方法，以及研究历史的问题、目的和传承历史文化的使命感和责任心都有很多启发和帮助。

金先生说，做历史研究要有知识的系统积累，要有问题意识，文字表达要通顺、准确、清晰，让人一读就明白。他长期以来都坚持这三个原则，所以他的著作、编纂的书，以及他写的论文都体现着历史知识的传承。他讲历史上的重大问题，但也注重细小的史事考证，以及历史事件发生的前因后果。使人读后不仅学习明白了历史事件本身，更主要的是他给你指出看问题的方法，以及分辨问题的角度。他做学问很认真，他与一些人对问题的看法观点不同，但他从不教训人，也不批评别人，你说你的，他说他的，但读完他的著述你会明白谁对谁错，这是研究历史的真本事。

金先生擅长宏观历史研究，比如他的专著《二十世纪中国史纲》论述的是从1901年到2000年共一百年的历史，他从"步入二十世纪的前奏"写到"迎接新世纪"共28章，将中国一百年间发生的重要历史清清楚楚地勾画出来，纲举目张，光看目录就明白中国在二十世纪发生的重要事件，以及每一事件发生的前因后果和对中国的影响。他明确地指出二十世纪是决定我们民族生死存亡的一百年。这一百年经历了三次历史性巨大变化：一次是辛亥革命，结束了几千年的君主专制制度，一次是中华人民共和国的成立，建立起社会主义的基本制度；一次是改革开放，为实现社会主义现代化而奋斗。并指出这一百年是中国一个复杂艰辛的探索过程。很明显地，金先生写作此书的主要目的就是要人们了解中国有今天来之不易，中国人在这一百年内到底是怎么一步一步走过来的。

《二十世纪中国史纲》最后一章，即第29章，金先生写"历史的启示"。金先生说："二十世纪中国的历史，就像一幅波澜壮阔、前后相续的漫长画卷，经过一百年在惊涛骇浪中的艰苦跋涉，不管中国有过多少成功的欢乐和挫折的痛苦，中国人终于从愤怒和痛苦的二十世纪初走出来，重新掌握住自己的命运，步入充满阳光和希望的二十一世纪。没有一代又一代中国人在革命、建设、改革中的持续不懈的奋斗，就没有今天中国的一切。这是二十世纪一百年历史留给我们的珍贵遗产，是不容我们遗忘的。"我读金冲及先生的著作最大的收获和体会，就是他所说的问题意识，以及为何研究历史。研究历史也有一个立场问题，立场错一切皆错，没有对历史求真求实的态度，研究历史问题不但不能解决问题，还会为历史问题添乱。

金先生对晚辈学者、青年学者非常关心和爱护，我经常听到他对某人某些问题的一些看法，但他只讲别人材料没有看完，或没有看某种材料，或对当时当地的实际情况没有深入了解，故结论片面。他说，这样研究问题的结论就会不准确或错误，但从来我没有听到过他对人对事的指责和训斥。金先生作为一位资深的德高望重的学者，是我非常景仰、崇拜和学习的典范，仅是他对晚辈学者的关怀和启导的崇高人格，我就要一辈子向他学习，以他为榜样。

六、在日本创价大学访学的收获

2000年4月，我应日本创价大学的邀请赴该校讲学和合作研究"孙中山与世界和平"课题，访问时间是半年，从4月至10月，但因我当时担任中山大学孙中山研究所所长，尚有研究任务和指导研究生工作，经两校协商，我只在创价大学工作和访研3个月就回国。

创价大学是日本创价学会会长、著名文学家、周恩来总理的好朋友池田大作先生亲自创办的一所大学。该校坐落在日本东京都八王子市滝山，环境幽雅，学习和工作的条件都非常好。该校给我安排三房一厅的大房子，每月工资30多万日元，房租免收，还有医疗保险。在该校的80多天里，我不仅结识了许多日本朋友和学生，还增加了对日本文化的认识。在日本我读了好些在国内读不到的书，也看到了许多在国内无法看到的日本人的生活、工作情况，这一切都让我感慨至深。

（一）起程赴日本创价大学访学

2000年4月24日我早上7时便起床。夫人碧莹早已在厨房忙着为我煮面条。我匆忙将面条吃下，便收拾行装准备经香港赴日本东京都八王子市创价大学访学和研究。

8时刚到，学生曹天忠、谭群玉夫妇已到家里来送行。8时30

分,我告别家人,由博士生曹天忠、张宇权同学陪同乘坐出租车到广州天河火车站乘特快火车到香港。

我乘坐的广州至香港的直达火车是高速快车,9时40分开11时20分便到了香港红磡火车站。办完入境手续走出火车站大堂,陈胜粦先生的博士生、香港珠海书院亚洲研究中心李谷城夫妇已在迎候,随后李先生同夫人陪同我乘出租车到他们早已定好的香港基督教青年会酒店入住,李先生与夫人请我吃午饭,这一天算是顺利,多得家人和各位学生、朋友的关照,尤其要感谢香港李谷城先生夫妇的热情接待。

25日我早上5时起床,5时50分乘香港基督教青年会酒店的旅游车到香港国际机场。我这个人有个毛病,无论到什么地方头一夜总是睡不着。因为要早起便早躺下,晚上10时过后,李谷城先生来电话告知他已代我向广州家人打电话报平安,我非常感谢他的好意。然后关灯睡觉,却一直没法入睡,辛苦了一夜,5时起床,匆忙洗漱便离开酒店,因为走时急忙,将日本朋友在1986年送给我的一条高级领带丢失在酒店的洗手间。

我乘坐香港国泰航空公司的飞机由香港飞往东京。上午9时5分正点起飞,经过3个多小时的飞行于下午2时15分(日本时间)到达日本东京国际机场。在机场领好行李后很快便办好入关手续,日本海关人员检查我的护照看我是来日本访学的中国教授便盖个章,连入关物品也免检。走出大厅,我一眼就看见有一位先生举着一个牌子——"林家有教授",我即举手向他打招呼。他向我递名片,并说:"欢迎,欢迎。"看过名片我才明白他是创价大学国际部国际课主任川上喜彦先生,他的中国话讲得很地道,我问他在哪里学的中国普通话,讲得那么好。他说他在中国武汉大学留过学,后又到苏州大学学习过一段时间。川上先生热情地帮我推行李车到东京国际机场候车场，装上行李经过2个多小时的车程才到达创价大学教员宿舍。

车一到达创价大学教员宿舍门口，该校国际部事务部长中井幸二先生、国际部国际课梅原朋子小姐等已在等候。他们几人将我的行李取下便带我到该校教员宿舍C栋602房。并说："林教授，这就是你的宿舍，希望你在创价大学生活愉快。"这是一个三房一厅的房子，中有一间办公室、两间睡房和一个大客厅，还有厨房、厕所。空调、冰箱、热水器、煤气炉、电饭煲等生活用具一应俱全。

梅原小姐非常细心，一一告诉我，热水器怎样开关，煤气炉如何使用，房门如何上锁，洗衣机怎样操作。随后坐下，她便说："池田大作先生知道林教授来访，他特地托人买来鲜花和水果赠送给你表示欢迎。"池田先生还有一封信：

尊敬的林家有先生：

欢迎您来日本。我特意送给您花和水果，表示热烈的欢迎。祝您在日本逗留之间，身体健康，事业成功，一切顺利，万事如意。

二〇〇〇年四月二十五日

创价大学创始人

池田大作

晚上8时，创价大学国际部副部长高桥强先生、中井幸二主任，以及梅原朋子小姐驾车接我到八王子市一间典型的日本小餐馆共进晚餐。我由于有点感冒，加上在香港用餐不注意，胃有点不适。我坦率告诉客人，我非常感谢主人的热情款待，但由于胃有点不适，故不能进餐。主人理解我的意思并原谅了我，我只吃了一点泡饭之类的食品就算用过了晚餐。然后，他们三人陪同我去滝山超级市场购买米、面、油、盐、肉、菜及其他用品，花去8000多日元。

就这样，我的访日生活正式开始。

次日上午高桥强先生来谈关于合作研究孙中山的意向。下午3时，创价大学创价学会理事长冈安博司先生接见。他讲了一些热情欢迎的话，随后交换礼品。冈安先生还代表池田先生对我表示问候，并亲代池田先生惠赠给我10万日元研究经费，祝我研究成功，我点头表示谢意。池田先生送我一本《展望二十一世纪——汤因比与池田大作对话录》大作，我表示谢意。

随后高桥强先生又给我送来几本与池田先生有关的著作：《20世纪外国文化名人书库：池田大作集》（上海远东出版社1997年版）、《日中恢复邦交秘话：池田大作与日中友好》（经济日报出版社1998年版）、《探求一个灿烂的世纪》（香港明河社出版有限公司1998年版，这是池田大作与金庸的对谈集）。他还带来一些其他材料，并要求我写一篇有关孙中山与池田大作方面的文章送到东京《圣教新闻》发表。

4月27日下午3时，创价大学校长小室金之助博士接见我，讲了好些热烈欢迎之类的话，并希望我在创价大学的研究成功和生活愉快。我也转达中山大学黄达人校长对小室校长和池田先生的问好，表示黄达人校长祝贺创价大学在新的世纪取得辉煌的成就，并希望两校今后加强交流和合作。小室校长问我的专业是什么？我说："研究中国近现代政治思想史。"他说："有空再同您谈历史。"

晚上高桥强先生驾车接我到八王子市一间日本小餐馆吃饭。席间天南地北无所不谈，非常投机。就在晚餐桌上，高桥先生同我商量我在创价期间的活动安排。他说：除校方安排我们中国教授到创价大学访学、到富士山和北海道考察参观外，安排我作讲演六次：5月17日作"孙中山与中山大学"讲演；5月30日作"孙中山与世界和平"讲演；6月6日作"孙中山与中国近代化"讲演；6月14日作"广州的改革开放与历史性巨变"讲演；6月19日或23日作"孙中山与池田大作先生"讲演；7月3日作"孙中山与宋庆龄"讲演。接受任务后，我便撰写《孙中山的和平学说与池田大作的和平理论》文章，并请高桥强先生将此文翻译成日文。

我在文章中说，所谓"和平学"，就是人们把影响人类生存和发展的战争与和平作为对象进行思考和研究的一门学问。这门学问是政治学理论的重要组成部分，也是人类史、文明史和社会史的中心部分。它的内涵既包括战争的起因、性质和结果，也包含实现和平、维护和平的思想、主张以及方案。这门学问的出现与战争相随，研究和平问题的不断深入，标志着人们的普遍觉醒和反对战争、提倡和平的思想成为全球人类关注的焦点。

战争之所以产生，学界有心理说、政治说和经济说不同的解析和说法。孙中山先生在他的重要著作《三民主义》中考查了中国的历史，指出中国历史上的内战多是心理和政治上的原因引起的。他认为，在中国有一种持久的倾向，即野心家使用武力来满足他们的个人欲望。中国历代王朝的建立者和大多数起义领袖都是为了个人的政治得失而发动战争的。中国自古以来有许多人想做皇帝，如刘邦见秦始皇出巡，便曰："大丈夫当如是也。"项羽亦曰："彼可取而代之。"孙中山指出："中国历代改朝换代的时候，兵权大的就争皇帝，兵权小的就争王争侯。"在近代如太平天国的农民领袖，以及后来的军阀，甚至他自己的追随者在革命中也有的以武力来满足个人野心。孙中山指出："大家若有了想做皇帝的心理，一来同志要打同志，二来本国人要打本国人。全国长年相争相打，人民的祸害便没有止境。""权力之争是人类历史上一种永恒的倾向。"所以，人类为了生存便要奋斗，这些奋斗包含与野兽斗，与自然斗，互相斗，平民与暴君斗。而战争通常是在后两种类型的斗争中发生的。然而，当孙中山谈到欧洲的战争，即第一次世界大战，他则企图从经济利益方面来说明。他曾指出，西方国家想从别的国家得到经济利益便使用其非常优越的军事力量来威胁人口多但又较为贫弱的国家。帝国主义的海军和陆军是他们的一只手，他们的经济力量是另一只手。他们用这两只手来剥削亚非国家。欧洲的帝国主义国家不但向弱小国家发动战争，而且还在相互争夺世界霸权。其结果是"一个帝国主义打倒别个帝国主义，留下来的还是帝国主义"。根据帝国主义相互争夺世界权益斗争的矛盾，孙中山在1924年作了预见性的总结，他指出："就我个人观察已往的大势，逆料将来的潮流，国际间大战是免不了的。但是那种战争，不是起于不同种之间，是起于同种之间，白种与白种人分开来战，黄种同黄种人分开来战"，这是"被压迫者和横暴者的战争"。

战争与和平是一个问题的两个方面。既然战争是人类私欲和利益的结果，那么战争便是一种强权行为，是强者对弱者的不道德侵夺。要消灭战争，实现和平，孙中山提出人类必须要用公理去打破强权，要用和平道德去反对不道德的霸道行为，要用共和主义同不同国家的人相互合作，也即是要用东方固有的王道精神，去统一世界，成一个大同之治，实现"天下为公""世界大同"。以上便是孙中山和平学说的基本内涵。

将孙中山先生的和平学说与池田大作先生的和平思想作比较，他们有惊人的相同之处。首先，他们都是国际主义者，他们都站在时代的前沿用超时空的立场和观念去思考全人类的问题，孙中山提倡世界大同，而池田先生则提倡发扬孙中山的仁义道德去建立"人道世纪"的主张。其次，他们都重视对人类的研究，建立自己的人学体系，强调人性的善美，提倡用人类互助互信、共同发展进步的思想建构人类社会的新文明，倡导利他主义，提倡和平竞赛，行善救人，"济弱扶倾"，解放"为暴政与殖民主义所苦的世界同胞"（池田先生语）。再次，他们都倡导和平，主张律己，主张随缘，强调思想、宗教、民族和文化调和的通融性。孙中山与池田先生的和平观点有着相同的立足点，即他们都把人类的共同发展和"天下为公""世界大同"的理念作为他们思考全球人类问题的尺度。

孙中山先生与池田先生生活在不同的时代和国家，经历不同，但心灵相通。他们都是博爱思想的继承者和企盼"人道世纪""民众世纪"到来的杰出人士。

孙中山先生是伟大革命家，池田先生是著名的宗教思想家。我非常敬佩池田先生对孙中山先生思想和品格通盘、透彻的理解。探求真理永无止境。一篇短文不可能就孙中山与池田先生的和平思想作更多的介绍，但仅此也使我坚信，他们倡导"天下为公""世界大同"和企盼世界和平，把"不战""和平"的伟大精神向世界扩展的理念必将成为现实，使"全球变成和平的乐园、永恒的宝土"的愿望总有一天会实现。

武汉大学虞崇胜副教授与夫人作为武汉大学与创价大学交换教员期满即将回国。为了送旧（欢送虞崇胜回国）和迎新（迎接我来创价大学访学），在创价大学做交换教员的中国学者侯志山副教授（北京大学）、钱力奋副教授（上海大学）、李凤吾教授及夫人（吉林大学）、刘海峰教授（厦门大学）、张冰副教授（深圳大学）、虞崇胜副教授与夫人（武汉大学）以及我，晚上集合到创价大学教员宿舍C栋703房虞崇胜先生住处开了一个茶话会。这是我第一次参加这样的茶话会，没有固定主题，一面吃水果，一面天南地北地聊天，其乐融融。只有离乡背井到了一个陌生的地方才会感觉到国人相互关心和照顾的重要。

从此，我在创价大学的访学正式开始，每天除读书、写讲稿、上课和做点研究之外，有时也到校园和八王子市参观和考察，了解日本人民和社会的情况。

4月30日，我撰写的讲演稿《孙中山与世界和平》，先是写孙中山的生涯和时代，说明他为了救国走向世界寻求真理的过程及其世界观的形成。然后，写孙中山对全人类命运的关怀，以及他"天下为公""世界大同"思想的本质，进而分析他的大同理念与和平理念，以及他利用东方王道，反对西方霸道思想的真正涵义。最后，说明在重物质轻精神，重科技轻人文，造成道德沦丧与社会失序的今天，局部战争、强权政治和霸道主义依然严重存在，重温孙中山有关以仁义道德治国与追求世界大同这一主张的重要现实意义。重点是说明孙中山的全球观（或世界观）；孙中山的和平理论；孙中山的反战思想；孙中山的反帝主张；孙中山的"济弱扶倾"政策；孙中山和平、奋斗、救中国、救世界的伟大理想；全人类一起奋斗，迈向和平人间正道。

（二）在创价大学读书访学的感悟

创价大学图书馆藏有中国大陆（内地）、台湾、香港出版的许多中文书和期刊杂志，我经常去查阅各种书。有一本金庸、池田大作合著的《探求一个灿烂的世纪》大著，这是两位著名文学家的对谈录。我读后有许多感悟。

金庸原名查良镛，金庸是笔名，1924年生于中国浙江省海宁县，后旅居香港，他曾创办香港著名的日报《明报》和文化性杂志《明报月刊》，他的武侠小说《鹿鼎记》《射雕英雄传》享誉世界，是中国著名小说家及政论家、报业家。

池田大作1928年诞生于日本东京都，是日本创价学会名誉会长、国际创价学会会长。他的代表作品有《人间革命》（全十二卷）、《我的世界交朋录》、《我的人学》（上下卷），对谈集有《展望二十一世纪——汤因比与池田大作对话录》（下文简称《展望二十一世纪》），《二十世纪的精神教训——戈尔巴乔夫与池田大作对话录》（下文简称《二十世纪的精神教训》）等，池田曾获世界数十所著名大学的名誉教授、名誉博士的荣衔，包括北京大学、复旦大学、武汉大学、中山大学、香港大学等。

这两位著名文学家的对谈录，海阔天空，纵横人间。所涉及内容广泛，论锋锐利。他们不仅谈香港回归中国后的明天，也谈中日关系与环太平洋文明，以及中国、日本及外国的名著评论，两人抚今追昔话当年的情景，跃然纸上，读他们的大著是一种享受。

两位文学家不仅知识渊博，记忆力也非凡。他俩将许多世界名著中的历史、政治与人生连在一起讨论，其中还有中日文化、东西方文化的比较等。我十分佩服他俩的智慧。

我从他俩的对谈录中不仅了解到这两位文化人坚持和平、正义，繁荣文化的宗旨，更重要的是他们都以和平主义者、不屈的和平斗士、人道主义思想家的立场去看待人类和二十一世纪。他们认为，"人应该以爱相调和"（金庸语），"对一切人予以爱——也即'大爱''博爱'，换言之，也就是要有'慈悲之心'"（池田语）。他们还指出，"不论大国小国，当然也包括人，都要大小平等，大家应该平等友好相处"（金庸语），"'平等'与'慈悲'的确是成为'国际人''世界人''二十一世纪人'的条件""慈悲之心，愈是扩大，和平就更接近了"（池田语）。从书中我看到这两位文人的乐观情趣，看到他们的世界观、人生观，他们重视人的存在，强调人文精神对人生的指导作用。

老实说，一个人在外，语言又不通，生活是挺无聊的，如果不是以读书和写东西消磨时光，日子则相当的难熬。人就是怪物，没有机会到外面看看，倒想到外面世界看看。然而，当他有机会到外面游荡的时候便又觉得还是在祖国好。在咱们国家不仅生活得很实在，也没有靠人混日子的感觉。到日本一周了，对日本很有了解谈不上，但粗浅看来，日本的物质条件很好，生活的品质挺高，环境很美，空气清新，水质一流。说起环境保护恐怕我们国家再过20年也赶不上人家。一般人家庭都有小汽车，各种电器样样齐全，住家干净清静。然而，总好像缺乏点什么？我总觉得日本社会有点怪怪的，人情比较冷淡，在乡间很少看见人与人在聚集交谈，不像咱们中国人，到处都看得到人们团聚一起，有说有笑。为什么会这样？起初，我百思不得其解。后来读金庸、池田大作先生的对谈录《探求一个灿烂的世纪》一书，池田先生说："友情是使人间社会向'横'扩展的关系，可是日本社会是'纵向社会'——也即以'上下级'关系为轴心而构成的社会。""在日本，在相当长的时期中，'忠君'是社会道德的根本……即使那主君是暴君，也不问情理地追随，总而言之是尽忠报答主君"，由于过分强调"尊卑有别"的关系，以至培育友情这种平等的"横向"的人际关系的土壤也就愈来愈少了。池田先生指出："所谓友情这种观念，在日本的历史中并不发达，这是有识之士早已指摘过的。"也许就是如此吧，一个社会人与人之间缺乏友情，把自己与别人隔离起来，尽管自家的生活条件很完善，但人缺乏相互关照的集体意识，似乎欠缺道德的源泉，所以，我还是喜欢咱们中国以家庭为中心建立起来的所谓兄弟的"横向型社会"文化，不喜欢像一块花岗岩似的日本"纵向型社会"文化。此外，日本人的家庭重男轻女，女人社会地位较低，没有财产继承权。

2000年5月4日，高桥强先生邀请我和李凤吾教授（吉林大学国际交流学院）夫妇、刘海峰教授（厦门大学高等教育研究中心）一起到他家做客。我想趁机了解一下日本人的家庭和生活，我满口答应高桥强先生的邀请。11时他驾车到创价大学教员宿舍接我们，经过20多分钟车程到了八王子市西南他的家。他家是一座两层的木质结构独家房，房子不大，首层是客厅（厨房和吃饭都在一起），共约20平方米。二层是两间睡房连卫生间，两层相加不到60平方米，租金每月要交7万多日元。高桥说，购买这幢房子需2000多万日元，可见日本的房价高得吓人。

为了迎接我们这几位中国客人，高桥太太忙碌了一天做了很多中国菜、日本菜招待我们。高桥太太和两个孩子（一男一女）作陪。饱餐以后，他们全家陪伴我们到他们家后面的河边观看日本人过端午节的热闹场面。鲤鱼彩标迎风招展，沿河两岸人们熙熙攘攘，各种摊档趁机做生意，尤其是各种吃的东西最抢摊。难得一见这种场面，我们都将照相机打开，拍了不少照片，这是体会日本民间文化和风情的难得机会。

当我们离开高桥先生家返回创价大学时，他的太太和孩子送了一程又一程，依恋不舍。当高桥先生驾车离开时，高桥太太和孩子们又飞奔到另一个路口向我们挥手告别，虽然语言不通，但情感上的交流则把中日两国人民之间的友谊拉近了很多。

日本人有点怪，他们最重视的体育运动除棒球外，就是相扑。而这两种被称为日本的国球和国粹的玩艺，我都不喜欢。棒球我觉得缺乏激烈竞争的场面，提不起激情。相扑虽说是人家的国粹，但我觉得并不先进，一个人好好的身材，经过专门训练，好像咱们北京的填鸭一样被喂得胖墩墩的，然后送上竞技场去竞赛博取一些人的欢乐，照我看来，这本身就欠缺道德，这种文化如果也称得上国粹的话，那么国粹者，也不一定是优秀者也。所以，日本有这样的国粹，咱们中国并不吸收和引进，世界许多国家也没有效仿日本去搞相扑变成什么国粹，这也许是有道理的。为此，我对文化这东西则产生一个新的看法，凡是文化都没有绝对的好，也没有绝对的坏，一种文化在某国可以存在，自有其存在的道理，但盲目地吸纳别国的文化并加以推广则大可不必。日本人欣赏相扑，但如果全部日本人都变成相扑竞技的模样，这像什么样子？我问过一些日本人对相扑的看法。有的说，从事相扑竞技的人心脏都不好，活到60岁的不太多。我不知道这个说法是真还是假。反正人过肥过胖，走起路来摇摇晃晃，生活很不方便，这恐怕是真的。

下午5时，日本女子大学久保田文次教授来访，老朋友相见话很投机，谈得痛快。他送给我几份资料：《孙文研究》第27期，其中有李廷江的《临时大总孙中山与日本人顾问》和久保田文次先生有关上村希美雄的《宫崎兄弟传·亚细亚篇（下）》的书评；《近代中日关系研究的课题与方法——梅屋庄吉的时代》报告；久保田文次先生发表在台湾《近代中国》的文章《萱野长知收藏、宫崎世龙抄录及保管的有关孙中山先生史料》复印件；日本东京二十三区书店和图书馆指南等书。我谢谢久保田先生的好意，也回赠书二本——《孙中山与中国近代化道路研究》和《孙中山与近代中国的改革》给久保田先生。

随后，久保田先生请我到八王子市去吃晚餐。对于他的盛情我无法推却。他一再说要带我到劳动人民才去的下等饭店吃晚饭，让我体验日本一般人的生活。他叫了一辆出租车将我载到八王子市国铁车站附近一间小餐馆。两人坐下要来一瓶啤酒和一小罐日本酒，要了三个菜，边吃边谈。谈中日两国的史学研究现状和发展，也谈章开沅先生、马敏先生、虞和平先生访日时他们交谈的情景。谈到高兴时，久保田先生突然想起林增平先生、李时岳先生、刘望龄先生已先后逝世，他显得有点伤感，并说："我所认识的中国朋友，很多都老了。"然后对我说："你一个人到日本，一定要注意饮食和保重身体，要多吃水果。"随后还买了一袋水果送给我。

久保田先生是一个有心人，我一再表示感谢他对我的好意，并邀请他明年春到中国广州中山大学参加我们举办的"孙中山与世界和平"国际研讨会，他点头应允，并连声道谢。

5月8日上午，我又到创价大学中央图书馆去翻阅中文报纸，一是台湾的《联合报》，一是香港的《明报》。没有多少惊人的消息。台湾《联合报》有两版（5月4日）说的是陈水扁关于5月20日就职典礼的事。中心是他如何就"一个中国"的原则发表他的就职演说。有的人为他出主意，要他接受"一个中国"原则各自表述的主张。而民进党主席林义雄则声言："民进党的党章有关"台独"的主张不修改，如果陈水扁违犯党章便开除他出党。"陈水扁站在火山口上，处于两难。不过，我认为，陈水扁明智点应该回到一个中国的立场上，争取台湾民众多数人的支持，勇于打开海峡两岸的僵持局面。政治是无情的，但人民是有情的。如果错失机会，机会不会再来。全体中国人应该相亲相爱，共同创造美好新世纪的中国未来。战争是民族的悲哀，应该避免战争，力争和平统一中国。但到了非战不可时，战争这东西什么人也阻挡不了。这是我到日本后，第一次想到祖国的统一大业。

还是金庸、池田大作先生的对谈录《探求一个灿烂的世纪》中说得好，人应该讲友情、讲人道、讲正义、讲和平、讲繁荣、讲进步。他们站在全人类的高度去看待世界的问题，探索二十世纪世界的进步与悲哀。他俩认为，科技进步与战争相互交替，给人们带来的是灰暗、是失望、是世界的末日。因此，池田先生喊出对于所有的战争，他都是绝对反对的口号，这出自于他的和平理念，也出自于他对世界战争非人道行为的一种抗议。金庸先生则发出高见：
"倘若人人都将商品或物质作为追求目标的话，由于物质有限而人
的欲望无穷，就会演变为争夺、掠夺、斗争、战争，更有可能引发
世界大战。"将物质作为追逐的目标不改变，战争将不可避免。

针对当今世界人文精神颓唐衰败的情况，金庸、池田两位先生都
强调人的精神的重要。"如果人类的精神和人格渐趋崇高，则会有越
来越多的人否定掠夺行为，这难道不就是产生恒久和平的根源吗？"

他们的高见有充分道理。如果人都在无穷地追逐物质价值的
话，人的精神价值丧失，人类社会将会变成一个什么样子？这不得
不引起人类对良知的思考。

5月9日上午，我同李凤吾教授、钱力奋副教授步行到八王子市
逛超级市场。在途中我和李教授谈起中国那么大，人口那么多，民
族也有56个，可是无论经历何等的艰难曲折，甚至内战，但中国的
大一统思想却是根深牢固的，原因何在？

李教授说，这是历史的奇迹，是中国人民的爱国传统。

我说："要是换一个什么国家，恐怕早就分裂分离了，但在中
国这块土地上则无论哪一个朝代都不允许国土分裂，国民分离。而
且凡是搞分裂的人都被指示为野心家。"

过去有一种说法是，因为我国的各民族谁也离不开谁，所以它
们必须要统一要联合。这在科学不发达的年代，由于少数民族居住
的地区多数是在祖国的边陲地区，文化落后，经济不发达，交通不
便，需要先进民族的支持。但这种依赖思想，不是维系祖国统一民
族团结的根本原因，因为条件会随着时间的推进、科学的发展而改
变，当各民族的经济发达了，人民的物质生活大大改善和提高了，
不用依赖别人，靠自己的力量发展起来了，谁也离不开谁的情况也
就不复存在，可是，就是到了这个时候他们的中国意识仍丝毫不

变。这是为什么？陈毅元帅讲过"祖国的伟大在于多民族，更在于能团结多民族"。我认为这才是根本所在。

过去还有过一种说法认为，中国是东南傍海，西北有天山、昆仑山、喜马拉雅山阻隔形成的孤立中华文化，因此人民比较封闭，形成并习惯于中华生态环境。这种说法也不完全对。环境决定不了人民的意识。一定范围内的民族，必然热爱那块土地，但民族与民族之间的利益冲突和矛盾总是不可避免的，因此，统治者制订正确的政策使各方的利益得到协调、合理的分配是至关重要的。所以，结论必然是人改变环境，不是环境决定人。人，尤其是统治者的思想及他所制定的政策对于一个国家的统一和民族的团结是头等重要的。

中国人的国家意识、民族观念那么强，应该归功于我国历史上的许多伟人及其倡导的理念，比如孔子的"人伦"、墨子的"兼爱"、秦始皇的"大一统"观念，汉武帝、唐太宗乃至清朝的康熙、乾隆的统一政策，还有近现代的孙中山、毛泽东等伟人，对于他们营造中华民族大家庭的苦功，中国人是恒久不会忘记，也不可能忘记的。这种精神形成的国家记忆就是一种强大的力量。

思想统一国家便统一，人心不乱民族不会乱，这大概是一个必须牢记的格言。有学者主张"历史书要重视人的存在"，我认为这是很有见地的高论，必须遵循。

根据创价大学高桥强先生的意见，我起草了中山大学与创价大学合作进行孙中山研究的意向书。

广州中山大学与东京创价大学合作研究"孙中山与世界和平"课题的协议书原文如下：

为了落实1999年4月中国广州中山大学黄达人校长应邀访问日本东京创价大学，两校领导人建议合作开展孙中山研究的意向，中山大学孙中山研究所所长林家有教授于2000年4月应邀来创价大学进行访问研究的机会，与创价大学国际部副部长高桥强教授经过多次协商和研讨终于取得共识，双方一致认为两校合作研究"孙中山与世界和平"课题不仅具有重大的学术价值，也具有深远的现实意义。经过研究双方协议如下：

一、合作的结果：（一）2001年春在广州中山大学联合举办"孙中山与世界和平"国际学术研讨会，邀请中国两岸四地（中国大陆、台湾、香港、澳门）以及日本、美国、澳大利亚、德国、韩国、英国、法国等的学者参加。在广州中山大学会议期间的住宿、饮食、交通及在广东省内参观的费用由中山大学支付。（二）出版最终研究结项成果论著一部，内容包括专题研究的综论和国际学术研讨会论文，预计约50万字，建议用中文繁体字在香港或台湾出版，以扩大影响。出版经费，包括按出版机构法规规定给予作者的稿酬由创价大学支付，在可能的情况下提供一些搜集资料，电脑打印书稿方面的科研经费。

二、合作的机构："孙中山与世界和平"课题研究，由广州中山大学孙中山研究所与东京创价大学国际部具体组织进行，项目负责人为林家有教授（中山大学）与高桥强教授（创价大学）。

三、成果的编著与出版：研究的最终结项成果是《孙中山与世界和平》论著一部，本书由林家有教授与高桥强教授主编，具体出版单位由双方议定，该论著力争在2001年底出版。

四、本协议经双方请示校方同意后签署生效。

广州中山大学孙中山所　　　　　东京创价大学国际部

　　林家有　　　　　　　　　　　高桥强

　　签　　署　　　　　　　　　　签　　署

2000年　月　日　　　　　　　2000年　月　日

　　咱们中国人过去讲哥们儿义气，做什么事只要谈得来便干起来罢了，用不着什么协议，正因为缺乏法律意识常常吃亏上当。现在聪明起来了，干什么事也要有个法律、法规、法纪意识，也学起西洋人、东洋人签订个协议之类的东西，有根有据，规定得明明确确，清清楚楚，将来追查起责任来也有个凭据。这种契约关系的确立，也说明咱们中国人的觉醒，说明咱们中国也是一个法治的国家。

　　记得我国著名文学家巴金先生在一篇题为《绝不会忘记》的短文中说过："爱国主义始终丢不掉，因为我是一个中国人，一直受到各种的歧视和欺凌，我感到不平，我的命运始终跟我祖国分不开。"这是生活在旧中国长期受到帝国主义国家压迫的巴金先生说出的感受。读老一辈学者的书，感受老一辈人的教诲。我从小就有爱国主义思想，是一个民族主义者。上大学以后，这种感情就变得越来越强烈。没有国家就没有我，没有民族的地位也就没有我的地位。我自觉地将我自己的读书和工作都与国家和民族的利益结合起来，因此我有一种使不完的劲、做不完的事的感觉。

　　这次到日本访研是我一生中到国外居住最长的日子。现在的中国不同往日，已不再存在被人欺凌的情况。过去日本侵略中国，我也恨日本国的军国主义者，但如今日本有我许多朋友，他们都对中国、对我十分友好，尤其是创价大学的师生对中国更是友好，就连一般的宿舍服务员见到我们中国学者都说声"您好"。"您好"不是一般的问候语，也不仅是一种礼节用语，它也包含很深的人与人之间的一种平等感情。通过这一段在日本的访学生活，我体会到日本的青年学生多数对中国很友好，对我国人民很尊敬。人不管是生活在哪里，不管是白种人、黄种人、黑种人，都要相互了解，了解才能信任，才会有真情，才会有相互之间的理解和同情，所以了解是非常重要的。

话又说回来，爱国主义是由于别人压迫而萌生的，那么没有这种欺凌压迫的现象存在，还有没有爱国主义，还要不要提倡爱国主义、民族主义？回答是肯定的。缺乏对祖国、对自己民族的深厚感情，就斩断了个人与祖国和民族的精神纽带，这种情感的断裂是非常痛苦的，也是很可悲的。所以，无论到哪里，也无论在什么时候，作为一个中国人都要有我们的中国心，都要真诚地爱着我们的祖国和人民。这是我半个多月来在国外生活、学习和教书的一点粗浅体会，同时也是真诚地从内心里迸发出来的思想感情的自觉流露。

香港《亚洲周刊》曾连载一篇题为《国宝争夺战扣人心弦》的文章，说的是香港佳士得和苏富比两家拍卖行在香港举行的两场拍卖会上，拍卖1900年中国遭英法联军掠夺的四件圆明园国宝的事。在中国的国土上拍卖被强盗掠夺的国宝真有点不成体统。所以，香港一些民间团体示威抗议，指这次拍卖"贼赃"，伤害了中华民族感情。我非常赞同这个看法，也支持他们的抗议行动。他们这样做，充分表现了香港同胞的爱国心。

然而，这两家拍卖行照常举行拍卖会。在这关系到民族尊严的时刻，北京两家国有企业：中国保利集团和北京市文物公司，分别竞投成功，夺回四件国宝。这四件国宝分别是铜虎首、铜牛首、铜猴首和清乾隆六角套瓶。保利集团以八百一十八万五千港元夺得铜猴首，以七百七十四万五千港元夺得铜牛首，随后又以一千五百四十四万四千港元夺下铜虎首。北京市文物公司、北京翰海艺术品拍卖公司顾问刘岩先生又以二千零九十四万五千港元夺回六角套瓶。他们做得实在棒，有民族气节，作为一个中国人，对于强盗掠夺我们自己国家的国宝应不惜一切代价夺回，这关系到国家的尊严与民族的荣辱。他们做得好，我们应该向他们致敬。

事后，参加竞投的保利集团顾问易苏昊先生说得好："这些文物包含着民族的血泪、民族的耻辱，火烧圆明园有着我们民族不解的情结。每个中国人看到这些文物，都会想起一段辛酸的往事。一个民族强盛后，总会反思自己走过坎坷的路，把国宝拿回来，能教育我们自己，也教育下一代：不忘国耻。"对于文物国人应引起重视，原中国历史博物馆馆长俞伟超先生曾说过："一个领土，一个文物，最容易引起国人关注而爆发出民族凝聚力。"的确如此，如果香港拍卖的这些国宝再在我们"家"里给别人拿走，那对中国人的感情伤害有多大！所以，我认为中国保利集团和北京文物公司在这次香港竞投国宝中的表现很有胆识、远见和果断。他们为我们保护和抢救国宝树立了榜样，国人应该向他们学习和致敬。

5月18日我读东京出版的中文报纸《中和资讯》（2000年5月1日），有两篇文章说到东京都石原慎太郎知事对中国和中国人进行挑衅，引起中国政府和在日本的中国人的不满和愤慨。

石原慎太郎非常讨厌中国大陆，喜欢中国台湾，他亲自赴台湾参加陈水扁的就职典礼，还请达赖来东京访问，是一位对中国极不友好、蓄意制造麻烦的日本右翼分子。他借蛇头引渡中国人偷渡日本，以所谓造成东京问题为由向中国发难。他煽动警察要更加严格地取缔中国蛇头，又逼迫日本政府机构（如外务省）对中国要态度坚硬，企图以此来争取民众对他的支持。石原把那些偷渡者称为"三国人"（中国、朝鲜、台湾），引起了在日本的外国人，以及对历史有良知的日本人的愤怒。东京中文报刊的记者纷纷起来抨击石原的"三国人"的发言。有文章指出，"三国人"不仅是对那些不法外国人的蔑称，而且主要是指那些中国人当蛇头，由蛇头非法带入日本的偷渡者。石原反复强调，对这些"三国人"的犯罪应该加以严厉的防范措施。于是，他向自卫队表示，万一发生东京大地震那样的情况，这些不法入国的"三国人"极有可能发动大规模的骚扰（即趁火打劫），那么自卫队就应该准备出动，尤其是像他那样的东京都知事，他的意图是要动用日本的军队（自卫队）来镇压中国人的"犯罪"活动。石原这些言论与其说是在嘲讽朝鲜人，倒不如说是在辱骂我们中国人和中国政府，并且动用舆论以日本军队力量来威胁中国人。这个石原利用蛇头问题来大做文章，说明他对于中国和中国人的憎恶心态，是一种煽动日本人反对中国人的日本右翼反华分子的反华喧嚣。

东京《中和资讯》中文版2000年5月1日第9版刊登了两篇文章，一篇是佟明忠写的《警惕美国的信息霸权》，另一篇是张国浩写的《东方文化正遭遇信息殖民》。这两篇文章提出一个很重要的问题，即在科学技术迅猛发展的今天，信息科学的发展给人们带来方便，提高人们的全球意识之外，也带来信息的对抗和战争。这类的言论在出国之前我未曾有所闻，所以它对于我是一种警世的高论。我从事人文学科的研究工作，对于科学和电子讯息之类的东西一窍不通。但是上述两篇文章提到的问题，我认为应该引起国人的高度重视，要设法抗拒霸权，避免信息的殖民和奴化。

佟明忠在《警惕美国的信息霸权》一文中强调，以美国为首的西方势力之所以能对外发动信息攻击并且屡屡得手，是因为他们在一定程度上掌握着信息霸权。

美国抢占了信息产业的制高点。据统计，在全球信息产业中，关键性的部件CPU美国占92%，绝大多数国家要依赖美国进口；全球系统软件中，美国的产量占86%；世界性大型数据库3000个，70%设在美国；全球因特网用户域名注册及TCP/IP传输协议，大都在美国人手里。这就是说，全球信息产业的绝大部分硬件和软件都已被美国抢占，其他国家不得不依美国制的"圈"活动。这就为美国利用其对信息产业和信息资源的垄断，对别国进行信息控制、信息渗透、信息攻击，为信息殖民化提供了条件。

美国掌握了信息传播的主动权。美国人在出口的计算机和软件产品中安装神秘的"黑匣子"充当窃取用户国家和私人各方面机密的"特洛伊木马"间谍，一旦用户上网使用，这个"黑匣子"便会悄悄地向美国发送有关信息，而用户浑然不觉。美国还在信息产品中预设隐性通道和可恢复密输的密码，为必要时发动信息攻击埋下"伏兵"。美国还在信息产品中留下嵌入式病毒，为用户国家的政治经济信息管控留下隐患。还有诸如不为用户所知的"未授权代码"专门执行为美国服务的功能。授权代码的双重功能，既为用户服务，又为美国效劳等等，从"视窗95""视窗98"到"视窗2000"都无不如此。可以说，美国的信息渗透、信息控制是无孔不入的，其掌握着信息攻击的主动权。

面对这场"不对称"的信息攻击和信息反攻击，首先必须认识到政治经济信息安全与军事安全一样，是国家安全的重要组成部分，必须保卫信息边疆这个与领土、领海、领空、外层空间一样重要的"第五边疆"的绝对安全。其次，要高筑安全"防火墙"。以创新手段维护自己的信息系统，不使敌军攻击得逞。其实，美国的信息霸权并非天衣无缝、无懈可击。只要我们攻防兼备，扬长补短，就一定能在应对信息攻击中取得胜利。

张国浩在《东方文化正遭遇信息殖民》一文则指出，"信息殖民主义"对发展中国家形成强力冲击，这种冲击几乎是全方位的。

信息殖民侵略除了政治经济方面对信息不发达国家产生冲击外，文化思想领域也同样会遭到侵害。在信息时代，信息网络一方面为不同文化的传播、交流、整合提供了广阔的发展空间；另一方面，信息输入国家会不可避免地受到强势文化的冲击。当前的国际互联网上，大量的信息资源是用英语表述的，网上的英文信息会将英语国家（主要是西方国家）的思维方式、价值取向和行为准则等传输到非英语国家（主要是发展中国家）。这种网络文化的西方化倾向对发展中国家的传统文化形成冲击。结果，全球范围内，西方文化已形成强势文化，它覆盖、瓦解着非西方的弱势文化，造成文化的殖民化倾向。关于美国信息殖民的文化侵略，必须引起我们的高度警惕。

在许多发展中国家，本民族的文化已成为落伍、守旧的代名词，年轻一代热衷于西方的摇滚乐、好莱坞电影、电视肥皂剧，以及美式食品，这种从价值观念到生活习俗全方位的西化趋势，使社会普遍存在着崇尚西方的文化心理，对非英语国家的民族文化的良性发展造成严重障碍。

各民族的文化都有各自的优势和独特性，理应共生共存，我们在坚持对世界开放的同时，要警惕信息技术发达的少数国家，利用信息网，推行霸权主义文化和以暴力、色情为特征的颓废主义文化。这些年来，西方国家宣扬"人权大于主权"的观念，就是企图把西方的价值观强加于其他国家和民族，对此我们要保持高度警惕。历史已经反复证明，凭借武力和经济手段难以消灭一个有着独特文化的民族和国家，但是从文化和精神领域却有可能去奴役一个国家和民族。美国学者亨廷顿曾经预言：未来全球的冲突是文化的冲突，东方文化将是西方下一次打击的对象。不论亨氏的立论是否站得住脚，用心是否险恶，但我们要清醒认识到，在全球不同文化互相交流、传播、渗透的大背景下，确实存在着少数信息强国，利用网络推行霸权主义文化和大国沙文主义文化。文化是民族的自尊自强之本，只有本民族文化持续良性发展，国家才会真正兴旺和繁荣。

《中和资讯》报编者最后提醒人们注意：美国垄断全球的电脑信息网络，已对他国经济和国家安全构成直接威胁。法国抱怨法国的数据库领域已全部被美国垄断了。日本哀叹日本有可能沦为美国的"信息殖民地"。中国军方高度关注"信息殖民主义"现象，《解放军报》日前指出，"信息殖民"现象将成为未来战争的重要动因，并呼吁"战胜来自对敌方的信息攻击"。

池田大作与英国历史学家汤因比的对话录《展望二十一世纪》一书认为，人类下一阶段一定会实现政治与精神方面的大同，但是，这种巨大的变革必须以全人类的平等为前提，即不是以一部分人继续统治另一部分人，而是以自主的形式加以实现。池田大作指出，一部分人统治另一部分人的现象是一种罪恶。汤因比认为人类必须对其做法、目标、行为进行根本性变革，但这种变革，必须付出高昂的代价。他认为，二十一世纪人类注定要目睹"西欧的没落"。他说人们一定会发现西欧在二十一世纪于精神领域所发生的悲剧性的失败——比起技术方面的辉煌业绩来，这种失败显得尤甚。

两位学者都非常重视人的精神作用。他们认为，人与人的关系是构成人类社会的网状组织。而所谓各种制度的改革，只有当其作为上述个人的精神变革的先兆，并作为其结果出现时，才能是卓有成效的。现在我们正目睹一个共同的世界文明的诞生，这虽则是发端于西欧，但由于一切历史性的地区文明的贡献，如今在精神上也正丰富起来。

两位学者在探讨哲学、宗教文化时，深入剖析了人类本性中意识之下的文化心理层，探索了存在于其中的可称为人类本性的各种文化心理要素，并指出这些要素在任何时代、任何情况下都是整个人类所共有的。

《展望二十一世纪》使我们了解人类本身的共性和当今科学技术发展对人类生存条件的破坏和威胁，以及政治与社会的各种矛盾和文化奴役给人类带来的威胁，这些都给人类的生存造成困境。他俩提出的许多人类社会发展的关键问题给人们新的启示。两位著者的一个共识是我们作为人类，必须思考和探索从两极时代向多极时代发展，走向一个新世界，努力寻求统一世界的新课题。

总之，在日本创价大学访学期间，我读了不少书和报刊，拓宽了我对世界的政治、经济、科技、社会，以及文化的视野，激发了我许多新的对中国社会的思考，收获很大。

（三）创价大学是创价学会创办的私立大学

创价大学是由创价学会创办的。创价学会首任会长是创办日本教育学会的牧口常三郎，1871年6月6日他生于日本新潟县柏崎市。

牧口常三郎由于反对日本的侵略政策于1943年7月被捕入狱。牧口在72岁高龄时，在狱中度过了500天的苦难生活。牧口在狱中坚持"信教的自由"，否定"国家神道"，反对战争。对于狱警的审讯，牧口慷慨陈词："日本对中国和亚洲的侵略，并非什么'圣战'，而是由国家权力对于精神指导根本性的错误，导致了全国的狂热。"牧口认为"天皇也是凡人，他也会犯错误"，日本当局为此给他定下不敬的罪名，但他从不屈服。最终，牧口由于营养失调，身染重病，被转入病号监狱，但在转入病号监狱的第二天（1944年11月18日），也就是创价学会创立之日，溘然逝世。

牧口常三郎14岁时转居北海道，经过苦学，从北海道师范学校毕业后，担任该校附属小学教导老师，并兼管学生宿舍。

1901年4月，牧口辞去了北海道师范学校教师的职务，带着日积月累写成的两千余页书稿，到了东京。

一年后，牧口拜访了著名的地理学者志贺重昂，志贺被其书稿内容所打动，决定为其书稿进行校阅和批改。随后，该书稿于1903年10月，以《人生地理学》为名出版，当时的牧口32岁。

该书在出版的当年就重印了三次，由于受到好评，从第二年开始每年都重印。《人生地理学》的发行，成为牧口与当时有代表性的知识分子接触的契机。

著名农业经济学者新渡户稻造从台湾给牧口寄来了鼓励的信件。另外，牧口同日本民族学的创始人柳田国男也有很深的交往，1910年，新渡户稻造作为发起者的"乡土会"成立后，牧口也成为其中活跃的一员。

牧口的《人生地理学》一书从生态学、地理学和人类学的视角对人类以及人类生活的环境等做了综合性的考察，远远超出以往自然地理学和人文地理学的基本概念。

此外，本书不仅综合观察人类与自然的关系，作者更运用自己独到的价值观去解析两者的关系，将自然视为有情物，将其作为与人类生命相联系的事物来把握。

牧口的价值观的中心是生命。依据美国杜威等人的实用主义观点，牧口洞察到"能够称其为价值的唯一价值，就是生命。其他的价值，只限于与几种生命体相联系时才能够成立"。他指出人类的生命及其存在是否有意义，这才是根本的标准。

牧口还预测到时代的发展，是从军事的竞争时代，过渡到政治的竞争时代，再到经济的竞争时代，接着便是人道竞争时代的到来。他还叙述到，希望通过以人道的竞争为前提协作与共存，来实现维持世界和平的构想。即"其目的不应只是利己主义的，同时还应该为了保护与促进他人的生活。换言之，应选择既有益于他人，同时他也对自己有利的方式，有意识地创建共同的生活"。这样，牧口在《人生地理学》中，批判了帝国主义的军事侵略，同时他也成为了以贯彻人道主义的和平的国际交流为志向的日本先驱者。他在日俄战争爆发（1904年）的前一年出版《人生地理学》，对帝国主义进行批判，其意义非凡。

从1913年始，大约在20年的时间里，牧口在东京市先后历任六所小学的校长。他一面学习美国哲学家杜威的教育理念，一面推进日本的教育改革。但是，由于牧口主张废止国家权力对"视学制度"的介入，因而时常遭到压迫。他虽然很繁忙，但生性清正高洁的牧口，并不去阿谀奉承那些当权者。有一次，由于他与一位欲把持视学官和学校的当权者意见不合，牧口最终被派往一间夜校任校长。这所学校所收容的是不用交学费、连学习用品和教材甚至医药、理发的钱都无法提供的贫困家庭的儿童。在这样一所学校里，牧口自己掏腰包，担任着为孩子们准备点心和伙食的工作。在距离1932年实行学校伙食制的十三年前，牧口就进行着这样的工作。

此外，牧口在就任白金小学校长不久后，为了保健与卫生，以牧口为组织者的12名校长，向当时的警视总监请愿，希望能将儿童的洗浴费减为一半。

1928年，牧口有缘了解了日莲佛法，日莲佛法以全体人类生命的内在化，以开发终极智慧作为其目标。强烈地抱着通过教育来实现社会变革志向的牧口，由于偶遇佛法，逐渐感到它对实现自己的理想确实是有效的。他记下了当时激动的心情："自己感到难以用言语表达的欢喜，以致几乎60年的生活方式为之一新。暗中摸索的不安越发加剧，生来畏缩保守的思想没有了，生活的目标也日益变得远大了，害怕、恐惧的事情也变少了。"牧口当时是57岁。

1930年11月18日，牧口同弟子户田城圣（后为创价学会第二任会长）一起，出版了经过多年实践研究的集大成著作《创价教育体系》第一卷（共两卷）。这一天，也正是创价学会的母体"创价教育学会"的创立之日。教育家户田是在1920年与当时在东京市任小学校长的牧口结识的。

牧口在谈到创价教育学会的特殊性时说："是日莲大圣人的佛法与我个人的价值创造论的结合。"

牧口在《创价教育学体系》第一篇开始即讲述到"所谓创价教育学，是培养能够创造人生目的价值人才的方法的知识体系"。

在第三篇的价值论中，牧口认为，真理是可以被认识的，但人类无法创造它，因此，它与能够创造的价值是两个异质的概念。康德创立的真、善、美的价值体系，混淆了真理与价值这两个异质的概念，因此他认为真理就应作为别的体系予以尊重，应该从价值概念中分离出来，他主张的价值体系是"美、利、善"。并且认为这三个价值的创造就是人格价值，这就为价值哲学送入了新风。

在《创价教育学体系》发行之际，被誉为日本社会学先驱的田边寿利寄来了序文，序文中写道："牧口常三郎，经过与众多迫害和苦难的斗争，耗费其宝贵的整个人生，终于完成了具有划时代意义的《创价教育学体系》。作为文化之国的日本，应该通过怎样的方式，来看待这位我国值得夸耀的伟大教育家呢？"田边寿利对《创价教育学体系》的肯定对于牧口是极大鼓舞。

新渡户稻造也这样说道："相信这是日本人的教育学说，并且是现代人期望已久的名著。"

犬养毅（政友会总裁，孙中山在日本最为信赖的领导人之一）也为《创价教育学体系》的出版而高兴，他在挥毫寄语的同时，还赠书签以示祝贺。并称"世间没有不能教育之人，也没有不需要教育之人"。犬养与新渡户、柳田、田边等共同成为了"创价教育学支援会"的成员（联名者共有38名）。

为了普及创价教育学，牧口从1932年开始，继续到各地进行讲演，还创办了机关报《新教》，并逐步在各地推进会员的组织化。1937年秋，创价教育学会正式启动。同时也是在这一年，爆发了日本侵略中国的战争。

1939年，创价教育学会第一次会议召开。彼时蒙骗民众并将其驱向战争的日本军部政府大肆修改、歪曲《治安维持法》，并且制定了旨在将宗教纳入国家总动员体制的宗教团体法，剥夺了人民的"信教的自由"。创价教育学会的机关报《价值创造》（1941年创刊）也在治安当局的指示下被迫停刊。

日本的军队增加了暴力行动，对亚洲诸国发动侵略战争。对当时的时局心存危惧的牧口和户田，决然地表现了同日本军部政府对抗的姿态。

在日本宗教界的许多人支持战争的精神支柱——"国家神道"的同时，牧口和户田毅然反对军部政府对思想、宗教自由的肆意践踏和蹂躏，为了实现和平，他们表示坚决不能歪曲宗教的信念，并决定与歪理和邪恶斗争。

牧口和户田被作为"思想犯"，受到日本特别刑事警察的监视，但他们仍继续在民众中不断开展座谈会，进行对话。在此期间，他们还讲述自己的信仰，并控诉日本军国主义。在后来的起诉状中还提到牧口在战时的两年间，共举办了240次座谈会。

在座谈会上牧口和户田尖锐地批判日本军部时，常常被刑事警察以"发言到此为止"为由制止。

因为牧口和户田抱着对教育的热忱，以及传播日莲佛法这样的共同信念，在当时军国主义下的日本，牧口和户田为了和平与人道，他们展开了坚决勇敢的精神斗争。

对于一贯坚持以"教育是为了儿童的幸福"为信念的牧口来说，战争是绝对不能发生的。因为战争中最大的受害者是儿童。

在日本军部淫威下，对于向"神札"礼拜的命令，与牧口具有共同信念的日莲正宗的僧侣也全部屈服了，然而牧口断然拒绝直至最后。日莲正宗对总本山的大石寺也下了通告，欲接受违背日莲教义的"神札"，但是牧口断然言道："绝不接受神札！"以牧口拒绝日莲正宗首脑对于接受"神札"的劝告为契机，日本军部政府对于创价教育学会的弹压也更为加强了。

对于教育者的第一使命，牧口常常强调对"正与邪""善与恶"的正确判断。他在《创价教育学体系》中这样感叹道："尤其是由于恶人旁若无人的行径，使得正义的善人受到迫害，尽管如此，正如羊群一样，'弱小的善人'的袖手旁观，对于国家的未来，是值得担忧的祸根。"

1943年7月，牧口和户田同时被日本警察逮捕入狱。理由是他俩违反了"治安维持法"（对以散布否定国体、冒犯神宫或皇室尊严为目的的社团组织者、领导者，有判处无期或4年以上有期徒刑处罚的规定），以及"不敬罪"（对拒绝奉祀伊势皇大神宫的神札者有罪）两项罪名。牧口在伊豆，户田在东京，两人均被逮捕。当时，日本全国约有3000个各种反战学会组织陷入几近被毁灭的状态。

牧口在72岁高龄时，度过了一年零四个月（即500日）的狱中生活。在此期间，牧口仍是一步也不退让，坚持"信教的自由"，否定"国家神道"，反对战争。牧口所采取的拒绝接受"神札"的行动，更是对国家的上谏行动。

日本将侵略战争美化为"圣战"，舆论界也对之竞相赞美，但牧口则对日本侵略中国和亚洲其他国家表示质疑，表现出了罕有的勇气与觉悟。

最终，牧口因为营养失调，身染重病，终于被批准转入病号监狱。衣服改穿和服外褂，修整了头发，不借助看守的帮助，自己坚持用衰弱的双足在病号监狱中走动。更为奇特的是，在转入病号监狱的第二天（1944年11月18日），也就是创价学会创立之日，牧口溘然逝去。

创价教育学的目的在于最大限度地启发人类所具有的特质、个性和创造力。以发挥日益向上的自立力和价值创造能力，培养为人类幸福、社会繁荣及世界和平做贡献的人格作为宗旨。与当时日本在为了国家的美名下，蒙骗顺从民众的国家主义教育相比，创价教育学在当时无疑是完全反动的，越是坚持贯彻，就越是对权力的抗争。牧口的教育目的，并不在于"国家"，而是"民众"，并且是每个"人"。在日本"国权优先"的时代，牧口毫无惧色地强调"个人的权利和自由是神圣不可侵犯的"。可见牧口的人权意识是将"人道"置于"国家"之上。国家可能是重要的，但人类共同的"人道"却是更为重要的。

当《人生地理学》发刊时，牧口就任茗溪会（东京高等师范学校同学会）书记之职。东京高等师范学校的校长嘉纳治五郎，还兼任弘文学院校长，这是一所为初到日本的外国留学生而开办的学校。该校在教授日语的同时，也致力于其他学问的教育，尤其是注重历史地理和科学。《人生地理学》也深受欢迎，牧口还曾担任该校地理学教授（1904—1907年）。据说后来听讲的留学生中还有人将牧口的讲义译成中文在中国出版，足见其影响之大。该校还招聘松本龟次郎担任日语教师。松本后来开办了学生交换预备学校（1912—1945年），年轻的周恩来在日本留学期间，也在该预备学校学习过（1917—1919年）。据说松本校长和周恩来之间有着亲密的交往。

在弘文学院学习的中国留学生（由湖广总督张之洞倡导）约有8000人，他们归国后，各自都发挥了重要的作用。有些人投身革命，有些人在政府部门任职，也有些人作为教育工作者培养人才，他们都活跃在中国社会。例如，可称作中国现代文学奠基人的鲁迅，民国初年继蔡元培之后就任教育总长、后又历任北京师范大学校长等职的范源濂，以及中国共产党创始人之一的陈独秀，还有与孙中山一起活跃于辛亥革命中的黄兴等为数不少的人，都是弘文学院的学员。

特别是还有一些与中国革命有着深刻联系的人物，如胡汉民、陈天华、杨度、章炳麟、李书城、李四光、万声扬、徐声金、杨时杰、张纯一等人，都曾在弘文学院学习，可见牧口与中国青年之间，有着深刻的有意义的交往。

牧口虽专心于小学教育，但同时也从事留学生教育。这在1900年初期的日本，尤其是值得注意的。并且，与中国留学生的交流，也是牧口断然坚持反对中日战争的一个背景。

牧口如何看待中国，由于缺乏资料的原因，还未有定论。但是当年听过牧口讲课的学生却有着极为有趣的证言。他们说："那时，牧口先生在讲课时，将一些并非考试内容的话，放在了授课之前。"比如牧口曾驳斥日本流行的言论——中国在说谎，夸大日本人侵略的行为。牧口说，"中国人并没有撒谎。中国是孔孟思想之国，没有必要撒谎，如果是撒谎的国家，又为什么会有五千年的悠久历史呢？在那如此广博的国土上，又怎么可能继承了伟大的文化而民族长存不灭呢？"这是牧口在许多日本人都认为"中国人、朝鲜人撒谎"的时代的发言。在此前一年的1937年，曾爆发了"七七事变""八一三事变""南京大屠杀"等事件。听过牧口讲演的一位学生言道："在当时，发表如此言论的成年人是没有的。"我们切实感觉到，牧口正是在这样的背景下，通过曾在弘文学院时与中国青年的交往，才能够与中国人结成相互信赖的关系。

其后，牧口完成了集其教育实践大成的《创价教育学体系》，其中也包括了创建创价大学的构想，即"以培养足够的以实现他人教育为任的高级老师为目的的高等师范学校"的构想。在《牧口常三郎全集》（第5卷）中他曾提到，"将来，我研究的创价教育学的学校，必须由我来创立，如果在我这一代不能创立，则交由户田君这一代""一定能够诞生从小学到大学这样一种由我进行研究的创价教育学的学校"（1939年4月的发言）。

第二次世界大战后，中国开始向日本派遣公费留学生是在1975年。在日本的大学中，最初正式接受6名中国留学生的学校，正是牧口预先构想设立的创价大学（1971年创立）。该校的创办人池田大作先生是周恩来总理的好朋友。创价大学从1976年开始设置了日语研修课程，真正开始了致力于留学生教育的工作。创价大学与中国大陆高校的交流很多，中国每年都派出进修生、访问学者到该校学习、研究和教学。中国的许多高校如北京大学、中山大学也接收创价大学的留学生，创价大学是日本与中国最友好的一所大学。

创价大学是创价学会创办的。来创价大学访研之前，我知道创价学会的名称，但不了解创价学会的来龙去脉。到创价大学后，该校外语系中国汉语学专业的高桥强教授提供给我很多由日文翻译为中文的有关创价学会和创价大学的材料，我才基本弄清楚创价学会的情况。这要感谢高桥强教授热情的帮助。

创价学会是信奉《法华经》真髓的日莲佛法民间团体。《法华经》是源于中国的大乘佛教最高成就的经典。

创价学会的目的，是以佛法的"生命尊严"（人道主义）的哲学为基调，通过对"和平""文化""教育"的推进，为人类做出贡献。法华宗教的精髓是启发人本来具有的"佛性"，即至高无限的"价值创造力"，以实现自身的幸福。所谓"价值"是指"价值创造"，而能够无限创造价值的人，称之为"人间革命"。

1930年牧口常三郎创立创价学会，此后由户田城圣任第二代会长，池田大作继任第三代会长，在该会会员献身性的努力下，构建了今日之组织。2000年，创价学会在日本有812万户（其中青年男子部有70万人，女子部有165万人），在海外有148个国家、136万成员从事日莲大圣人佛法的实践，同时也在为实现各国的繁荣与和平做贡献。

创价学会尊重的"价值"的中心始终是"生命"，是人生命的充实与尊严的确立。这也是创价学会的根本基准。在实践层面，池田大作在他的著作中大致将佛法哲学的特征归结为以下三个方面：

第一，从自身"内部的变革"来构建幸福的姿态。一味将不幸的原因都归结于他人，并不能从根本上解决问题，相反，总是认为"是自己的过错，是自己的不对"这样一种自卑心理，也不能够解决问题。最重要的是自己自身的革命——"人间革命"。只有以此为基础，才能够产生制度、机关等外部的变革。人应该将自身目前的烦恼，逐渐转向为了众多人的幸福而烦恼这样一种向前看的心理，致力于"提高生命的水平"。

第二，所有的人都应有属于自己的崇高使命这样一种"重视个人""尊重个人"的姿态。人最重要的是实现真正的自我，尽力开放自己的生命之花，因为只有"生命"的价值是绝对的。国家、人种、性别的差异，各自国家文化、习惯、历史的区别，只能作为人个性的一部分来敬重。当然，正因为有差别，才需要相互启发，相互学习，绝对不能因为这种个性的不同而产生差别感，或因为信仰的不同而互相仇杀。

第三，以积极关心社会繁荣的姿态来对待社会。并不能为了追求自己的幸福，与社会相隔绝而信仰利己主义，人应该为国家的文化做出贡献，致力于国家的发展，做一个模范的国民。

1975年1月26日，日本创价学会组成了世界性组织。在太平洋战争的激战地关岛，信仰日莲佛法的51个国家的代表参加了"第一次世界和平会议"，国际创价学会（SGI）正式启动。在会上，池田大作发表了和平宣言。

SGI作为联合国非政府组织（NGO），积极地推进各种关于人权的宣传活动，通过"战争与和平""环境与开发"等各种宣传活动，大力启发各国人民关注全球性问题的意识。

1995年，在池田大作指导下，创价学会制定了《SGI宪章》。

《SGI宪章》的基本内容是强调国际创价学会的团体及构成人员，必须为和平、文化、教育做出贡献。

宪章的前言明确指出：

对于"战争与和平""差别与平等"，以及"贫困与富有"这些状态，"生活在20世纪的人类，比以往任何一个世纪的人类更有深刻的体验"。

"以核武器为主的军事技术的革新，带来了足以灭亡人类的危机，由于存在民族、宗教这些激烈的差别的现实，至今仍纷争不断。而且，人类的自我意识与散漫，引起了南北问题、地球环境等严重恶化的地球性问题，危及人类的生存。"

日莲佛法是讲述人间生命的尊严性、包容性，以及克服所有困难的智慧之法。日莲佛法强调这种智慧能够开拓人间精神的创造性，能够克服直面人类社会的所有危机，以实现和平的、繁荣的、美满生活的人类社会。日莲佛法是"人间主义"之法。SGI以这种"人间主义"为基础，高扬"世界市民的理念""宽容的精神""尊重人权"，通过非暴力和对话，肩负起这一人类的课题，为人类社会做出贡献。

总之，创价学会的任务、意识及它的章程只是一个团体的意识，它没有普遍性，它是带有宗教色彩的组织，也不可能在人类中普遍推广。但长期以来日本创价学会则致力于中日友好，在中日两国邦交正常化以前，创价学会便积极推动中日邦交。1968年9月8日，在日本大学讲堂有2万名学生参加的第11届创价学会学生部大会上，创价学会会长（现为名誉会长、国际创价学会会长）池田大作先生向学生作了讲演。讲演主要谈中国问题，首先他谈到当时日中关系的现状，说日本至今仍未同中国恢复邦交，日本政府也不推进这方面工作，是日本的错误对华政策。

池田先生指出，从亚洲与世界的和平来考虑，中国问题是不可避开的问题。日本青年和中国青年应当建设新的国际社会。他呼吁承认中国政府的合法地位，恢复中国在联合国的合法席位，让中国参加国际活动，以及举行日中两国首脑会谈，确认争取和平的意志等。（参见《日中恢复邦交秘话——池田大作与日中友好》，经济日报出版社1998年版）池田先生这个建议给日中两国有关人士带来了震动，为日中邦交的恢复在日本造成强烈的舆论。正因为如此，周恩来总理指示中日友好协会等部门要同创价学会接触、交朋友。周总理说："创价学会是从群众中产生的团体，人数几乎占日本人口的一成。在推进中日友好时，不能忽视这个团体，要尽快同他们的干部接触。"当时的中日友好协会会长孙平化在《与日本的30年——中日友好随想录》（安藤彦太郎译，日本讲谈社出版）一书中谈到周总理当时的指示："就我所知，这一社会势力（指创价学会，笔者注）早在60年代初期就受到我们敬爱的周恩来总理的重视。有一次，我访问日本回来，随廖公（廖承志）来到中南海西花厅周总理办公室，直接向总理作了汇报。在我的汇报中，有两点引起周总理的注意：一点是日本使公路上下交叉，建设高速公路，解决现代化城市交通堵塞问题的经验；另一点是关于创价学会的跃进和势力不断扩大。周总理对我们说，要创造同创价学会接触的机会。高碕达之助（1885—1964年，日本企业家、政治家，历任国务大臣、通产大臣等。1955年以日本代表团团长身份参加万隆会议，会晤了周总理。1960年周总理邀请他访华后，曾多次来中国，为日中贸易和友好作过贡献）先生也向我们提出过类似的建议。以前赵朴老（赵朴初）访日时，同创价学会的干部接触过。我访日时，也通过作家有吉佐和子女士的介绍，同创价学会的干部一起会餐、交谈过。"

有吉女士与当时中国《光明日报》驻日本记者刘德有一直保持着友谊。刘先生谈到有吉女士给他打电话说到创价学会，她对刘先生说："日本有一个非常正派的团体，叫创价学会。那里面年轻人很多，都很诚实、正派。能跟他们见一见吗？"

据刘先生说，他接到电话后，立即跟我国驻日本贸易办事处的首席代表孙平化先生联系。孙先生说："周恩来总理早就给我们留下了一个'作业题'，要我们想办法实现同创价学会干部的接触。我们正在寻找这样的时机，正好顺水推舟嘛。"（参见《日中恢复邦交秘话——池田大作与日中友好》）

由此可见，周恩来总理高瞻远瞩，他在20世纪60年代就看到创价学会在致力于日中友好方面所起的积极作用。这些年来的事实证明，创价学会及该会名誉会长池田大作先生在继承前两届会长努力促进中日友好方面又大大地向前推进了一步，尤其是在促进中日教育和文化交流方面所起的作用非常明显。

（四）创价大学与池田大作先生对中国的友好

创价大学和池田大作先生与中国的高等学校和文化、教育部门的关系很好，经常邀请中国的大学和文化艺术单位的代表团访问创价大学。2000年5月25日，中国广东省大学代表团访问创价大学。代表团由省教育厅副厅长张泰岭任团长，代表团成员有广东外语外贸大学黄建华校长、华南师范大学颜泽贤校长、中山大学许家瑞副校长、暨南大学胡军副校长、广东省教育厅外事处谭永洪处长等。创价大学国际部约我参加代表团的活动。

对于广东省大学代表团的到来，创价大学做了认真的准备。当代表团乘坐的车子由东京开到创价大学本部大楼门前时，受到创价大学校长小室金之助博士、理事长冈安博司先生、副理事长田代康则先生，以及副学长福岛腾彦教授、创价短期女子大学校长若江正三博士和100多名学生的热烈欢迎。随后，小室校长为代表团的各位成员颁发创价大学各种荣誉奖，以表示代表团为日中两国的教育和中日友好做出的贡献。仪式隆重又得体。

代表团还参观了池田纪念讲堂、牧口常三郎纪念会馆。这两座纪念堂馆装饰得富丽堂皇，并有各种珍贵的文物和各种名画展出，参观后给人一种既庄严肃穆，又回味无穷的感觉。

最后代表团参观了池田大作先生为了纪念周恩来总理在创价大学而种下的樱花（刻有碑记"周樱"），又受到该校外语系汉语专业学生的欢迎，并歌唱由池田先生作词、中国东方歌舞团作曲的颂扬周总理的歌曲，充分表达创价大学学生对中国人民的友好情感，感人至深。最后广东华南师范大学校长颜泽贤教授讲话，他欢迎在这里演出节目的同学到中国广州去演出，同学们报以热烈掌声。之后，由创价大学小室校长设宴欢迎广东大学代表团一行，我也有幸应邀参加。

池田先生深得中国领导人和国际友好国家人士的敬佩，他是佛教人士，弘扬人道主义，重视教育和文化事业，反对战争，主张世界和平。他站在人道主义的立场上广泛地关注全球人类的生存和发展，不仅讲得多，行动也多，所以深得全球人民的敬慕。他的确给人一种温情、友善、和蔼可亲的感觉。

为了更全面地了解池田先生，感悟他的人生观和世界观，我认真地阅读了高桥强先生送给我的一份材料：《池田大作——创价学会的新领导者》。这份材料全面而简要地介绍了池田先生的生平与活动。

1928年1月2日，池田大作出生于东京。他是在以制造加工紫菜为业的家庭中成长起来的，在战时体制下度过了少年时代。他的4个兄长都当了兵，长兄在第二次世界大战中战死于缅甸。

1947年，19岁的池田加入了创价学会，师从户田城圣理事长（第二任会长），一边支持户田的出版事业，一边接受熏陶。池田曾这样回忆道："无论如何，我的青年时代，就是户田城圣所谓'人学'天才的个人授课。政治、经济、法律、汉语、科学、物理学、天文学等，关于古今之学问全都教给了我。实际上就是'户田大学'。"户田在自己经营的公司中，在大约5年的时间里，都以数名公司职员为对象，向他们进行授课。并且，"在先生的指导下，我从19岁到30岁11年的时间里，接受了熏陶，无论是佛法，还是人文、社会、自然诸科学、礼仪作法、组织运营的问题，甚至还有对世界形势的分析和判断，如果说我所掌握的全部都是先生教诲的，并非言过其实。先生的教育方法，是极其严厉的，如果用'磨练'一词来形容是再恰当不过了。……先生常常苦口婆心地教诲：在社会上，人与人之间最重要的，只有诚意。"

1958年户田逝世后，1960年池田大作就任创价学会第三任会长。在大约30年的就任期间，他为创价学会带来了飞跃性、国际性的发展。

池田会长访问了世界各地，如南北美洲、欧洲、东南亚、俄罗斯、中国等国家或地区，致力于各地和平、文化、教育事业的促进活动。所访问的国家或地区已达50个以上。1975年，国际创价学会（SGI）成立，池田同时任该会的会长。SGI的成员在世界148个国家或地区作为会员开展活动的同时，也作为自立的当地市民为该地域的发展作出贡献。

关于池田会长访问世界各地的目的，他用以下的话语表达了自己的心情："超越国家、体制的壁垒，播撒和平和友谊的种子，仅想以'对话'，以'信义'之心，来连接分裂的世界。"他在社会上多角度、多层次地开展了日莲大圣人的实践活动。日莲大圣人的佛法，本来是"佛法即生活""佛法即社会"。信仰日莲大圣人佛法的人，佛法的理念、精神，就会显现于他生活中政治、经济、文化、教育等所有的现实面。

创价学会还开展了旨在各种推进和平与文化的活动。从1968年提出中日恢复邦交的提案开始，池田会长在每年1月26日"SGI之日"纪念日上，都会提出许多人类所直接面对的课题，如核武器问题、资源问题、人口问题、环境问题等，引起了很大的反响。另外，他还通过青年部，开展了护宪运动、反战运动、支援难民等活动，极受日本社会有识之士的重视。

另外，池田还创立了推进和平、文化、教育交流的各种机关，如创价大学、女子短期大学、创价学园（高中、初中、小学、幼儿园）、民主音乐协会、东京富士美术馆、东洋哲学研究所、牧口纪念教育基金会、户田纪念国际和平研究所等。尤其值得一提的是池田会长本人通过与各国的领导者、各界知识分子、文化人士等的对话，以"和平大使""文化大使"的身份，展开了人民外交、民间外交，将人类主义、人道主义向全世界广布，其次数已超过500次，出版作为"世界的才智"的对话集也有20册以上。

通过上述行动，池田先生荣获"联合国和平奖章""巴西国家南十字星勋章""澳大利亚共和国学术·艺术最高勋位荣誉奖""法国艺术·文学勋章""泰国一等王冠勋章""世界桂冠诗人"等多种奖项和荣誉。

他还被众多大学授予名誉博士、名誉教授的称号（截至2000年1月共有73个），如丹佛大学、布宜诺斯艾利斯大学、圣马力诺大学、莫斯科大学、索菲亚大学、格拉斯哥大学、波洛尼亚大学、安卡拉大学、内罗毕大学、德里大学、菲律宾大学、北京大学、庆熙大学等多所大学。

池田会长是宗教思想家、著名诗人，他的著作颇多，主要有：《人间革命》（全12卷）、《我的人学》、《展望二十一世纪——汤因比与池田大作对话录》、《黑暗寻求黎明》（与雷内·乌依古对话录）、《二十一世纪的警钟》（与奥雷利奥·贝恰对话录）、《探求生命的世纪——谈科学、和平与健康》（与莱纳斯·博林对话录）、《世界市民的对话——和平、人类与联合国》（与诺曼·卡森兹对话录）、《和平的选择》（与约翰·加尔通对话录）、《二十世纪的精神教训——戈尔巴乔夫与池田大作对话录》、《探求一个灿烂的世纪》（与金庸对话录）、《谈"和平""人生"与"哲学"》（与亨利·基辛格对话录）、《论二十一世纪的人权》（与A.阿泰德对话录），还有与华中师范大学著名历史学家章开沅的对话录等，共十多部。

提到池田大作与中国的关系时，不能不提及1968年中日邦交正常化提案的提出。该年的9月8日，在第11次创价学会学生部总会上，在约2万学生的面前，池田会长作关于同中国邦交正常化的讲演。其中说到，"国际社会必须同处于孤立状态的中国建立正常的交往""侵略中国，曾使中国人民受苦受难的日本，尤其应该为中国加入联合国及其发展做最大的贡献""因此，应该直接同首脑人士进行谈话"。从当时日本的情况来看，反对日中关系正常化的意见居多，池田提倡日中关系正常化，遭到不少人的非难和威胁。池田先生排除一切干扰，坚持日中友好。1968年，池田提出日中关系正常化提案，1972年9月，《中日联合声明》的发表以及最后中日邦交正常化的实现，跟池田先生的努力是紧密不可分的。

池田大作说："日本长年的战争结束时，我17岁，体验了东京空袭，长兄也在战场上阵亡了。我们这一代接受的是军国主义的教育，由于日本军的侵略，中国的民众、朝鲜的民众遭受了极大的痛苦，这些我绝不会忘记。我们所经历的悲剧，绝不能在年轻的一代人身上重演。"池田大作的长兄后来虽战死在缅甸的战场上，但他从侵略中国时临时回国的长兄的口中听到了这样的话语："日本军是残忍的，中国人很可怜。"少年时代的池田大作对于这些话，终生都难以忘记。池田大作认为，中国的"毛泽东思想比马列主义更接近民族主义，唯物论的共产主义才真正继承了东洋传统精神主义的血脉"。他夸耀中国人的民族意识之强烈，远远超出我们的想象。另外，他还说："较之唯物主义，还应该是精神主义，因为毛泽东非常注重人思想的变革。"中国奉行和平友好外交，中国人民都热爱和平，坚持睦邻友好。池田大作在1968年提出中日建交的第二年，即1969年，在小说《人间革命》中，他也提到：日本应该排除万难，推进同中国缔结《日中和平友好条约》的进程。

池田大作在1974年12月第二次访问中国时，与周恩来总理在北京的305医院进行了会见。周总理虽刚刚做了手术，需要静养，周围的医生团也反对这次会见，但在周总理的强烈要求下，这次会见得以实现。这次历史性的会见，对池田大作此后促进中日友好的工作产生了极大的影响。当池田大作回忆起会见时的情景时，他讲述道："当时周总理说道：'20世纪的最后25年，是世界上极其重要的时期，让我们在平等的立场上，相互帮助、共同努力吧。'总理的这一席话，25年来，一直激荡在我的胸中。总理的一生就是这样走过的，我也决心利用有限的生命，全心全意地为日中友好耕田、播种，继续开拓。"并且，池田先生还将周总理希望一定要完成21世纪的中日友好的话语全部当作"遗言"来理解和认识。

1974年，池田大作在6月（第一次）和12月（第二次）访问了中国，在9月（第一次）他访问了苏联，在访问苏联之时，确认苏联并没有进攻中国的迹象，因此在第二次访中之时，他将上述印象转达给了中国领导人。

1975年，池田大作实现了同周总理的约定，第二次世界大战后初次从中国派遣的6名公费留学生，全部由1971年自己所创立的创价大学接收。从当时的情况来看，这是池田先生非常有勇气的决断，并且由池田先生亲自作为担保人接收这6名中国学生。

池田大作自从1974年以来，已经访问中国达10次之多，不仅得到了周恩来总理、邓小平副总理、江泽民总书记、李鹏总理、邓颖超女士等领导人的亲切接见，而且还同赵朴初、周扬、巴金、周培源、常书鸿、苏步青等文化人士进行了会谈，为中日间的学术、文化、教育交流的发展做出了重要的贡献。为表彰池田先生在恢复中日邦交正常化和促进中日文化教育交流所作出的贡献，中国人民对外友好协会，授予池田先生"和平友好杯"，中国文化部授予池田先生"中国艺术贡献奖"和"文化交流贡献奖"，中国人民对外友好协会还授予池田先生"人民友好使者"的称号，中日友好协会授予池田先生"中日友好使者"的称号，另外，池田先生还被北京大学、复旦大学、武汉大学、中国社会科学院、深圳大学、厦门大学、新疆大学、中山大学、吉林大学、上海大学、东北大学、内蒙古大学、延边大学、四川大学、湖南师范大学、南开大学、南京大学、香港大学、香港中文大学、澳门大学等多所大学授予名誉教授、客座教授的称号。

在中国各大学等机构授奖仪式上，池田先生都做了讲演，例如在北京大学他曾先后讲过"追求新的民众形象——我关于中国的一个考察"（1980年）、"向和平的王道——我的一个考察"（1984年）等，在复旦大学讲"人是创造历史的主角"（1984年），在中国社会科学院讲"二十一世纪和东亚文明"（1992年），在深圳大学讲"'人本主义'大地万里无垠"（1994年），在香港中文大学讲"中国人本主义的传统"（1992年），在澳门东亚大学（现澳门大学）讲"通往新世界秩序之道"（1991年）等，他的讲演在中国和日本都引起了巨大的反响，给人们许多启迪。

2000年5月27日晚上，创价大学池田大作先生在创价学会东京都八王子市牧口纪念会馆设宴款待中国、肯尼亚和印度在创价大学任教和从事研究的交换教员、学者。小室金之助校长、冈安博司理事长等创价大学各有关负责人作陪。

被接见和款待的中国交换教员和访问学者有李凤吾教授、刘海峰教授、侯志山副教授、钱力奋副教授、张冰副教授和我，此外还有来自印度的穆克什·威廉斯（Mukesh Williams）教授和肯尼亚的内罗毕大学的亨利·因丹加西（Henry Indangasi）教授。开始时，池田大作先生作了热情洋溢的讲话，首先是对来自亚洲中国、印度和非洲的各位教员表示欢迎和感谢，然后他以"二十一世纪与文化"为题就民众的声音、人工智能与未来、科学的功罪、教育问题与文学的时代性问题做了精彩的讲话。池田先生知识渊博，视野宽广，记忆力非凡，在讲话中他纵横古今，小到日本的一些人的具体言行逸事，大到全球的人类文化精华，都可以引经据典地娓娓道来。

然后，创侨大学在牧口纪念会馆日本餐厅请我们吃日本料理。池田先生风趣地说："今天晚上借各位客人的光，我才吃上这么好的日本菜。就是日本天皇平时也吃不上。"他还说："厨师是日本一流的，所有食材都经过认真挑选，绝对新鲜。"池田先生还将客人赠送给他的珍藏多年的日本酒与大家分享。他说："喝上这个酒一定长寿，小渊前首相大概喝不上，所以他短寿！"大家哈哈大笑。我们这些中国学者对日本菜真不知如何吃法，每一种菜都有不同配料，吃剩的骨头之类的东西也不知放到哪里。翻译坐在我们后面指导我们用餐，实在不好意思，但也没有办法。所以，我说："咱们中国人都说吃在广州，但广州的中国菜远没有日本菜复杂。"翻译向主人翻译，引起哄堂大笑。在进餐过程中，我还通过翻译代表中山大学黄达人校长、许家瑞副校长向池田先生问好。池田先生说："谢谢，黄达人校长是我的好朋友，请代我向他问好。"然后，我向池田先生汇报：中山大学与创价大学合作研究的"孙中山与世界和平"课题，初步定于2001年春在广州中山大学联合举行"孙中山与世界和平"国际学术研讨会，请池田先生到敝校访问，给予指导。池田先生说："去年贵校授予我为林先生任所长的孙中山研究所的荣誉所长，我感到非常荣幸。关于合作研究'孙中山与世界和平'课题，我知道，我完全同意。"我说："谢谢池田先生支持。"

饭后，池田先生向中国的交换教员逐个提问题进行座谈。向李凤吾教授提的主要问题是："鲁迅先生的主要魅力是什么？"向我提的主要问题是："孙中山的思想对21世纪的中国在哪些方面继续发生影响？""孙中山与周恩来都是中国的伟人，您如有机会见到周总理您会提出什么问题跟总理交谈？"我答："孙中山的思想博大精深，他对中国的影响是多方面的，但在21世纪主要的还是他振兴中华的思想，和平、奋斗、救中国的思想在启导中国人。"池田先生回应："我明白您的意思。"接着我又答："孙中山与周恩来是中国前后两位伟人，如果我有机会见到周总理那将是我人生最大最有意义的幸事。如果我能同周总理一起交谈，我会同他谈中国的教育发展问题，以及世界和平的问题。"池田先生说："我明白您的意思，谢谢。"接着，池田先生向侯志山副教授提问题："您作为北京大学管理留学生的干部，您认为留学生管理应注意什么问题？留学生的管理是管理人员的事，教师要不要参与管理？"向钱力奋副教授提的问题是："钱先生是日语教师，日语讲得很好。人家说现在日语很乱？您的看法如何？应该如何防乱？"向刘海峰教授提的问题："听说您明天要暂时回中国接受国家专家检查工作，争取您所在的研究中心成为国家级社会科学研究基地，祝您成功。"接着池田先生问："据说刘先生研究中国的科举制度，科举制度的利和弊是什么？"最后，池田先生向深圳大学张冰副教授提问："张先生是研究信息科学的，将来信息科学的发展和人的思维的发展如何结合？人的智能发展与未来科学发展是什么关系？"中国的学者就池田先生提出的问题一一作答完。池田先生即向肯尼亚和印度学者提问题，晚宴和座谈至晚上8时50分结束。

最后，池田先生及夫人把我们送到牧口纪念会馆五楼大厅并一起合影留念。我们便告别池田先生和创价大学各位主人。

宴会后，我们在创价大学进行访问研究的全体中国学者都非常有感触，池田先生这么隆重地款待我们，是他对中国人民的一份浓浓的情意，是他对中国的尊重，对中国知识分子的尊重。大家都表示要将池田先生对我们的关怀变为我们的实际行动，为中日两国人民的友好，为中日两国的文化、教育交流作出贡献。

次日东京《圣教新闻》在第4版报道了池田先生昨晚以"二十一世纪与文化"为题与中国和肯尼亚、印度学者座谈和款宴的盛事。29日东京《圣教新闻》在第2—3版详细报道了27日晚池田大作先生会见我们过程中，池田先生的讲话以及和我们交谈的内容，并登载了池田先生接见创价大学来自中国、印度、肯尼亚交换教员的两幅大型照片。这是极为珍贵的史料，也是我人生中最值得回忆的大事。

池田大作先生非常敬佩他的前任创价学会会长户田城圣。在20世纪外国名人书库《池田大作集》（上海远东出版社1997年版）中可以看出，池田先生在他的演讲和对谈集中经常谈到他的恩师户田城圣先生。

户田城圣，是创价学会第二任会长，1900年2月11日他生于日本石川县，不久即移居北海道厚田村。经过苦学，他成为了一名教员。1920年户田20岁时到了东京（周恩来在日本留学时曾居住过的早稻田鹤卷町），师从对独特教育法深感兴趣的牧口常三郎。23岁时，他创办私塾"时习学馆"，开始对牧口的教育理论进行实践。其时，他所编著、出版发行的《推理式指导算术》已成为发行量超过百万册的畅销书。

1928年，户田同牧口一起皈依日莲佛法，在1930年他与首任会长牧口一起创立了创价教育学会，并作为理事长，从事教育、出版等工作，在经济上支持恩师牧口，致力于学会发展。1943年，由于推进战争的日本军部的弹压，他同牧口一起被投入监狱。户田虽被迫度过了2年有余的狱中生活，但在狱中，他读完了《法华经》，并体会到"佛即生命（佛并不是别的东西，是自己的生命，是宇宙）"。他认为生命的连续性即"现在生存的我们，通过死这一条件，融于大宇宙的生命，在空的状态下，逐渐感染变化，再通过某种机缘，又会作为生命体出现。这样，死即生，生即死，永远延续的是生命的实相"。

牧口由于日本军部的摧残，1944年11月18日死于狱中，户田于1945年7月3日出狱。户田出狱之时，创价学会已濒临毁灭。在第二次世界大战中，由于日本的战败，日本国民的心遭到严重的摧残，户田只得一个人开始重建创价学会。同年11月18日，户田主持牧口逝世一周年祭祀法会，并宣称自己要承继牧口的遗志。第二年，他将创价教育学会改称为"创价学会"，在日本民众中开展旨在救济民众的慈善活动。

户田愤怒于夺去恩师牧口生命的权力恶魔，断然发誓要开创新的和平运动，牧口曾经在《创价教育学体系》中慨叹道："恶人出于自我防卫的本能，会突然与他人协作。而面对勾结起来而强大且不断迫害善人的恶人，善人无论何时，总是孤立的、孱弱的。""当前，除团结善良者自身外，别无他途"，这是牧口痛切、同时又痛恨的心情的真实写照。基于此，户田以在草根中发起的对话场所"座谈会"运动为轴心，通过"善良民众的团结"，开始了民众救济运动。

1951年5月3日，户田就任第二任创价学会会长，同年，创刊机关报《圣教新闻》。当时的学会，只有5000户，户田将全部的身心都投入到整顿全国规模的学会组织，以及培养后继青年。他培养的后继青年中，就有继任第三任会长的池田大作。此后，在不足7年的时间里，尽其毕生所愿，学会规模达到了75万户，1958年4月2日，户田先生病逝，学会运动被迫停止。

　　户田首先通过学会的运动，在日本国内推进了民众救济运动。在任会长时，他常提到"地球民族主义"，他曾说道："如若叙述我自身的思想，我既不是共产主义，也不是美国主义，是东洋民族，最终是地球民族主义。"

　　户田在1951年机关杂志《大白莲华》上发表的《朝鲜动乱与广宣流布》（广宣流布以日莲的佛法为基调，以个人自立的同时实现社会和平作为目标）中早有如下讲述："我并不是要谈论战争的胜败以及政策、思想的是非，但由于战争，有许多民众亡夫、丧妻、寻子、觅亲，真是可怕。……他们中间，可能知道共产思想为何物，知道国联军队能做什么的又有多少呢？当被询问'你是夜班的朋友？'时，用吃惊的表情回答道：'我要吃饭，现在我要回家'，如此做真实回答的人不是也存在吗？"户田强调：创价学会的运动不仅在日本，也广布于亚洲，必须广及世界民众，呼吁学会成员奋起行动，对青少年加强教育，反对侵略，热爱和平。

　　创价学会的再建渐渐步上了轨道，1954年，户田向世界各国的大研究所寄赠了英译版的《价值论》，率先将牧口的思想广布世界。

　　户田所志向的世界和平的构想，也是以牧口主张的国家间的"协作与共存理论"作为基础的，他在1956年的《大白莲华》中讲述道："不能为了日本民众的幸福，而牺牲其他民众。世界民众所欣喜的社会繁荣是属于每个人的。"

　　1957年9月8日，即户田去世的前一年，他向五万日本青年发表了可称之为遗训的《禁止原子弹氢弹宣言》的演讲，表达了他绝不饶恕使首任会长牧口死于狱中的日本军国主义和战斗的信念死灰复燃。

　　户田以《禁止原子弹氢弹宣言》作为遗训之一，有着极其深长的意味。日莲大圣人的佛法是纯粹为了人的宗教，来实行"立正"

这一宗教的使命。因此，上述内容是通过"安国"这一和平社会的建设，即作为人类社会使命的成就来完成的。户田深知隐藏在原子弹背后的魔爪，才真正是存在于人间的魔性的生命。并且，他也痛切地感觉到，要战胜上述魔性的力量，只能是依靠佛性的力量、人民的力量。制造原子弹的是人类，废除它的也还是人类。户田确信在人世间，只有佛性能开拓废除核武器的途径。正因如此，户田才想念人的佛性，并解释佛性，使人类了解原子弹是"绝对恶"的东西，它只会给人带来灾难。

户田强调，现在核武器的废止已经成为世界和平运动最大的目标之一。这在现在可能是当然之事。但是，对世界进入核武器扩张竞赛及对其本质予以敏锐捕捉的《禁止原子弹氢弹宣言》，在多大程度上具有先驱性与超越性，是无法估计的。

户田主张中日友好，反对日本侵略中国。早在1941年或1942年，他在日本新潟的一家旅馆里，无意中与正在等船的一名日本军人交谈起来，话题涉及日本军队在中国的作战。当时，日本将对中国的侵略称作"圣战"。户田说："这（指圣战，译者注）对于中国来说，也可以这样说吗？只有日本对支那作战（对中国的作战）是圣战，而中国对日作战却并非如此，这样的理论是行不通的，是这样的吗？那里生活着四亿民众，有破坏他们生活这样的圣战吗？圣战是只有在为维护四海（世界）的绝对平等以及和平、生命的尊严受到侵犯时奋然抗击的时候才使用的话语。"当时，如果向军人发表如此的言论，必定会被逮捕。但是，这位军人对于户田率直的语言，像是被人打了一记耳光那样受到了打击，并且据说他们一直很有趣味地交谈直至天明。听说后来这位军人被扣留于西伯利亚，在那里，与苏联的政治犯一起，要求给他们以作为人的待遇，要求"改善收容所的待遇"，后被镇压、枪杀。但是，由于他的抗争，苏联收容所改善了对犯人的待遇，许多人都很感激他。

由此可见，户田城圣是一位热爱和平、反对日本侵略中国而遭日本帝国主义迫害的正义有志之士，他致力于日本创价学会的教育宗旨，为创价大学的创建奠定了思想基础。

（五）日本社会的方方面面观感

我是中国人，我热爱我的国家和我们伟大的人民。从中国人的立场出发去看日本和日本人只能谈点观感，很多本质的东西了解不深不透，不好随便多谈。

首先，日本对我国伟大的民主革命先驱孙中山的很研究重视，对孙中山也十分崇敬。日本神户有全国性的孙文研究会和孙文纪念馆，孙中山与日本各地友人的纪念地也不少。日本图书馆有关孙中山和研究孙中山的各种文字的著作也很多。外交档案馆也保存不少有关孙中山的档案。日本人民很尊敬孙中山，研究孙中山的学者和出版的著作，在中国以外的国家也是最多的。日本大学生一般都知道中国有一位伟人孙文，以及孙中山与宋庆龄在日本结婚和活动的事。

2000年5月30日下午3时，创价大学文学院亚洲研究中心主办了一场讲演会，要我讲演"孙中山与世界和平"，由高桥强先生作翻译。日本学生很讲礼貌，整个讲演期间，学生非常认真地听讲，大部分人还在做笔记，开小差和交谈的人没有发现，这一点比咱们中国的学生做得好。有三位同学提问，一位同学的问题是："林家有教授在讲演中引用池田大作《中国的黎明革命的'大人'——献给伟大的孙中山先生》长诗中有关评价孙中山王道与霸道的内容，试问孙中山会不会写诗，写了哪些诗。"我答："这个问题问得好，孙中山的全集中收入的诗很少，只有《悼刘揆一》等少量诗，据说还不是孙中山亲自写的，可见孙中山不喜欢写诗，可能也不太擅长写诗。"该生点头："谢谢。"另一位女生说她是教育学院的学生，很想了解孙中山在教育方面的思想，不知道孙中山对教育有何看法？请问林教授。我答："孙中山非常重视教育，重视对人才的造就和培养。他不但在香港西医书院读书期间就向家乡退休居家的清朝官员郑藻如建议在家乡倡导办教育，而且在晚年还亲自创办了广东大学和黄埔军官学校。在1923年视察岭南大学时，孙中山还指示广东要办几十所像岭南大学那样的大学，全国要办几百所像岭南大学那样的大学才能培养国家需要的人才。他还要求学生要立志做大事，不可立志做大官，这句格言成为指导中国学生努力学习，贡献国家和民族的名言。"该生笑笑说："谢谢。"还有一位学生问："我曾看过孙文题词：'革命尚未成功，同志仍须努力！'这是在什么情况下提出来的。"我答："孙中山革命一生，虽然取得推翻清朝专制主义政权的胜利，但他建立的中华民国政权则被袁世凯等军阀所篡夺。1913年以后，孙中山虽然继续高举护国、护法大旗，为捍卫民国，捍卫《中华民国临时约法》而斗争，但终因种种原因未能实现他通过革命实现统一中国的目的，所以孙中山领导的革命未能取得彻底胜利。因此，他在1925年3月12日病逝之前约请国民党的重要官员作了遗嘱：'革命尚未成功，同志仍须努力！'叮嘱他们要继续努力，为达成他最后统一中国和振兴中华的目的，说明孙中山至临终时还念念不忘奋斗、救中国。"该同学听后，也点头示意："明白。"

能有机会给日本学生上课，在课堂上进行交流，不仅可以了解学生对讲演的反应，也能体会学生需要了解的问题和对问题的关心程度，对我也是启发。

我的讲座是属课外的活动。日本学生的求知欲比中国学生要强。据说，创价大学的学生组织的各种学会，有中国研究学会、亚

洲研究学会、东南亚研究学会及其他文化方面的研究会。这些学会
由学生自己组织，自己开展活动，还利用假期组织到所研究的国家
旅游，了解所在国的风俗及文化，回国后整理材料编写墙报供同学
们参阅。这是一种很有意义的自我教育课外活动，还有请国外或
本国本校的教授举行各种讲座，以增长见闻和知识。我的讲座便属
于这一类。参加学会的学生不分文理工科，只要有兴趣便可组合，
由于学生来自不同学科，对问题的兴趣和追求显然不同，像我讲
的孙中山这类人物和课题属政治人物和政治思想，我生怕学生没
有兴趣听下去，实践证明我的顾虑是多余的，学生听得很认真，
说明日本学生读书认真，求知欲很强，很广泛，这是日本学生的
长处。

高桥强先生给我带来两份材料，一个是田中隆敏写的《四フ
の莲の実》（四颗莲花的果实）；一个是大贺一郎写的《莲の実》
（莲花的果实）。前文讲的是孙中山赠送给他父亲田中隆四颗莲子
果实的事，以及田中隆逝世后，他将母亲手中保管的孙中山送给他
父亲的四颗莲子果实请生物学博士大贺一郎培植的大致经过。后一
文讲述的是大贺一郎博士破解这四颗莲子果实并在美国培植发芽的
经过。大贺一郎博士说，孙文送给田中隆的莲子果实跟在中国东北
普兰店出土的古莲果实相似。古莲果实埋落在泥炭地里可以保存
几百年乃至上千年而不腐。种子寿命这么长是由于莲子果实皮硬且
厚，大气和水分不易渗入，内部蛋白质得以保存。考古资料证实古
莲果实可以保存千年。由大贺博士培植发芽，种在田中隆氏家乡日
本下关市的莲花被命名为"孙文莲"。"孙文莲"史事，我校段云
章教授在其《孙文与日本史事编年》书中也有讲过，前文两篇文章
可补充"孙文莲"有关的细节。

此外，高桥强先生还谈到，我写的《孙中山的和平学说与池田

大作的和平理念》一文，东京《圣教新闻》下周准备发表。池田先生不仅是当代日本著名的社会活动家、文学家，也是杰出的思想家和教育家。他致力于世界和平和人类社会文明的发展和进步，关注人类的各种问题，谋求人类的共同利益，是一位品格高尚的利他主义者和争取人类和平的无畏战士。由此使我联想起孙中山，尽管他们生活在不同的时代，国籍和经历也不同，但他们心脉相通。他们都将自己的事业和理想建立在"天下"，即"全人类之爱"和"世界大同"理念上，所以孙中山与池田先生都是世界公民和无所畏惧的和平主义者，引起我的崇敬和爱戴。池田先生对孙中山非常崇敬，在他的著作中经常引用中国三位伟人孙中山、周恩来和鲁迅的文字来论证自己的观点。池田先生对这三位中国伟人的思想、品格和魅力都有深刻的理解。

创价大学学生很喜欢听我讲孙中山在中国和日本的革命活动和建设国家的情况。故我在2000年6月6日，又同创价大学亚洲研究会同学讲"孙中山与中国的近代化"。上课结束，让学生提问题。一位女学生提了三个问题：一、孙中山的近代化思想与现在的中国改革有什么关系？二、中国青年面临的主要问题是什么？三、中国的大学教育与日本的教育有什么不同？我说：这几个问题问得好，我逐一回答如下：关于第一个问题，首先是孙中山的近代化与邓小平先生的现代化是在一个不同的时空环境下进行的，所以他们面对的问题有所不同，但显然也有相互关系，因为他们所追求的目标——实现中国的繁荣富强基本上是相同的，但所采取的方法不太一样，然而改革开放，引进外资外才，通过吸引和发动全球的力量开发中国则是一样的；其次，邓小平在解决中国政治问题的前提下，重点抓经济建设，尤其是强调交通基础建设和重大的能源开发建设，同孙中山的《实业计划》所规划的建设项目也大致相同；再次，是重视人才的培养和建设，提倡科教兴国，重视物质和精神文明同时建设也大体上类似。所以，孙中山与邓小平提倡的中国现代化建设是继承与发展的关系，但不是重复，更不是还原的关系。这是我回答的第一个问题。第二个问题，中国的青年面对巨大的上学与就业的压力，由于中国是一个发展中的国家，中国的青年跟日本这样发达的国家的青年不同，中国还不可能投入大量资金办教育，所以当今中国青年为了升上大学都在刻苦地学习，拼命地奋斗。总之，中国的青年为了升上大学非常刻苦。升上大学后又面临就业问题，升上大学这部分青年为了能找到一份好的工作，有不少大学生准备继续读研究生，或准备到外国留学。第三个问题，我答：我觉得中国的高等教育有中国的特点，但过于强调知识教育，忽视全面的素质教育；在这方面，我觉得日本的大学既强调知识教育，又强调对学生的基本素质的培养和锻炼，创价大学学生组织很多研究会，自己管理自己，自我锻炼和提高这方面给我留下深刻印象。我回答完，该生站起来笑笑点头致谢，很有礼貌。

讲完课，学生热烈鼓掌致谢。

下课后，一位曾到过武汉大学留学的学生要跟我聊在中国的感觉。他说："武汉天气很热难受，吃还能习惯。"他还说他到过上海和南京，参观过侵华日军南京大屠杀纪念馆。他说："日本侵略者太无人性了，残酷得很，中日两国应该世代友好下去，南京大屠杀事件让其永远成为历史，用来启迪人类良知：和平万岁！"

高桥强先生还给我提供了一份很有参考价值的材料，这份表格材料记录了孙中山生前从1895年11月至1924年11月间18次来往日本的情况。

243

孙中山1895年11月至1924年11月往来日本记录

	着离		滞在日数	来往		交通		宿泊	同行人	会面人	关达事项
	着	离		とこから	とこへ	着	离				
1	(明治28)1895.11.9	(明治28)1895.11.12	3~4	香港	横滨	広岛丸		(?)	陈少白、郑弼臣		
2	(明治33)1900.6.9	(明治33)1900.6.9	1	横滨	香港	イシタス(仏裕)		/	杨鸿飞、郑弼臣、陈清、宫崎滔天、清藤幸七郎	朴泳孝	一力亭(飘访山)で会食
3	(明治33)1900.7.24	(明治33)1900.7.25	2	香港	横滨	佐渡丸	汽车	西村旅馆(栄町)	宫崎滔天、清藤幸七郎		国木田收二,香港ヒリ同行
4	(明治33)1900.8.23	(明治33)1900.8.25	3	横滨	上海	神声丸		常盘(采访山)			
5	(明治33)1900.9.5	(明治33)1900.9.6	2	上海(长崎)	东京	汽车		如藤(艮)旅馆(相生町)	内田良平、平田晋(中国人)		
6	(明治33)1900.9.20	(明治33)1900.9.24	5	横滨	基隆(台湾)	汽车	台南丸	如藤(艮)旅馆	温炳臣、浅田ハル	岩佐某(栄町),福昌号	手合亭(北长狭通5丁目)相生座
7	(明治33)1900.11.15	(明治33)1900.11.15	1	基隆	东京	横滨丸	汽车	/	陈清、陈礼和		加藤(小松)旅馆(相生町)
8	(明治34)1901.7.1	(明治34)1901.7.3(?)	3(?)	横滨	横滨	汽车		西村旅馆	浅田ハル	伍凤头(商人)	(中山二郎)の变名
9	(明治35)1902.1.18	(明治35)1902.1.21	4	横滨	香港	八幡丸		(船内)	郑弼臣	朴泳孝	
10	(明治35)1902.7.8	(明治35)1902.7.9	2	周山	东京	汽车		加藤(艮)旅馆	宫崎滔天		
11	(明治43)1910.6.25	(明治43)1910.6.25	1	东京	シソガポボールール	汽车	安芸丸	/	孙眉、杨滥、萱野长知		

（续表）

| | 着离 | | 滞在日数 | 来往 | | 交通 | | 宿泊 | 同行人 | 会面人 | 关达事项 |
	着	离		とこから	とこへ	着	离				
12	（大正2）1913.2.14	（大正2）1913.2.14	1	上海（长崎）	东京	汽车	/		何天炯、袁华选、马君武、戴天仇、宋嘉树、宫崎滔天、山田纯三郎	川崎芳太郎、王敬祥、兼松声他	神户尺はて欢迎
13	（大正2）1913.3.13	（大正2）1913.3.14	2	大阪	吴（宫岛）	阪神电车	汽车	トリリユゾタルホテル	何天炯、袁华选、马君武、戴天仇、宋嘉树、宫崎滔天	王守善、王敬祥、郑祝三、吴锦堂他	中华会馆,チリスト教青年会馆,同文学校,常盘会坛,三上邸
14	（大正2）1913.8.9	（大正2）1913.8.16	8	福州·基隆	横滨	信浓丸	襟裳丸	常盘别庄	（从者2名）	古岛一雄、寺尾亨、萱野长知、三上礼夷、服部一三	（第二革命）
15	（大正5）1916.4.28	（大正5）1916.4.29	2	横滨	上海	近江丸		（?）	廖仲恺、戴天仇		
16	（大正7）1918.6.11	（大正7）1918.6.11	1	厦门·基隆（下闽）	箱根	汽车	/		胡汉民、戴天仇、菊池良一、宫崎滔天	杨寿彭、郑祝三、本多一太郎	（第三革命）
17	（大正7）1918.6.23	（大正7）1918.6.23	1	箱根	上海	汽车	近江丸	/	胡汉民、戴天仇、菊池良一、宫崎滔天		
18	（大正13）1924.11.24	（大正13）1924.11.30	7	上海	天津	上海丸	北岭丸	リリユゾタルホテル	宋庆龄、李烈钧、戴天仇	今井嘉幸、萱野长知、泷川仪作、平塚广义、三上礼夷、头山满	【大亚细亚问题】（神户高女）

其次，日本对青少年的教育也有不足之处。

2000年6月，日本传媒就日本青少年犯罪问题作了大量报道。日益泛滥的少年犯罪困扰日本社会，但每个肇事少年原本都是受到升学压力和来自同学的无情戏弄，他们渐渐变得凶残而疯狂。在日本国民面对的各种困扰中，要数少年犯罪问题最为惊心动魄，但是每一次案发前，都没人发现疑犯有任何异动。5月3日，在广岛发生一名17岁少年劫持长途巴士事件，少年杀死68岁的塚本达子这位慈祥而开朗的老教师并刺伤两名女士，轰动全日本。

这位犯罪少年供认写过长达7页的手记，称"已经没有什么人能够阻挡我""只有杀人才代表正义""准备杀5人以上，10人为止"。他还写道："从11岁就开始策划杀人，至今已经耗时6年多，不能再拖下去了。"在手记本的空白处他还写满了"我决不会忘记这仇恨""不能容忍"和"杀"的字样。肇事少年向警方供认，是3年前神户发生的"酒鬼蔷薇"少年犯罪事件启发了他。"同样是犯罪，嫌犯年龄愈小，传媒的报道规模愈大"，他本打算在他3月6日生日前占领中学母校，杀害同学并占据教学楼，没想到他用作凶器的刀和杀人计划被母亲发现，并将其送进了医院精神病科。5月2日，被医院准许外出的肇事少年，恰好在这时听到了爱知县丰川市另一名17岁少年杀害了一名主妇的新闻，感到"被人家抢了先""计划不能再拖延下去，一定要趁年纪小动手，不然没法轰动一时"。据这位犯罪少年的父亲回忆，儿子从小学四年级起就受到同学的欺侮，有时衣服上被抹上狗粪，或是遭到嘲弄。初中三年级时，这名少年的学生服衣领被同学割破，当母亲到学校为儿子喊冤时，班主任却矢口否认有欺侮情形，反而说："是你儿子先动手打人。"直到有一次少年被逼从楼梯跳到亭子间，班主任才在家访时承认他的儿子"确实是受到了欺侮"。该少年升入高中后一直拒绝到学校上课，后来发展到退学。父母坚称他的儿子"因自幼受欺侮而改变了性格"。

仅5月以来，日本警方查出犯罪嫌疑人为16—17岁少年的恶性事件已有多起。劫持事件后不久，横滨的电车上一名也是17岁的少年突然举起铁锤砸伤和他并不相识的男乘客。一周后，琦玉县警方侦查一名高中生遭殴打致死并被弃尸郊野事件的过程中，前来自首的竟是死者的同学。一连串的少年犯罪事件，使17岁成为当今日本社会"危险年龄"的代名词。

琦玉县殴打同学致死的嫌疑犯之一，在中学时代因染发和傲慢，经常受到高年级同学打骂，连上学放学都要老师和家长护送。邻居曾夸他是个"懂礼貌而且爱护低班同学的好孩子"，可是当欺侮他的高年级同学毕业后，他却突然变化，不仅顶撞老师，而且经常旷课，考高中落榜后，只干了几天临时工又被炒了鱿鱼。遭社会抛弃的失落感令他杀人。由于日本高中入学制度规定除了考试成绩外，对考生还要参考中学的"评语报告"，内容包括学生操行、学生会活动等方面，几乎包括学生在校生活的各个方面。本来日本文部省在1994年开始在日本全日制学校推行"评语报告"与考试成绩结合录取方法，是为了改变过去的"一次考试定终身"和"只看智育不看德育"的倾向。这样一来，愈是有名的学校，愈是重视"评语报告"，不少学生为了免得吃眼前亏，每天都要为评语报告而生活，简直透不过气来。学生养成阳奉阴违的性格，与"评语报告"制度不无关系。日本文部省的调查也显示，1993年学生中的暴力事件为2400宗，3年后上升到4700宗，损坏公物的事件则从700宗上升到2200宗。心理专家认为，对学校生活感到压抑和厌倦的学生起初是拒绝上课，其中有不少发展到欺侮同学或是违法犯罪，他们把这些看作对自己受压抑或是不公平对待的报复。孩子们内心积蓄的不满造成违法或是精神障碍。17岁正是从受保护状态转为走向社会的过渡时期，也是青少年感到不安的时期。

连续发生青少年犯罪案件引起日本社会的震惊，甚至在国会也引起轩然大波，有的议员认为《日本青少年法》过于宽松，应修改相关法案，起到"惩恶扬善"作用，另一些议员则认为防止青少年犯罪的根本是需要对学校教育的德育、智育、情操教育进行改革，清除与未成年人犯罪相关的社会病理现象，改善社会对青少年的关怀情况，加强对失学失业青少年的救济管教。也有议员认为，要让青少年从小去吃苦，体验生活，加强伦理灌输，提倡孝敬父母以及兄弟友爱的理念是挽救今日日本青少年的良方。

看来，青少年的问题是全球人类的共同问题，发达国家和非发达国家都面临青少年教育的问题，青少年犯罪的增加，说明人类社会由于重物质轻精神造成失衡，其实这也是一种病态，如果不全面地正确地探究人类的生存和发展的各种问题，疗治社会的病态，必将造成严重的后患。一切的一切，人的教育和培养应从少年抓起。教育的好坏，不仅是评估学生对知识掌握的掌握程度和升学率，更重要的是应该加强道德、人品教育，培养具有高尚人格的公民。教育的成败，关系到社会的好坏和人类的未来，必须引起全人类有识之士的重视。

我们中国教育要从日本教育中吸取经验和教训。北京大学著名学者季羡林教授在《20世纪外国文化名人书库》总序中写了这样一段话：

我们是一个有十二亿人口的大国，目前正在进行着建设有中国特色的社会主义社会。这是一件空前伟大的工作。直接的借鉴，中国没有，外国也不会有。但是，间接的借鉴，就算是"前车之覆"

吧，则是能够找到的。我说的"以我为主"，就是指以我国当前的实际为主。外国名人的思想中，对这个当前的实际有用的，我们则吸收之，否则则扬弃之。这是天经地义的，用不着探讨与辩论。

但是，非常遗憾——至少我这个喜爱忧天的杞人觉得遗憾——我发现我们学术界少数人有一种不正之风，"不正"二字加起来就成为"歪"字，说不好听一点就是"歪风"，还需要再加上两个字"邪气"，才算完整。他们膜拜外国"名人"，或者并非"名人"，或者在成为名人之前已经销声匿迹的"预备名人"，拜倒在这些人的脚下，战慄觳觫。一听到中国人有什么新的理论，就笑得连鼻子都想笑歪，鄙夷之态可掬。用"崇拜媚外"这个词儿，有点刺耳，就改用一个比较文雅一点的"贾桂思想"吧。在这些人眼中，只有外国人才有资格，才有能力，才有天才，才有权利来创建新理论。在国际学坛上，中国只能成为一个"无声的中国"。对于这种现象，我实在觉得悲哀而又凄凉，可叹而又吃惊。

季先生所指出的中国这少数人无疑是存在的，问题倒是为什么这少数人会那样地崇洋媚外，难道咱们中国真没有值得崇尚、崇敬的名人和伟大创造？是这少数人不了解洋人，还是洋人就是天才，就是了不起！这大概是我们近百多年来被洋人欺负怕了，自甘做奴隶心态的流露，还是他从接触和了解洋人的过程中，觉得洋人真的比中国人了不起，而甘心膜拜？这是问题之本质所在。咱们中国教育界、学术界不端正对待东西洋人和东西洋文化的态度，学习东西洋文化不仅精神与糟粕一锅端，照样拿来，还丢掉自己的好东西，借别人的东西（先进落后不管）来改革我们的好东西，这样正如季老先生所觉得的实在是"悲哀"和"凄凉"了。咱们近代中国盲目崇洋的人实在太多，如果只有那"学术界的少数人"真的迷悟不过来，那也无关大局。如果是多数中国人特别是青年，对于咱们偌大的中国，有数千年的文明的古国也觉得"百事不如人"时，那就很可怕。其实，经过一百多年来中国人的努力奋斗，作为一个中国人已经扬眉吐气了，我觉得很自豪，现在讲文化自觉，才明白"中国没有"的东西，"外国也不一定有"。现在的中国已由"无声的中国"变为"有声的中国"了。中国在世界上具有崇高的地位，中国人在科学技术上的成就也表明中国人有气概，我们不能自甘沮丧，也不能拜倒在洋人的脚下抬不起头来。中国有五千多年的优秀文明，中国人应有中国人的良知和学识，先要了解中国，不了解自己也不能正确了解别人。中国人连自己祖国优秀的文化都不热爱，他只能寄人篱下，为别的国家打工求生存。什么国家都有长处也有短处，什么文化都有精华，也有糟粕，什么社会都有优点和不足，所以作为一名学者、教育者，树立正确的心态和文化观，教育和启导中国青年迈大步走正路，做有理想有道德的人非常重要。

池田大作先生非常尊敬我国的鲁迅先生，他认为鲁迅先生的个性和精神疗治法对改造现实社会有重大启导意义。

鲁迅先生是现代中国最有个性的文化人。他不仅以他的笔勇敢地投向敌人的心窝，也用他的笔大胆地揭露人民中的愚昧无知，激起人们认识改造国民性的必要性和重要性。所以有人称鲁迅的笔是用来战斗的，说得真是。池田大作先生认为，研究人物，把人作为自身对象自觉地进行思考是一门学问——称其为"人学"。这门学问是文化理论的中心部分，也是人类思想史、认识史上的重要部分。人有不同的表象，思想深处内存不同，如果把人脸谱化，千人一个样，那么这样的研究不仅毫无意义，而且也有悖于常识。

任何学说要想获得生命力，都必须正视现实，并以其学说进一步改造现实。鲁迅的人学，正具有很强的现实性。早在20世纪初期，面对世界科学迅猛进步、物质生产极大丰富的现实，青年时期的鲁迅就强调自然科学要与人文科学同步发展，他尤其反对物质主义，要求充实人的精神生活，发扬人的内心光辉。他在文章《文化偏至论》中深刻地揭示了19世纪人类文明的弊病：只一味追求物质，却遗弃了人的精神，芸芸众生都被物欲蒙蔽，社会日趋衰退，进步因而停止，一切奸诈虚伪的罪恶行为，无不乘机滋生。鲁迅先生形象地指出，在发展物质文明过程中出现的这种偏向，就像一个人断了一条臂膀和跛了一只脚一样。这种反对单纯用物质生产和经济发展来作为衡量社会丰裕和文化成熟的标尺，正说明鲁迅对增强人文精神在现代文明中的作用有明确的认识。他担忧人的生命会异化为物质的附属品而迷失精神的家园，而人没有健全的灵魂，一切美好的愿望都将如空中建楼、沙上建塔。正因为这样，鲁迅毅然中断了在日本仙台医专的学业，重返东京，从事以治疗中华民族灵魂为宗旨的文艺运动。他一方面从东欧弱小国家、弱小民族的作品中寻求叫喊和反抗的声音，以振奋中华民族的精神，冲破沉闷的空气；一面又从病态社会不幸的人们中选取创作素材，揭露出痛苦，引起疗救的注意。后来，鲁迅在解剖中国国民性的基础上，创作了《阿Q正传》，塑造了以"精神胜利法"为主要特征的人物典型阿Q，用精神上虚幻的胜利来掩饰现实生活中真实的失败，揭露自我解嘲、自欺欺人的意识。池田大作先生说，鲁迅的精神胜利法也就是一种"彻底悲惨的愚蠢的乐天主义"。鲁迅揭示这种具有普遍性的精神病态，是希望人类能够从"瞒和骗"的精神泥沼中拔出腿来，迈上坦荡的人生之途。鲁迅是希望中国人能通过族群的自我观察达到族群的自我净化。

鲁迅作为一位平民思想家，他对人物的褒贬，对是非的判断，对事物的取舍，对问题的观察，都是站在"下等人""卑贱者"的立场。正因为他"俯首甘为孺子牛"，所以他的思想反映了现实，也指导现实。人们如果都能像鲁迅那样重视人文精神在现实生活中的指导作用，对于现实社会中贪图、追慕物质生活而不知廉耻、丧失人格、丧失良性的人便是一种导引，并能发挥制衡人性的丑陋、丑恶的作用。

物质文明的发展对于人文精神的冲击造成的社会弊病，已经到了全世界全人类都不得不注意的时候了。否则正如人们所担心的，物质文明将会彻底摧毁精神文明。到了这个时候，人类将会后悔莫及。不管什么国家都要教育青年人往前看，只顾自己，不管他人，必然会产生焦虑感以及缺乏自信、理想和信念。

章开沅先生提供给台北中山纪念馆举办的第三届"孙中山与现代中国学术研讨会"论文《王道与霸道——试论孙中山的大同理想》指出，孙中山把王道与霸道这两个古老词汇加以现代诠释，并且以此作为处理国与国之间关系的最高道德准则，力求在世界范围内形成和谐、平等、合作的新格局与新秩序。"以王道来实现世界大同"作为奋斗目标诚然是值得尊敬的，而作为对于各国政治家的规劝更是非常必要的。但是，孙中山在自己的晚年却存在着两个思想上的误区，一是想把日本引为儒学大同理想的同道，一是误认为苏维埃主义等同于"孔子之所谓大同也"。章先生说："争取日本联合苏俄，借以作为中国革命的主要外援，这在斗争策略上无疑是合理的，而当时的苏俄也确实是世界上独一无二的反对帝国主义的中心。但是，孙中山的善良愿望毕竟改变不了严酷的现实。在帝国主义时代，公理与强权之战时时刻刻都在进行，但公理并非一定都战胜了强权。""苏维埃主义与中国传统的大同思想可说是风马牛不相及，何况以后苏联随着国力的上升，沙皇时期的大俄罗斯主义遗毒渐行泛滥，在国外也曾在不同程度上推行霸权主义，也并非始终是中国最忠诚可靠的盟友。"

章先生所指甚是。孙中山作为一个弱者与强者抗衡，他需要的当然是真诚的朋友和无私支持，但谁是真诚的朋友，孙中山的价值判断，只能是以当时的民族利益去审视，他不可能作深层的探究，因此，他看到苏联有同情中国反帝革命的一面，但看不清苏联存在有民族沙皇主义的一面。孙中山很善良，他总是以自己的善心去衡量别人，所以他也有上当的时候。然而有一点则很明显，他不为己，也不甘于作"受屈者"，所以他以反帝国主义的民族主义立场去看中国和外国，他以中国和中国人民的觉醒作为亚洲振兴的基础，然后逐步实现整个人类的世界主义，也即是真正的世界大同，是他世界观的立足点和归宿点。所以，只要不是与中国人民对抗的国家他都寄予希望，愿意和睦共处。这容易上当受骗，但也是孙中山伟大人格与品质之所在。章先生说得好。日本社会就缺乏鲁迅和孙中山改造国民性和传承亚洲王道文明的精神。中日两国是近邻，两国必须和平、友好，提高国民的文明精神，反对"霸道"，坚持"王道"的和平主义。日本是经济发达国家，但也存在社会的贫富差异，重要的是前文讲过对于青少年的教育，强调功利多而缺乏崇高道德的教育，所以青年的人生观容易歪曲，对人类的未来缺乏正确的选择。

为了多接触创价大学的学生和日本社会，我除了为他们讲演孙中山、宋庆龄，以及中国改革开放的成就外，也走出校门到朋友家和各地参观考察。

2000年6月14日，创价大学学生会组织一场讲演会，要我讲"孙中山先生与池田大作先生"。我主要是就孙中山与池田的和平思想作为主要内容，然后就两人思想的共同特征作比较。尽管孙中山与池田大作生活的时代不同，国家不同，经历不同，但他们都心脉相通。孙中山作为一位革命家，他当然是研究革命学，他从人类的高度去审视中国的问题，他建造的革命学以创造人类的民主、自由为宗旨，以天下为公，世界大同为终生奋斗目标。池田先生是文化人，他主张人类应该互助，应该相互信任和相互依存，提倡建立"人道世纪"和"民众世界"，让人类分享共同创造的文明成果。孙中山与池田大作都是世界公民，都是民族主义者，但他们两人也是国际主义者，两者都以人类的博爱观作为立足点，反对战争，反对以强凌弱、以大欺小的强盗行为，将世界和平和天下为公作为全人类的奋斗目标。此外，孙中山与池田都主张和鼓吹精神文明的重大作用，等等。池田先生强调孙中山思想的时代意义和指导人类进步发展的指导意义，并以孙中山思想的承继者的身份用孙中山的思想教育日本青年，说明池田先生的思想具有超越国界的世界性意义。

整个讲演过程，学生聚精会神，秩序井然，认真听讲，出乎我的意料。讲演完毕，创价大学学生会主席伊佐阳一同学代表创价大学学生会为我颁发"创价大学友谊证书"，证书的内容如下：

今天，我们非常荣幸地迎接到了继承孙中山先生思想使命、中山大学的林家有教授的光临，这对我校学生而言，是最大的喜悦和荣耀。

以林教授为中心展开的研究活动，充分显示出了孙中山先生永远做一名革命斗士的思想精神，点燃了为正义而生存的青年心灵之中的勇敢战斗的火焰。

在此，我们谨向林家有教授致以崇高的敬意，并代表全校学生向林教授赠予"创价友谊之证"，作为与以"人道世纪"为目标的贵大学建立的永恒的友谊的证明。

2000年6月14日创价大学全体学生代表伊佐阳一

当仪式结束，我们离开会场时，全体听讲学生报以热烈的掌声。

当我与高桥强先生、伊佐阳一同学走到创价大学本部大楼五层大厅时，又有不少同学向我提问题，与我继续交谈，气氛非常融洽。一位男生说："我作为一名日本大学生，虽然知道孙中山的名字，但不太了解孙中山的思想，听完林教授的讲演我明白了孙中山思想的人类价值，我要继续学习中国的历史，了解中国，毕业后到中国留学。"我说："很好，欢迎你将来到我们中山大学留学。"他笑了。

还有一位同学问："孙中山作为革命家，究竟他是以物质武器作为第一，还是以思想精神作为第一？"我说："你提的问题很好，很重要。要革命，当然需要物质基础，但孙中山所强调的是精神第一，他认为人民的觉醒是革命胜利的主要原因。辛亥革命失败后，孙中山总结革命失败的主要原因不是枪支弹药不足，而是批评革命党人不按他的思想办事。"这位学生说："精神与物质的关系问题一直在困扰着他。"他又说："孙中山强调和提倡天下为公，我一直在考虑资本主义社会有没有真正的平等这个问题。"我说："平等都是相对的，不可能有真正的平等，因为人所受的教育不同，所得到的报酬也不同，这种事实上的不平等，任何社会都会存在。如果从政治上的人权、民权这个角度去考虑，不管什么人都同样享有同样的权利，这个平等权利，无论什么制度的社会也都应该是相同的，都必须赋予人有平等的权利。"他点头，这种交谈很有意思，可惜没有时间可以久谈。

次日东京《圣教新闻》在头版报道我昨天在创价大学为学生作"孙中山先生与池田大作先生"讲演的内容，并附登讲学课堂听讲者的大幅照片。说明创价学会对此事的重视，创价学会对孙中山和平思想的敬重，说明日本有1/10的国民都坚持和平人性主张，这是一种强大的和平力量，尤其是在日本这样的经济强国，有这么多的创价学会会员主张和平，对于抑制帝国主义和军国主义在日本复活，将会起到巨大的作用。

6月17日，我又同高桥强先生、原源先生到东京都府中市乡土森林公园参观"孙文莲"。

日本府中市乡土森林公园是莲花种植的汇聚地，公园的水池种有各种莲花，其中有"孙文莲""中日友好莲""中国庐山莲"等，每年7月莲花开放时，引来许多游人观赏。这里的"孙文莲"是由日本东京农工大学箱田直纪教授从田中隆先生的后代田中隆敏先生的东京都日野市住宅引种于此。府中市还成立了一个"孙文莲观赏会"，每年7月下旬当莲花开放时，组织讲演会帮助会员观赏。据报纸记载，1999年7月25日（星期日）上午6—8时，在乡土森林公园市民健康锻炼修景池，由东京农工大学箱田直纪教授讲演莲花的观赏、莲花的种子以及栽培等方面内容，第一批有250人踊跃参与。

然后，我们一行又到府中市中央图书馆查阅有关资料，其中"莲之实"小书系列共有10多本，还有古幡光男写的《孙文莲记》一书，其中收有照片多幅，其中一张是1962年8月7日在大贺一郎博士住宅庭院开花的"孙文莲"照片，该照片有莲之实会赠给中日友好协会会长廖承志先生的"孙文莲"题词，下写"莲之实会一月"。还有一张照片是孙中山给田中隆的题示"至诚感神"，以及孙中山赠田中隆的四粒莲花种子与熨斗袋照片，非常珍贵。据该书提供的资料得知，"孙文莲"在日本皇居道灌渠、北京中山公园，以及武汉市植物研究所植物园和台北故宫博物院均已引种栽培成功。

6月17日，我又应老朋友久保田文次教授的邀请，到东京都八王子市石川町2002-7号久保田先生府上作客。创价大学亚洲研究所副教授川崎高志先生作陪兼作我们的翻译。久保田文次先生的夫人久保田博子与他俩的女儿为我这位远方来客做了认真的准备，吃的东西很丰富。在席间我们天南海北谈历史，主要是谈孙中山与宋氏家族有关问题，也谈目前的世界，尤其是对朝鲜南北领导人会晤议论较多。久保田博子谈了1999年中国台北"宋美龄学术讨论会"情况。久保田文次先生也谈到日本社会最大的弊端是重男轻女，他说，女儿没有继承父母财产的权利，我死后我这个房子我女儿没有继承权，只能交回国家处理。日本人很讲礼仪，待人友好、热情，对客人很尊敬，我的日本朋友对我都很关怀，我对他们也很敬重。

我与川崎高志先生进入久保田先生的书房，当他们安排我们坐下后，久保田夫妇双双以日本诚挚欢迎客人的礼节欢迎我，我实在不好意思，频频点头，连声道谢。这是我人生第三次到日本朋友家作客，记得第一次是10年前的1985年在熊本市上村希美雄先生家；第二次是5月份在八王子市高桥强先生家；这是第三次。通过这些接触我粗略地了解日本人家庭的待客与饮食文化。

6月20日，我为创价大学外国语汉语专业学生上课，讲"中国的改革开放与广州的历史性巨变"。为了让创价大学学生了解中国，了解中国广州，让他们对中日社会有个比较，我从20世纪70年代改革开放谈起，从广州城市面貌、工业体制的改革到市民生活的提高，从文化教育的发展论说广州物质文明和精神文明的变化。也有谈到中外文化的交汇与多元共处，人文精神从封闭走向开放，从谨小慎微到敢为人先的变化，说明改革开放的确是解放了中国人，提高了中国人对世界的了解。广州人的思想很开放，敢于为天下先，勇于实践，所以改革开放以来的广州人开创了人间奇迹，从社会面貌到人的物质和精神生活都发生了巨大变化。

听讲的学生很认真，有4位同学问到现代广州在中国和世界的地位、广州的社会治安、电脑的使用情况等。我一一做了回答，他们都表示满意。

我也同创价大学的青年学生讲人是非常复杂的，要看破红尘很不容易。当人与人的个人利益不发生矛盾时，还可以维持所谓的人缘关系，当个人的利益受到别人威胁时，矛盾就公开化，这大概也是人性的一种表现。不过一个人的一生还是靠自己为国家和社会付出多少作为衡量一个人的贡献，你没有真本领，没有认识事物和社会的思想水平，最终是不会有所作为的。当今我们中国往往以某某人做了什么官、什么长为荣。一个人以争做什么官来表现自己的价值，这纯粹是幼稚与无知。既然你是一个学人，社会用来衡量你的是学术水平和学术成果，而不是看你的官位有多高多大。做官有做官的行为，当一个学者转行去做官，那么他的定位也随之改变为"官行"，不能再称什么"学行""学界"。我不反对学人做官，做官没有什么不好，但如果学人固守学而优则仕的陈旧观念和儒训，则显得有点与时代偏离。

我对创价大学学生说，孙中山有句名言——"学生要立志做大事，不要立志做大官"，所以我希望你们好好读书，毕业后走向社会，努力工作，愉快地生活，不为人言所惑，也不以人言欺人，各行其是，各有所得，你干你的，我做我的，叫做人尽其能，各有所得。各有各的生活，各有各的追求，社会多元，人的作为也是多元，各行各业的精英都能尽力尽责，我们的社会就会文明、发达，世界就会和平，社会就会和谐，国民就会幸福，人类就会团结，共创辉煌。

池田大作先生在他的论著《我的人学》中，收有一篇《人生美好的晚年——鹤见祐辅的人生观》文章。鹤见祐辅是日本的政治家、著述家，生于1885年，逝世于1973年，享年88岁。池田先生引述鹤见的话：“再也没有比伟大的人物的晚年更美好的了，恰如秋日的余晖一样。”“人的一生，就是走向人格完成的行程。人之最可贵的，是老年。因为只有这个时期是他们一生决算期。”他还说：“因为我们的一生说到底，是为创造出这可贵的老年所做的准备。”（《新英雄待望论》，日本太平洋出版社出版）接着，池田先生说：“我时常到全国各地去，秋天，当我遇上满山似锦的光景时，我一面观赏这美丽的红叶，一面和身边的朋友交谈着。”我说：“人生的老年期，希望也能是这个样子，希望能在一生之中以这种最庄严最美丽的光景来装饰这人生。”池田先生又引用鹤见的话：“从中年到老年这段期间，人才能找到内心的和平，才能和人生、和社会泰然相对。他还介绍了萧伯纳的一句格言：‘六十以后才是真正的人生。’”（《我的人学》北京大学出版社1990年版）

池田先生以个人的体会指出：“的确，人，伴随着刻印上人生丰饶的年轮，作为人的深度和人的美，才逐渐显现出来，对青年来说，总不免有由于某种不成熟而带来的‘幼稚性’，而年纪大了，则趋于圆熟，私欲消失了，有些人会给你一种清纯的、很美的形象感。从这种意义说，‘六十以后才是真正的人生’这句话，我认为的确是名言。”

这两位日本名人，对于人生所持的态度很圆满，我完全赞同。总之，人的一生有生必有死，它同万物一样都有始有终。对于终有些人觉得彷徨，这大可不必。只要我们都像鹤见、池田先生那样对人生持乐观的态度，人不管在哪个年龄段都有其情趣，但也的确人是到了晚年才显得自在。无论如何，一个人的一生，能在自己的岗位上努力奋斗，能放出符合自身“生”的异彩，同时又能对自己的一生不感到悔恨，能说出“总算没有愧对这一生”，他就能够完结这美好的人生剧。

乐者长青，仁者寿。正确地面对人生，不追求完满，但要有所本，要用自己的成就去表现自己人生的个性和人格。这不仅是老年人应有的态度，对于中年人也是一种警训，人只有如此，才生活得自在，生活得幸福。这是我在日本创价大学访学、读书得到的一个关于人生的重要感悟。

6月30日下午5—7时，创价大学学生中国研究会举行纪念日中友谊农场开园纪念会，邀请从中国大陆、台湾来创价学习的留学生和交换教员参加。

日中友谊农场是创价大学在1976年初夏为中国公费留学创价大学的李佩、李冬萍、刘子敬、许金平、程永华和滕安军解决劳动锻炼和勤工俭学而开办的。为了纪念这件非常有意义的中日友谊事件，创价大学的学生每年都举行纪念会。

今天的纪念会请我代表中国访问创价大学交换教员发言。我在发言中说：

今天我很高兴有机会参加创价大学中国研究会同学们举办的中日友谊农场开园纪念会。中日友谊农场是中日友谊的象征，1974年池田大作先生访问北京实现了池田先生同中国总理周恩来先生会晤的机会，并共同约定中国向日本派遣6名公费留日学生，全部由池田先生创办的创价大学接收。1975年中国6名留学生到了创价大学留学，这是自第二次世界大战后中国第一次向日本派遣公费学生。池田先生不仅是这6位学生的担保人，还为使中国的学生一面能够参加劳动锻炼，体会劳动的辛苦与甘甜，一面又能为中国留日学生创造勤工俭学的机会，使这6名学生得以顺利完成学业，现在这批留学生已成为中日外交和文化交流的领导和重要骨干。每当我想起这件事，我就深深地为池田先生的精神所感动，也为你们这些中国研究会的同学们继承池田先生为中日友好而努力学习的精神所感动，趁今天这个机会，恭祝同学们学习进步，将来事业有成，并祝日中两国青年的友谊不断发展，万古长青！

这次纪念会开得热烈，最后全体与会者一起唱中国歌曲。有一首《真心英雄》的歌，由台湾李宗盛作词作曲。非常动听，词也写得好。

在我心中，曾经有一个梦，要用歌声让你忘了所有的痛。灿烂星空谁是真的英雄，平凡的人们给我最多感动。再没有恨，也没有了痛，但愿人间处处都有爱的影踪，用我们的歌换你真心笑容，祝福你的人生从此与众不同。

把握生命里的每一分钟，全力以赴我们心中的梦，不经历风雨，怎么见彩虹，没有人能随随便便成功。

这个歌词写得实在好，"真心英雄"就应该如此平凡，但要经风雨，感受人间的苦与痛，要有奉献，更要与众不同。

咱们中国现在还不富，还不强，但只要我们有振兴中国的理想和使命，在中国共产党的领导下，全国人民团结奋斗，就一定能将中国建设成繁荣富强的国家，创造人间的辉煌，实现国家的富强。

我是民族主义者，但我也是国际主义者。我反对某些大国、强国在世界逞威风，随意欺负别人，但我也反对那些没有气节的民族败类，借助自己的中国血统去干危害中国的勾当。民族气节不能没有，但不能以大国强国的霸气干危害别国的勾当。民族气质不能没有，但大国强国的霸气不能有。我爱我的中国共产党，我更爱我的中华民族，但我也是一个主张公平正义、友好和平和主张建立人类命运共同体的平凡中国学人。

我们生活在日本东京都八王子市创价大学，所看到的和日本其他地方的情况也可能有很大不同。创价大学遵循其创始人池田大作先生的主旨，同中国特别友好。该校的老师、学生都对中国人很友善，其中不少学生还到过中国留学，因此在这里体会不到日本人对中国血统的学者有何歧视。然而，两个多月来，我对日本也有一些观感，日本东京都知事石原慎太郎那样公开与中国挑衅的人固然见之不多，但是对中国不友好的人也不少。尤其是传媒对中国则不宣传不评论，好像世界上没有中国似的。日本发动侵略中国的战争屠杀中国人民，制造南京大屠杀还不认账，在十四年的抗日战争中，中国牺牲3000多万人，至于炸毁中国的城市乡村的损失则无法计数，你日本军国主义侵略者，对中国人民犯下的滔天大罪，不承认、不道歉、不赔偿那也罢了，但连侵略的历史都不认账，甚至歪曲历史，对此中国人民当然不满。你坏事做绝，连个对不起都不说，还要我们中国人对你怎么样，这太没有情理。不过我看到的都是一些表面现象，近来我曾不止一次在我们赴创价大学当访问学者的中国教员和中国留日学生中提到中日之间的外交难以突破，中日和解为什么这么不易的问题。大家各陈己见，但不能完全说明新的问题。我读了东京由华人办的《中文导报》（2000年6月29日）中一篇刘改云写的文章《浅谈日中和解之不易》，此文讲到一些日本人对中国和中国人带来的实质性的问题，该文写道：

第二次世界大战结束至今已过半个世纪。半个世纪以来，欧洲各国从战争的废墟上复兴、发展的同时，交战各国彼此也相互谅解和相互信赖。随着德国政府的那一声郑重的道歉，终于促使欧洲经济共同体全方位达到了统一，为这一地区经济的发展、政治的稳定创造了条件。然而，有着类似情况的东亚，自二战以来却一直处于

"冷战"状态，特别是中日之间，长期以来冷冷热热，难以达到真正和解，究其原因，有以下几点：

一是日本没有诚意，中国难以消气。那场旷日持久的中日战争，日本作为侵略国，从中国得到的利益无法计算，给中国人民带来的伤害难以计算，给中国人民带来的伤害也难以描述。"三光"（烧光、杀光、抢光）政策、南京大屠杀、"七三一"的细菌部队的罪恶等等一切野蛮行为，都无法从中国人的心上抹去。那场战争。使大多数中国人至今想起，心上仍然会流血。二战期间，亚洲地区非战斗员死亡数有2000万左右，其中过半竟是中国人，基本死于日本侵略军之手，单从这一点来讲，日本国家和日本人应该想到他们给中国人和中国所造成的灾难和伤害。真心诚意地郑重地对中国政府和广大中国人民说一声"对不起"，并不是过分要求。可是，半个世纪过去，日本方面虽然有过"道歉"行为，但用词欠缺诚意。相反，日本总还有人否认或美化那场战争，开脱自我罪责。这种做错事不承认的行为是缺乏公理和正义的不负责任的行为。

中国是一个重情讲义的文明古国。注重情义的历史文化，使中国人视情义为至上。但是，日本没有诚意的态度，确实难以让泱泱大国的中国及其人民消气，中国政府及人民表现出不满，当在情理之中。

二是打"台湾牌"，恶化中日关系。香港、澳门顺利回归，在表明中国国力逐渐强大的同时，也显示出中国政府统一中国的决心不可动摇，台湾与中国大陆的统一，也是迟早的问题。可是，日本一些右翼分子总是利用台湾问题来对中国大陆政府施加压力。日本应该明白，在对台湾问题上，大陆是不可能有任何让步的，台湾是中国的领土，统一只是迟早的问题。日本企图利用台湾问题做文章，的确打错了算盘，最终只能是恶化中日两国之间的关系，对日本来说，也不会有什么好处。

中国在历史上也曾强大一时，但基本上对日本没有冒犯，而且给予日本的都是恩惠。翻翻日本文化史，看看日本现在的风俗习惯，不难发现中国的痕迹。从这方面来讲，日本对中国应有亲近感和感谢之意才对，但事实正好相反。不提历史，只看现在，美国对华有一丝笑容，日本就对华展开笑颜；美国对华瞪起双眼，日本马上横眉冷对。但"三十年河东，三十年河西"，日本忽视了中国的发展趋势和人民的素质与力量，改革开放以来，中国一直以年平均超过8％的经济增长速度在发展着，照此下去，二十一世纪的中国将会更灿烂耀眼。日本轻看中国现在，低估中国将来，这是日本对中国态度上的短视和缺乏远见。

文章说：目前，在日本的中国人有29万人之众。根据日本法务省入国管理局统计的数字来看，持有在留资格外国人登录人数中，在艺术、医疗、研究、教育、技术、技能等领域中，中国人均位居第一。可是，有的日本人却看不到这一点，日本政府和学校在对中国留学生的态度上也与其他国家不同。中国留学生在申请奖学金方面有着其他国的学生无法相比的难度。所以，大多数的中国留学生为了缴纳学费维持生活，不得不一边打工一边学习，忍受着脑力和体力上的严重消耗。一般来说，在日本待的时间越长，对日本越没有好感。"留美亲美，留日恨日"这种说法并非毫无根据。日本政府大量接收中国留学生，而接收来之后又弃之不顾的态度，的确使中国留学生心冷如冰。在日中国留学生中自费留学生占85％以上，几年以后，他们会成为中国社会一批有影响的人物，他们的爱憎如何，不能说对中日关系没有影响。

现在有些人总是说中国气量小，老爱揪住日本侵华那段历史不放。实际上，日本侵略中国，人民忍受着巨大的伤痛，难道连个公道都不讨回来吗？中国是很容易满足的，对于日本并没有过分的要求。1972年中日建交，中国政府主动放弃了日本侵华战争赔偿要求，这是中国政府和人民对日本人民和好的实际行动；中国人在忍饥挨饿的年代，用自己的血汗抚养了大批的日本孤儿而心甘情愿。日本喜欢使用"谢谢您"这句话，但这个词却从不对中国政府与中国人民使用。

读完这篇文章，我倒觉得文中所说是真实的情况，至今日本政府一些人霸气犹存，有点不懂情理，中日邦交要有所发展，中日双方都应该尊重历史，只有尊重历史，才能放眼未来，只有合力共建未来，才会共建互信，只有互信才有美好的中日两国的外交关系。我们中国是一个有雅量的国家，我们不忘历史，但不会鼓动复仇。只有双方共同正视二战那段日本侵略中国的历史，面对中日两国人民要求正常的来往、贸易、文化和教育交流的现实，以往前看的态度，致力于中日两国人民和平友好，经济上相互支持，文化增加交流，中日和谐、共同发展就一定能实现。

（六）告别创价大学，准备返回祖国

2000年7月3日，我为创价大学做我在创价访研期间的最后一次讲演，题目是"孙中山与宋庆龄"。听者近100人，都是学生。日本学生知道孙中山是中国人，宋庆龄是孙中山的夫人，但对宋庆龄的经历则不太了解。我的讲演首先是讲孙中山的经历，以及他与宋庆龄在日本认识并成为伉俪的过程。然后讲孙中山与宋庆龄结为夫妻的思想基础，以及他们结婚后对中国的影响，最后是介绍宋庆龄在孙中山逝世后，为捍卫和守护孙中山思想和从事世界和平友谊事业所作出的贡献。

讲完课，我请同学提问题。提问题的有四位同学，一位女生说："孙中山那个年代中国的男女不平等，孙中山有没有男尊女卑思想？"另一位男生问："一般情况女人从政都要比男人付出更多的精力，宋庆龄做得那么好，她怎么样处理家庭与国家工作的关系？"另一位女生问："孙中山的革命思想来自哪里？外国有哪些政治家的思想对孙中山的革命思想发生影响？"还有一位男生问的问题是："林教授在讲演中强调孙中山与宋庆龄都是爱国主义者，直到现在中国都打着爱国主义旗号，反对西藏独立？反对台湾独立？为什么中国会有这种强烈的民族和国家统一意识？"

我就学生所提的问题一一作了解答，他们都点头表示满意。

在跟日本学生讲课时有一个困难，他们不太了解中国的过去，也不了解中国的现在。不过据高桥强教授反馈回来的消息，通过这两个多月跟创价大学学生讲孙中山与近代中国的历史，对日本学生还是有启发，有的学生公开表示对中国感兴趣，要到中国留学，学习中国文化。一般来说，日本学生思想较为活跃，但历史知识方面相对中国大学生会稍微差些。尤其是对理论性和历史性的学术问题普遍兴趣不大，日本的教育过分强调应用，这种教育对学生的未来发展，不见得没有缺点。

我在创价大学的工作已经完成，即将回国。为了表示我对池田大作先生对我在创价大学工作期间的关心，我写了一封感谢信交高强桥先生翻译后转呈池田先生。信的内容如下：

尊敬的池田大作先生：

您好！

我应您创办的创价大学邀请来贵大学作为交换教员已近3个月，我已决定7月18日回国。在创价大学访问研究期间，由于得到您的热情关怀，使我的生活愉快和工作顺利。创价大学给我留下深刻的印象和美好的回忆，尤其使我高兴的是在您的关怀下，我们两校"孙中山与世界和平"合作研究的计划得以落实。我们中山大学校长黄达人教授已经同意由两校合作举办的"孙中山与世界和平"国际学术研讨会，明年春天在我们中山大学举行，届时欢迎您到会指导，给会议增光。

在我即将离别您亲手创办的创价大学回国的时候，在此我谨向池田先生致以崇高的敬意和衷心的感谢，并恭祝池田先生贵体康健，为日本和世界人类的未来作出更多更伟大的贡献，祝愿创价大学今后更加繁荣发展，为日本和世界培养更多优秀人才，并祈盼我们两校的合作和交流更加兴旺和发展。

签署　中国广州中山大学访问教师林家有

日本人与中国人有许多不同。从价值观看，日本人看重功利，因此好胜心强，不认错不服输。中国人追求义利统一，所以虽然求利，但不会不仁不义，置人于绝境。日本人讲至忠至孝，但缺仁缺义，因此做错事不认错，更谈不上反思自己，不仁不义，心胸狭窄，不能以谦谦君子之心去度君子之腹。像第二次世界大战时，日本人侵略亚洲给朝鲜人、中国人等许多亚洲人民造成空前的灾难，但至今不认错，甚至连南京大屠杀造成的惨剧已经铁证如山，却还有不少人写书否定，我不知道他们这样做究竟是为什么，这种对历史不负责任的态度给一个国家和民族带来的影响是什么。他们置若罔闻，不进行反省，做错事、犯罪不道歉。这是蛮不讲理，难于取信受欺凌国家的人民。所以，一个国家的人过于偏私，过于固执，过于自信，带来的必然是思维僵化和不负责任地对待自己所做的事情。过去，我对日本人的民族性一知半解，对日本人的特性也似懂非懂。近来有一点感性知识，似乎增加了一点理性认识，但是还不能说很了解。昨天在创价大学国际部随便翻阅旧报纸，发现东京出版的《中华时报》（2000年6月1日）有一篇署名达人写的《日本人的"耻感文化"》的文章，觉得颇有启发，他说明了中国人与日本人由于文化观不同，便产生许多对日本人的行为不能理解的事。此文说：

住在东京的日本人外出旅行，冲绳是个很有吸引力的地方。

这里属热带气候，有高大的椰树，叶大如船的芭蕉。这里的天比东京的蓝，树比东京的绿，空气比东京的清新。东京人来到冲绳，犹如北京人到了海南岛，热带风光给人带来的是新奇、美妙。

历史上，冲绳受中国文化影响很大。当地人的语言与标准日本语不同，这里的独特的民俗和文化，对在"单一民族"和"单一文化"环境中生活的日本人来说，充满异乡情调。

冲绳还有美军基地，据说是美国在亚洲最大的军事基地。二战后冲绳一直在美国的统治下，20世纪60年代末才归还日本。游客站在一个小山坡下，可远眺嘉手纳美军基地内飞机的起降。岛上还有多处与第二次世界大战有关的遗址。有一个旅游项目叫"南部战迹巡游"，参观旧海军司令部壕、健儿之塔、各县慰灵之塔、姬百合之塔等，这会让人想起第二次世界大战。

第二次世界大战期间，冲绳是日本海军司令部所在地。岛上青壮年男子都上了战场，只留下妇幼老小，从事战争后勤工作。战争将结束时，美军轰炸冲绳，岛上的女护士、女炊事员等都参加了运送炮弹、协助战斗。当时的日本司令官大田在一封给海军次官的电报中称赞冲绳县民"如此能战斗"。

当时的日本政府宣布日本是不可战胜的，鼓吹"奉天皇之命去捐躯"和全身玉碎的愚忠思想。日本人正是在这种思想毒化下参加作战的。1945年8月15日，天皇宣布无条件投降，消息传到冲绳，有的人真的"玉碎"了，当时有100多个女子，听到这个消息后，在丝海市附近集体自杀。后来，人们在她们自杀的地方立了一座纪念塔，叫"姬百合之塔"，每日前来凭吊者络绎不绝。导游以崇敬的心情介绍她们的事迹。人们把鲜花撒到塔前，像拜佛一样，双手合十，眼睛微闭，默默地祈祷。

作为一个中国人，看到日本人这样虔诚，不免生出许多不理解：

是赞赏她们结束生命的方式？失败之后不愿正视失败，认为受到极大的屈辱而以自杀"洗刷屈辱"，日本人可能欣赏这种方式，但既然追求的目标错了，效忠的对象错了，这种方式也没有什么可赞赏的。

当时日本统治者把日本侵略中国、朝鲜的战争美化为"大东亚共荣之战"，冲绳人民完全受了欺骗。在今天的人看来，她们的确是可怜的。后人可以从她们的身上吸取教训，但没必要为她们献花、敬拜。

对多数的日本人来说，当他们站在"姬百合之塔"前静默时，都随波逐流地献花、祈祷、表示敬意，很少有人冷静地考虑一下为什么祭拜和该不该祭拜。不管什么人，干了好事坏事，只要"体面一死"，便都成了神，成了祭拜的对象，这似乎是日本人的劣根性。

日本会津的若松市有一个"白虎队纪念馆"，陈列着明治维新时期的一个故事。当时日本分成许多番，番的权力很大，实际上是一种封建割据。这对发展资本主义是不利的。当时以西日本为首的革新力量试图打破这种状态，但遭到地方力量的激烈抵抗。会津番就是这样一个地方。"白虎队"是这个番组织的地方力量，有300多人，另有妇女500余人，守卫在一个叫"笼城"的地方，与前来进攻的"军队"作战，战斗相当惨烈。最后，"白虎队"失败，大部分人战死或自杀，他们的遗物留下来供人参观。20世纪80年代中期，日本一家电视公司以"折虎队"为题材拍摄一部电视剧，使这个故事在日本人中广为流传。若按我们的看法，"白虎队"代表的是保守势力，逆当时历史潮流而动，被消灭实属必然。但日本人似乎不管这些。

我们中国人看人看事，喜欢把好坏分个清清楚楚。中国京戏里人物，忠臣、奸臣、好人、坏蛋一看脸就能认出。而日本人似乎不是这样，他们有一种倾向，即不将"善"与"恶"、"正义"与"非正义"、"进步"与"反动"作绝对的区分。中国历史上有秦桧之类的大坏蛋，受人千古唾骂，日本历史上就没有这样的人物；中国有好皇帝和坏皇帝，日本天皇没有一个是坏的；杨贵妃在日本比在中国更受赞颂，这与其说是基于道义上的判断，毋宁说是因为她的死具有日本味儿。在中国，一个人即便死了，该是坏蛋还是坏蛋。如果作恶太多，我们还会说他"死有余辜"。

古代日本从中国吸收了"忠、孝、义"等伦理思想，但他们没有接受"仁"这一观念。但是在中国，"仁"是凌驾于一切德性之上的美德，是评价是非善恶的标准。天子能否永占皇位，文武百官以能否永占官职，臣民是否要忠诚于君主，都取决于是否施行仁政，推翻一个"不仁"的君主被认为是合理的，一个人是受赞扬还是受唾骂，也是看他是"仁"还是"不仁"。我们会说："与人不仁，也与我不义。"表明"忠、孝、义"等不是没有条件的，但在日本人的诸德性中并没有类似中国的"仁"这一概念，"善"与"恶"的辨别缺乏一个恒定的标准，因此他们的"忠、义"等便有了绝对的性质。有的学者指出："通观日本历史，日本人似乎在某种程度上缺乏辨认恶的能力，或者他们不想解决这种恶的问题。"

美国文化人类学家鲁思·本尼迪克特认为，相对于西方的"罪感文化"，日本是"耻感文化"。在"耻感文化"下人们的行为不是受内心的罪恶感的约束，而是基于对"蒙受耻辱"的惧怕。日本人类学家中根千枝则称，制约日本人行为的不是固定的"法"和"原则"，而是"力学规则"。尽管用词不同，其实说的都是一回事，即传统日本人的行动不是基于某种内在的道德原则，而是基于外在的不固定因素。

对行为的约束不是来自内在的道德判断而是来自外部影响，这实际上也是日本发动侵华、侵略朝鲜等亚洲国家战争的文化心理基础。西方国家在非洲、南亚、太平洋岛以及南美分割了势力范围，日本就要占领亚洲，这样才能与西方强国平起平坐，否则就会受辱；日本人参加战争不是抱着"为正义而战"之类的信念，而是为了服从圣上的旨意；战争打败了，也不是从根本上认识自己因发动了一场不义之战而败，而是像一个小孩，想吃桌子上的糖果，被大人狠敲一下，把手缩回。不是认为糖果不该吃，而是认为吃糖果会挨打。所以，日本人或许内心深处就没有认识到那场战争的错，只是觉得那条路走不通了，以后不走就是了。

回忆一下日本政府对战争的态度很能说明问题：对于那场战争，早有人出来翻案。围绕教科书问题，战争性质以及"南京大屠杀"等问题，日本政府一些高官一再大放厥词，厥词一出，亚洲受害国家群起谴责，使他们清醒一下，政府出面把话收回。但过不多久，他们似乎又淡忘了，又有人出来放言，如此不断反复。对许多日本人来说，那场战争仍是一笔糊涂账，或者说装糊涂。他们不想也不愿把他们当时在亚洲各国的行为放在善恶的天平上秤一下，而只想快点忘掉，对下一代隐瞒。说"侵略"觉得太刺耳，不如说"进出"好听，说"战败"不光彩，不如改成"终战"。这么一改，什么正义与非正义，杀人者与被杀者都一笔勾销。

对传统的日本人来说，"永恒不变的目标是名誉"（鲁思·本尼迪克特语）。为了名誉，可以不顾事实，不分善恶。为了名誉，当教师的不能承认自己的无知；企业家不能让人觉察到他已接近破产；外交家也不能承认其政策的失败。为保全名誉而自杀，为洗刷耻辱而复仇，都被视为美德。对名誉的极度敏感是日本人心理上的自我防御机制。传统日本人通常用自杀的方法对付耻辱。我们今天仍常常看到，体育比赛中失败了的日本人抱头痛哭。前些年日本国营铁路实行民营化，有人便以自杀抗议。1986年11月，日本"国铁"工会举行"自杀者追悼会"，悼念30多个自杀者，并要成立"自杀者遗族会"。其中有的人是因为担心裁员裁到自己头上，但多数仅仅是因为自己多年献身的公司要易主了，自己的名誉毁了，心理上承受不了。本尼迪克特在她的书中说："同日本人接触，你最好不要当着一个日本人的面夸奖另一个日本人，因为他可能会把这看作是对他的羞辱。一些人对待战争的态度仍是这种传统心态的反应："如果承认错误便一切都完了"。

读完这篇文章有一种不是味道的感觉，不知日本人有何感想！反正"耻感文化"熏陶下的日本人的确是与众不同，我不知是好还是不好，反正日本文化有其优长，也有值得改构的地方。

在我回国前，创价大学国际部的先生们想陪伴我去冲绳参观，但因我到创价大学前，中国在创价大学的访研人员学校已组织去冲绳参观考察过，我只好婉谢主人的好意。

创价大学校方领导为了表示对我们中国访学人员的关怀，特在7月10日指派专人陪伴我和其他在创价大学交换的中国教员到日本北海道参观和旅游。上午9时乘创价大学中巴到东京羽田机场，10时40分到机场乘11时45分钟飞机，12时25分到北海道函馆机场。出港后乘"红色风"游船公司准备好的大巴汽车参观19世纪60年代法国在函馆修建的修道院、函馆明治纪念馆，以及元町东正教教会、元町天主教教会、旧领事馆等。7时晚餐后随旅游团到函馆山观赏夜景，9时回到函馆汤之川温泉酒店住宿。北海道山清水秀，环境优美，加上水产品丰富，人民的生活还算好。函馆的夜景很优美，给我留下深刻印象。

次日7时在函馆市汤之川温泉酒店早餐，7时55分从酒店发车经北海道昆布（海带）馆到太沼公园，该公园是个旅游景点，湖宽水深，乘船游览20分钟，在公园散步10分钟，共30分钟后乘车到长万部午餐。下午由长万部发车经俱知安市，到小樽市内观光，参观运河仓库群、北一硝子（玻璃制品）等，大约7时左右车到了北海道首府札幌市，随车参观大通公园、旧道厅、时计台等地，然后住下。札幌100多万人口，城市相当现代化，市容市貌都很美，是北海道最大城市，占全道人口的三分之一，它是北海道政治、经济、文化中心。

7月12日上午9时，我们一行到札幌创价学会办的幼稚园参观，受到园长小川千博先生和幼稚园老师、小朋友们的热烈欢迎。小朋友列队用中国话"您好"欢迎我们，并表演了节目，赠送给我们他们制作的礼物。创价幼稚园是池田大作先生在20世纪70年代创办的一所对社会开放的幼稚园。该园环境优美，干净和宽敞。各班小朋友可以在一个通透较大的环境中自由交流和玩耍。我们在该园停留约1小时，后到札幌啤酒厂参观和午餐。下午到北海道白老郡白老町若草町2丁目3番4号参观阿伊努民族博物馆。阿伊努是日本唯一少数民族，人口不多，说日语使用日文，其实同日本大和民族没有很大的区别，所以世界上各国都认为日本是单一民族的国家。

晚上7时10分乘札幌市新千岁机场到东京羽田机场的大型客机于8时40分到东京。创价大学中巴已在机场等候，经过一个半小时，约晚10时30分回到创价大学教员宿舍。

至此，3天北海道参观旅游已结束。北海道风光很美，我不仅看到日本北方的山山水水，也尝了北海道的大螃蟹。北海道的地方大，人口只有400多万，而且大部分人口集中在札幌市和函馆市，虽然气候比日本其他地方更为寒冷，但人们生存条件相当优越，是日本一个大有发展前途的地区。

回到创价大学整理房间，清理行装，洗过澡已经是晚上11时30分，挺累，但睡得好，精神挺不错。

7月13日上午11时30分，创价大学理事会理事长安博司先生在创价大学本部办公楼接见我，并代表池田大作先生送给我礼物，而且还讲了一些礼节性的话。12时由创价大学副校长、经济学部部长福岛胜彦教授代表小室金之助校长（因去医院看病缺席）请吃午饭，高桥强先生和川上喜彦先生作陪，一面吃一面谈，十分融洽，双方介绍了各自国家高等教育情况，福岛副校长还转达了池田先生对我的问候，并要我回国后要代表他向黄达人校长问好。池田先生的传言如下：

〈伝言〉お手紙に対して。　2000.7.12

本当に長い間、ご苦労様でしたまだ、みりだとちでいました。

度の、ご寧なむ手紙頂き、恐縮しこむ。

先生のご活躍、ご研究の進展を祈ってむります。

また明年のツンボゾウムのご成功を祈っております。

帰国ちなしましたち、黄達人学長先生や、大学首脳の皆様にくねぐねもよろしく、お伝え下ちい。

这次日本之行即将结束，但未能到神户参观孙中山纪念馆新馆，实在可惜。东京《中文导报》2000年5月31日刊载署名丛中笑写的介绍神户孙中山纪念馆新馆落成的情况，他在文中这样介绍：

在神户，有一座日本唯一的专门纪念中国伟人的纪念馆，那就是孙中山纪念馆。这里也是在日中国人明史赏景的好去处。

明史是因为神户孙中山纪念馆本身就是一座有特殊历史意义的建筑物，到这里可以深切感受到这位中国伟大革命者的早期足迹。孙中山与这座建筑物的渊源是始于1913年3月14日，孙文在访问神户途中，来到这里出席了中国人和日本友人举行的欢迎午餐会，1915年在此地建造一座八角形中国式楼阁，叫"移情阁"。1984年11月12日，在孙中山诞辰之际，移情阁作为孙中山纪念馆正式对外开放。1993年12月，移情阁被兵库县指定为"重要文化遗产"。1994年3月，为了配合明石海峡大桥的建设而搬迁重新翻建。孙中山纪念馆内藏有大量宝贵的原始历史文件，孙中山手迹等文物，现任副馆长王柏林的祖父王敬祥是与孙中山一同创立"中华革命党"的名人，王柏林副馆长把他祖父留下的许多件价值连城的孙中山手迹捐献给孙中山纪念馆，因而许许多多仰慕孙中山革命精神的中日友人和专门研究孙中山思想的学者纷纷到此一睹真迹。另外这里展出的大量孙中山在日本活动的历史照片，也真实地反映了当时日本各派欲插手中国事务的历史原貌。

赏景也是到孙中山纪念馆的一大享受。新建的孙中山纪念馆位于日本举国瞩目、雄伟壮观的明石大桥一侧，八角形建筑紧傍大海边，面向淡路岛。目前淡路岛游客如潮，正在举办的世界花博会吸引了世界游客，很多游客跨过明石大桥赴花博会时，都会看到桥下的这座八角形建筑。换个角度，坐在孙中山纪念馆的休息室内，仰望明石大桥如线的车流，远眺窗外的轮船，近听海潮的涛声，似乎能呼吸到历史伟人孙中山留下的气息，令人心驰神往。历史与现实如此完美地结合在一起，让我们这些辛苦拼搏的凡人们到此感受一下这里的人杰地灵，也算是不枉此行。

我曾于1985年和1994年两度赴日本参加孙中山学术研讨会时参观过神户孙中山纪念馆。中国人到日本神户应该到孙中山纪念馆参观，这不仅是为了赏景，更重要的是该馆坐落日本，虽说是华人修建的洋房住宅旧址，但日人如此重视孙文，将该住宅拆了又重建，并列为"重要文化遗产"，作为纪念孙中山的纪念馆，说明日本人民和政府对孙中山的重视，它的意义深远。

在日本生活了80多天，对日本的了解比以往进了一步。我觉得日本与中国不同的是其单一性。

民族，日本是单一民族的国家，尽管除大和民族外，号称还有一民族——阿伊奴族（日本人自己又叫吓虾夷），据说有几百人之多，可这改变不了单一民族的事实。

语言，日本语言的一致性让中国人惊讶。即使最南边的冲绳和最北边的北海道说起话来，也只能听出些口音不同而已，几乎所有的日本人都说一种话。日本人听说中国有几十种，甚至可以说是几百种方言，而且彼此听不懂，他们是无法想象的，即使表面上点头称是，心里仍以为你是瞎说。

地域，日本列岛全部面积为37万平方公里，说起来也不算小了，但由于是岛国，又得了大一统的真传，再加上天皇制度，所以各地之间差别极小。

由这些决定了文化的单一性，也决定了民族性格的单一性。

民族，中国至少有56个民族。其他的大国，美国、俄国、印度、巴西、加拿大等都是多民族国家。民族多了，多样性是自然而然的事，专制大国企图扼杀多样性却徒劳无计。

中国方言之多，方言区别之大，世界第一。方言成了判断一个人的最初的标志，日本则不是。

地域的广狭，是多样性的外在的基础。中国的一个中等的省已经相当于日本的大小。由于中国地域广大，除了渤海、黄海、东海、南海之外，又有漫长的陆地国界，与相邻国家、民族的相互影响也就不可避免。

多样性自然利弊参半，但是我们仍然为我们的多样性自豪。多样性，为我们的中华民族创造活力；多样性，为我们中国的繁荣强盛创造良好条件。

2000年6月，日本国会议员选举中有一位日籍华人梅兰女士出马竞选众议员，虽然落选，但日本华文报纸还是热闹了一阵子，对于梅兰女士的勇气给予肯定，因为华人女士竞选众议员，在日本历史上还是第一次。

据统计，在日外国人已有150万人，占日本总人口的1%以上。按日本的惯例，外国人是没有权利竞选的。虽然日本表面上有《永住外国人地方选举权赋予法案》，但实际上一直持不透明的态度。在6月25日举行的众议院大选中，华人女性梅兰作为日本社民党党员正式出马竞选东京3区的众议员，标志着日本正在向国际化迈步。

梅兰走向街头，为竞选积极进行着竞选演讲和自我介绍，在东京都晶川区户越商店街，梅兰和她的选举事务所依田正三委员长对过往的行人做着宣传："大家好！我是社会民主党的梅兰，我热爱这里的每一条街，也热爱街上住着的每一个人……"过往的行人都被她的微笑和诚挚感动，纷纷鼓励她加油。

梅兰出生于中国上海，1987年获全国新人歌手奖，1988年来日后，活跃于日本、美国，以及中国大陆和台湾的演艺界，在此期间，她结识了日本社民党的党首土井，开始频繁出入社民党总部，在土井党首和依田正三委员长的赏识及推荐下，梅兰作为社民党公认候补的身份，正式出马竞选众议员。

她说："社民党为中日友好做出了很大贡献，我之所以能够来日本，也应该感谢社民党，中国有句俗语叫'吃水不忘挖井人'，我也一直崇拜社民党的土井党首，因此我会为此次竞选尽最大努力。"

她还说："日本是法治的国家，我很想在这里试一试自己的能力。外国人在日本参政是比较困难的，不过，作为中国人的我，既理解中国人的心情，也理解日本人的心情，更理解在日外国人的心情。今天，我已取得了日本的国籍，可以正式参选，在日华人中还有相当多的人是保留了中国国籍而在日本永住的，我希望他们能取得通往日本国会的权利。"梅兰的想法和行动都很勇敢，要一般日本人接受你为议员参与国事还是不容易。

7月17日中午，中国在创价大学的交换教员到我的住处聚会，欢送我即将回国。下午2时30分高桥强先生陪同我到东京成田机场附近宾馆住宿，以便次早乘东京回香港的飞机。

尊敬的池田大作先生给我写信，祝我一路顺风，并要我代表他向黄达人校长问好。全信原文如下：

親愛なる林家有先生

本当に創価大学かお世話になりました。心から御礼申し上ばまよ。私共は貴大学どの友好交流か深まっていゐこどそ心から嬉しく思い、また感謝しておりまよ。名門中山大学で大切なお立場であられゐ先生の益ウのご活躍をお祈り申し上げます。本学の同窓生の一員として、機会があればいつでも創価に戻って来てください。最大に歓迎致します。

　中山大学に戻られましたら、黄達人学長始め、関係する先生方にくれぐれも宜しくお伝え下さい。どうが、お身体を大事にして下さい。旅のご平安をお祈り申し上げます。

2000年7月17日

創価大学創立者池田大作

　7月18日，高桥强先生8时从成田机场宾馆送我到机场，我办完手续到候机室，高桥强先生离去。我在创价大学近3个月的访问研究也结束了。

　国泰509次班机正点10时起飞，经3个多小时的飞行到了香港赤鱲角国际机场，出关后我乘轻铁火车到九龙站，转乘巴士到红磡火车站，乘下午4时45分火车并于6时20分到了广州东站。家人已在广州东站海关前迎接，约7时我到了家。

　至此，我在东瀛日本的访学结束了。80多天在创价大学读书、研究、讲学，到日本各地参观考察。日本和创价大学给我留下许多挥之不去的记忆，我对日本的了解有所加深，也开启了我的新思维，对我的教师和研究工作将会产生深远的影响。我在创价大学结识了一些教师和学生，他们对中国、对我都很友好。他们都主张世界和平、人类平等和正义，也非常重视中日友好和经济、政治、文化教育的广泛交流，我对他们都非常敬佩。

　再见，日本！再见，创价大学！

七、教与学相长共同建构理解
历史的真谛

（一）为本科生上课得到的启发

1976年1月，我从北京回广州中山大学任教师，我之前未曾当过教师，连用粉笔写黑板字都不会。当教师当然要板书，当时板书使用粉笔，不使用今天的墨笔，用粉笔写字作板书，是当教师的必备本事。记得我在为中山大学历史学系本科生正式上课前，要进行试讲，几位有经验的教师来听课，听后又作讲评，主要是针对试讲者讲课内容如何，表达如何，板书又如何。记得我的试讲内容是"中国近代史有关藏族史的研究近况"，我首先介绍研究西藏和藏族史要认真读三本书，一是中国科学院民族研究所编著的《藏族简史》；二是谢彬著《西藏问题》（上海商务印书馆1926年版）；三是吴丰培辑《清季筹藏奏牍》九卷。《奏牍》主要是讲英国对西藏的侵略和中印边界的争议。我慢慢地用粉笔把我讲课的内容写在黑板上。我的字本来就写不好，粉笔字更写不好，但还算清晰。课讲完后，记得陈胜粦先生说，讲课开头就介绍学生要读的三本书，否则难理解近代藏族和西藏问题，板书也可以，今后上课应多点板书帮助学生明白和理解讲课内容。我的试讲算是过关，此后就给学生开讲专题课。

我从北京回到中大时，当时的历史系只有工农兵学生班。我就跟1975年级最后一届中大工农兵学员同学讲一些历史专题。这一届的工农兵学员读书都很勤奋。如茅海建学习很用功，他上学前是中国海军战士，他毕业时，成绩优秀，我与同事段云章推荐他到华东师范大学做陈旭麓教授的研究生，他研究生毕业后到过北京中国军事科学院、中国社科院近代史所、北京大学任职，今为华东师范大学和澳门大学资深教授。又如蒋长芳原是广东省人民政府台湾事务办公室副主任，陈弘君是原中共广东省委党史研究室主任，等等，这届同学在政府部门工作的人不少。我当时刚从北京回来，我和夫人梁碧莹经常和他们一起劳动，一起外出参观考察史迹，还经常请一些学员到家里吃饭，我跟这批学员的关系很好，我与他们是朋友，当然也是师生，直到现在我对他们许多同学的学习精神仍记忆犹新。

随后，大概是1978年，我便正式为中大历史学系77级学生开"辛亥革命与民族问题"选修课，乐正同学为我的课代表，他后来留校当教师、读硕士研究生，后又师从章开沅先生读博士。他本科毕业就回校，在中山大学历史系任教，后调往深圳市委党校，工作成绩突出，曾任深圳市社会科学院院长、中共深圳市委政策研究室主任、市政协副主席。当年选修我的课程并由我指导写毕业论文的秦通海同学，后任中共广东省委纪律检查委员会常委。77级是中大历史系在"文化大革命"后恢复招生制度的第一届学生，他们都非常勤奋，学习很认真，并经过劳动锻炼，品学兼优。如今中山大学党委书记陈春声教授，原人类社会学院党委书记、副院长周大鸣教授，中山大学东亚研究院、东南亚研究所所长袁丁教授，香港凤凰电视台的军事主播马鼎盛，澳门理工学院谭世宝教授等都是中山大学77级历史系学生，可惜我没有为他们上过课，因为他们学习的重点是中国古代史和世界史方向。1978级以后，我为历史系本科先后开过"辛亥革命运动史""国共关系史""辛亥革命与少数民族"等课程。为多少个年级上过课已经记不清了，教过的学生有多少则更加没有印象。当教师是个不错的职业，为学生上课不仅是传授知识，也要教育学生学会分析问题。记得，我为学生上"辛亥革命与民族问题"一课时，有学生问我："老师，现在人们都说，民族问题的实质是阶级问题，其实民族问题是民族之间的问题，不能说是阶级的问题。"我说："你说的也对，在一个多民族国家里民族问题是民族之间产生的问题，所谓民族问题是民族不平等问题，但是民族是分阶级的，一个民族的统治阶级如清朝的皇权统治者，除压迫剥削其他民族外，对本民族的劳动人民同样也实行压迫和剥削，所以满族人民也参加辛亥革命反对清政府。这就是阶级问题。"他点头称是。所以，给学生上课，学生的提问会促使你思考问题，提高分析问题的学术水平。当了多年教师，我爱我的学生，学生也尊敬我，每逢中秋节、教师节、元旦、春节还有不少学生向我问候，我有一种愉悦和温馨的感觉。

我是在1984年恢复评职称时被评为副教授，1985年开始招收硕士研究生，后被评为教授开始招收博士生。我前后为硕士、博士研究生开过的课程有"中国近代思想史""孙中山与辛亥革命史""近代中国人物研究""孙中山与中国近代化道路研究""史学方法论"等。1992年我被中山大学评为优秀研究生导师，后又与陈胜粦教授等获国家教委普通高校优秀教学二等奖、广东省高等教育厅优秀教学一等奖，我感到很充实和满足，当教师不仅是付出，也有收获。

（二）我培养的硕士研究生都在各部门尽力尽责干事

导师与研究生是双向选择，学生选择导师，导师选择学生。作为一个研究生导师，你把学生招到你的名下，你就要对他负责，在三年学习期间教会他们做人、做事和做学问，否则你这个导师就不及格。我招收的研究生不多，但没有一个不通过毕业就离校。在与研究生相处时，我会全面地了解学生的长处与短处、优点和缺点，有针对性地培养。我培养的研究生一般都表现良好。

我前后招收五届硕士生、五届博士生。我的开门弟子是金炳亮和周成华。

金炳亮，原籍浙江省，是中山大学本科优秀毕业生，1986年本科毕业即报考我的硕士研究生，经过3年学习，1989年按时毕业，学位论文是《民国初年的妇女参政运动研究》。

周成华，原籍江西省，是江西大学历史系毕业生，1986年本科毕业后通过报考被中山大学录取成为我的硕士研究生，经3年学习，1989年按时毕业，毕业论文为《上海商人与五四运动》。

我第一次培养研究生没有什么经验，但我尽心尽责，既教书又教人。我对他们要求严格，无论是政治思想教育还是学习表现都很注重，学习上尽量发挥他们的兴趣和自由，但政治上不能放纵。他们还遇上一个八九年的政治风潮，但他们都经受住了政治考验，他俩都能听我的劝告和教导，无论政治思想和学习都表现得好，按时毕业和分配工作。金炳亮原被分配到广东省新闻出版局，周成华被分配到广州市社会科学院。后金炳亮调任广东教育出版社副社长、广东人民出版社社长，是广东省出版集团的领导之一。他既为人编辑书，又擅长自己写书。他的文笔很好，会写散文。他的学术性著作有《苦斗与壮游：王云五评传》等多种，是一位学者型的出版人。周成华是个老实人干老实事，广州市领导要调他到中共广州市委宣传部任理论处处长，他二话不说就服从调动。周成华今为广州日报报业集团的负责人之一，人们都明白这是一桩苦差事，很晚才能下班，日报出了一点什么事，还得查明原因，分清责任。

1988年我只招了1名硕士生，这一届的学生是马卫平，他也是江西省籍，江西大学历史系本科毕业。他入学后很用功，也善于思考问题，上学不久就写文章在中山大学研究生学刊上发表，在读研究生期间加入中国共产党，1991年按时毕业，他的学位论文是《试论民国初年中国的科学思潮》。毕业后他被分配到中共广州市委统战部工作，后任该部副部长，今还兼任中共广州市社会主义学院党委书记。

1989年，我空缺不招生。1990年招入邹岚萍，她是女生，来自江西省修水县。上大学有些不顺，但她意志坚强，学习用功，也很聪明，经过在中山大学三年研究生学习，进步很快，各门功课都达到研究生的要求，1993年按时毕业。她的学位论文是《清末中国的教育改革与学习日本》，毕业后留校从事中共党史教学，后到中山大学出版社任职，后任该社文科编辑部主任、编审。她编辑和出版了不少中大老师的书。

来自黑龙江省某农垦师专的王文清，原是定向培养，由钟卓安老师指导，但由于钟老师调往广州市社科院工作，王文清改由我指导，他的学位论文是《舆论导向对清末民初中国政局的影响》。按当时教育部规定，定向培养的学生毕业必须回原校工作，但王文清没有回原籍工作的意向，后他通过与原校沟通允许他离职，他自找工作，到了广东省珠海市华丰方便面厂工作，后到深圳某金融机构就业，很有成就。

1991年，我又停招研究生。

1992年只招收了毛剑峰一人。他是江苏省苏州市人，是中山大学历史学系本科优秀毕业生。他的外语很好，历史基础知识扎实，经过三年研究生学习，专业也有很大的提高，1995年毕业被分配到中共深圳市委党史办工作。他的学位论文是《严复的教育思想及其对中国社会的影响》，现为深圳市委党史办（含地方志）领导之一。

1993年我也只招了1名硕士生为祁森林。他原是河南省某师范学院中文系毕业生，考研则报考中山大学中国近现代史专业，考试成绩良好，录取后由我指导。祁森林学习勤奋，思想进步，尊师敬业，为人谦逊和蔼，在读研究生期间加入中国共产党，毕业后到中共广州市委办公厅任职，后到广州市政府某部门任职，现任中国共产党广州市增城区委员会组织部部长。他的学位论文是《杜亚泉与民国初年〈东方杂志〉》。

我只指导了7位硕士研究生，数量不多，但素质都不错，现在他们都在重要的位置上任职，都是有能力、有本事并尽职尽责地为人民服务，为社会和国家努力工作的硕士研究生。

（三）我指导的博士生都具有做人做学问的能力

我1996年开始招博士生，第一届招入的博士生有郭凡、曹天忠、赵立彬和郭华清。

郭凡，江西省人，武汉大学历史系毕业后在江西大学历史系当教师，后在中山大学人类学系师从曾骐教授读研，毕业后在广州市社会科学院从事研究工作，报考我的博士生时他是广州市社会科学联合会秘书长。他的学位毕业论文是《近代广州新式社团研究（1895—1936）》，合著有《民族独立的抗争》，主编《羊城论丛》等。他曾任广州市社会科学联合会秘书长、副主席，广州市社会科学院院长，今为广州市人民代表大会常务委员会经济委员会主任。

曹天忠，广西壮族自治区博白县人，广西师范大学历史系本科毕业后，报考钟文典先生的硕士研究生，毕业后留校任教。报考我的博士生之前，他是广西师范大学历史系教师。1999年博士毕业后留中山大学历史系任教，今为教授、博士生导师。他的毕业学位论文是《雷沛鸿与近代广西教育及社会改造研究》，2004年在天津古籍出版社出版时，题目改为《教育与社会改造：雷沛鸿与近代广西教育及社会》。编著有《各方致孙中山函电汇编》（第七卷）、《孙中山史事编年》（第九卷）等，承担清史《岑春煊集》重点课题编注，著有《中国近现代史史料学》等书，从事历史文献、教育学研究和教学。他对中山大学近一百年的发展史有全面和较深入的了解研究。

赵立彬，湖南人，1987年华东师范大学历史系本科毕业后在湖南师范大学历史系读硕士研究生，1992年获硕士学位后，在中山大学马列主义教研室从事公共课教学，1999年获博士学位，今为中山大学历史学系教授、博士生导师。他的博士学位论文《陈序经的全盘西化思想研究》，2005年由北京三联书店出版时题目改为《民族立场与现代追求：20世纪20—40年代的全盘西化思潮》。其后陆续出版《西学驱动与本土需求：民国时期"文化学"学科建构研究》（社会科学文献出版社2014年版），合著有《孙中山社会建设思想研究》《辛亥革命与新中国》《从帝制到共和》等。编著有《各方致孙中山函电汇编》（第一卷）、《孙中山史事编年》（第三卷）等。参编《复兴文库》第一编第五卷"民主革命派的追求"。

郭华清，湖南人，云南大学历史系本科毕业后在中山大学历史学系读现代史方向的硕士研究生。毕业后在广州师范学院政法系任教，现为广州大学历史系教授。他的博士毕业论文题目是《章士钊调和论思想研究》，2004年天津古籍出版社出版时将此书题目改为《宽容与妥协：章士钊的调和论研究》。后又有《孙中山社会建设思想研究》（合著）、《民族独立的抗争》（合著）、《人的现代化：广东百年教育兴衰叙录》（合著），以及基督教与广东社会等方面的著作。他的代表性著作《柳文指要校注》上下册，2016年由世界图书出版公司出版发行。

1997年我招入的博士生有郑泽隆、甘黎明和乔素玲。

郑泽隆，广东省人，本科和硕士研究生都在中山大学历史学系就读，历史基础知识扎实，为人和善。报考我的博士生前在广东省档案馆任职，今为广东省档案馆研究馆员。他的博士学位毕业论文题目是《李汉魂与抗日战争时期的广东国民政府研究》，2004年由天津古籍出版社出版时题目改为《军人从政：抗日战争时期的李汉魂》。合作编译有《孙中山与广东：广东省档案馆库藏海关档案选译》等著作。

甘黎明，江西省人，本科和硕士研究生均在南京大学历史系就读，史学基础知识扎实，兴趣广泛，文字表达能力很强，报考中山大学博士生之前在江西省民政厅工作。他的博士毕业学位论文是《孙中山毛泽东经济思想比较研究》。今在政协广东省委员会机关工作。

乔素玲，河南省人，女，郑州大学历史系本科毕业后在广州暨南大学历史系读硕士研究生，师从李龙潜先生学习明清经济史。毕业后在广州市东山区政府机关工作。她是我在此前招收的唯一女博士生。她聪明，也很勤奋，经过三年学习进步很快。她的博士毕业学位论文是《近代中国的女子教育研究》，2004年由天津古籍出版社出版时题目改为《教育与女性——近代中国女子教育与知识女性觉醒（1840—1921）》。后她又陆续出版有关近代法律史方面的著述多种。现为广州暨南大学教授，曾任暨南大学法律系主任多年。

1998年，我招两名博士生，即张军民和张宇权。

张军民，湖北省人，华中师范大学历史系本科毕业后，报考广东省社会科学院硕士研究生，师从刘望龄教授，以孙中山和辛亥革命史为研究方向。他毕业后留广东省社会科学院孙中山研究所工作。报考中山大学博士生后，他边工作边学习，按期完成学业，按期毕业。他的博士毕业学位论文是《三民主义在孙中山身后的流变研究（1925—1945）》，2005年由天津古籍出版社出版时题目改为《对接与冲突：三民主义在孙中山身后的流变（1925—1945）》，现任中共广东省委宣传部处长。

张宇权，广西壮族自治区桂林市人，本科、硕士研究生均在广西师范大学就读。他考上中山大学博士生后选择晚清外交官刘锡鸿作为研究方向，经过数年学习和锻炼，大有进步，知识和待人处事方面都有很大提高，完成学业和学位论文毕业后，留中山大学国际关系学院任教。他的毕业学位论文是《思想与时代的落差：晚清外交官刘锡鸿研究》，2004年由天津古籍出版社出版。他现在在中山大学国际关系学院从事教学和研究工作。他曾到美国当访问学者一年，时有关于中美关系、中国与亚洲等方面新成果问世，现正在就美国在东海、南海的海洋霸权和邻国的关系做研究，并培养研究生。

1999年我也招收两名博士生，即敖光旭和刘志强。

敖光旭是湖北省人，而刘志强是江西省人。他们两人原来都是广东省社会科学院硕士研究生，而且都在孙中山研究所接受关于孙中山研究方面的教育和培养，对孙中山研究方面的知识积累较多，可在孙中山研究方面继续发挥作用。但我则有另外的想法，不大同意他们选择孙中山研究课题作为学位论文，这主要的原因是担心他们选择不了一个既创新又有丰富的材料且符合自己能力的课题而影响学业。最后，敖光旭选择《商人政府之梦——广州商团与商团事件（1911—1924）》这一选题学位论文，该文写得很扎实，利用了共产国际档案和香港英国当局的各种史料，文章有诸多新意，中国社会科学院《近代史研究》全文发表，台湾"中研院"近代史学刊也发表了他的有关论文。他的专著有《亦僧亦俗的文化奇人：苏曼殊》，合著有《孙中山评传》等，编著有《各方致孙中山函电汇编》（第八卷）、《孙中山史事编年》（第十卷）等。现为中山大学历史学系教授、博士生导师，曾承担"近代国家主义"等国家社会科学课题研究。

刘志强则选定《罗隆基人权理论构建研究》这一题目，这是一个有争议的课题，遭到他的原工作单位广东省社会科学院历史与孙中山研究所某些人的反对和指责，但他坚持，我也支持，因此，刘志强便做起"右派分子"罗隆基的研究。他的论文我认真修改多次，基本立场、观点无问题，文章既有理论，收集的资料也较丰富，评论实事求是，终于获得审稿和答辩专家的肯定。北京社会科学文献出版社2009年出版该文时将题目改为《中国现代人权论战：罗隆基人权理论构建》，后他又陆续出版《人权史稿：兼论罗隆基人权思想》以及《人权研究在当代中国的变迁》等书，并编有罗隆基的《人权·法治·民主》。他也因为当时选定罗隆基人权思想和理论作为研究主攻方向，便改变了后来的学术道路，现今他在广州大学人权研究中心任教授，他很勤奋，思维也敏捷，做学问成绩显著，曾获教育部优秀学术著作及其他奖项。

2000年，我招收了三名博士生，即洪岚、李振武、阮春林。

洪岚，女，浙江省人，浙江某师范学院毕业后到北京师范大学读硕士研究生，毕业后到广州，在广州天河一所中等师范学校教书。她热心教育，对学生、对工作热忱负责，是一位模范教师。报考我的博士生进入中山大学后继续做她在攻读硕士时的"国联外交"研究，经过三年努力，她走南闯北广集材料，终于以《南京国民政府的国联外交》论文，获得中山大学博士学位。她的学位论文由中国社会科学出版社2010年出版。她后在广州华南师范大学马克思主义学院任教授，是当今中国大陆较早关注和研究南京国民政府与国联外交并有诸多成就的学者之一。

李振武，山东省人，聊城师范学院历史系本科毕业后，在广东省社会科学院读硕士研究生，毕业后留该院孙中山研究所从事研究。他到中山大学攻读在职博士，以《清末督抚研究》作为学位论文。后他从事国家社科课题"清末地方督抚与清中央关系"和广东地方史研究。曾任广东省社会科学院历史与孙中山研究所副所长，现任广东省社会科学院研究员，兼任该院的《广东社会科学》杂志主编。

阮春林，女，江西省人，她本科和硕士都在江西师范大学历史学系完成，2000年硕士毕业后报考中山大学博士生，被中大研究生院录取，由我指导，她勤奋用功，经过3年学习完成学业，专业知识和治史方法大有进步，她以《清末民初中国的师范教育研究（1898—1922）》为题按时完成学位论文，经专家评审和答辩授予历史学博士学位。毕业后她到广东教育出版社当编辑，后到华南师范大学政治行政学院（即今马克思主义学院）任副教授。她教学认真，为人和善，热爱学生，关心学生的学习和思想进步。时有专题研究论文发表。

2001年我只招收了两名博士生：陈金龙和冯云琴。

陈金龙，湖南省人，本科和硕士学位均在湖南师范大学取得。

报考我的博士研究生前，他已在华南师范大学当时的政法学院教书多年，已取得教授职称。陈金龙读书很勤奋，马克思主义理论、中共党史的基础知识扎实，思维敏捷且善于写作。他兴趣广泛，研究范围广，在中共党史、民国政治、思想和文化史以及孙中山和毛泽东研究等方面都有研究成果问世。他于在职攻读博士学位期间，多次到中国内地及港台地区各地搜集材料，终以《南京国民政府时期政教关系》为题完成学位论文，经专家评审和答辩，对该论文给予肯定，获国务院学位委员会优秀博士论文提名奖。他是教育部聘任的华南师范大学长江学者，现任华南师范大学马克思主义学院院长、教授、博士生导师。他的学术著作颇丰，出版的主要著作有《继承与超越：毛泽东与孙中山比较研究》、《孙中山社会建设思想研究》（合著）、《探索与追求：广州百年政治风云述略》（合著）、《中国共产党纪念活动史》、《陈金龙自选集》等。广东省人民政府授予他为广东优秀哲学社会科学家。

冯云琴，女，山西省人，本科在山西大学历史系就读，毕业后报考河北师范大学历史系硕士生，师从苑书义教授。毕业后报考中山大学博士研究生获录取，由我指导。冯云琴历史基础知识扎实，尊师爱友，为人和善，学习勤奋，按时完成学习课程和学位论文。她的学位论文《工业化与城市化——唐山城市近代化进程研究》，2010年由天津古籍出版社出版，是一部具有学术价值、富有现实新意的学术著作。现于石家庄河北地质大学任教授，从事中共党史、中国近现代史方面的研究和教学。

此外，我还指导博士后研究生谷小水。小水是安徽省马鞍山市人，本科在山东大学历史系就读，硕士、博士均在南京大学，师从张宪文教授。他勤奋读书，史学基础扎实，具有较强的学术研究能力。他博士毕业后来广州中山大学历史学系，在我指导下做博士后研究，他的研究报告是《"少数人"的责任：丁文江的思想与实践》（2005年由天津古籍出版社出版）。谷小水博士后出站后留中山大学历史学系任教，现为历史系中国近现代史专业博士生导师、孙中山基金会副秘书长。他出版合著有《孙中山社会建设思想研究》《辛亥革命与新中国》《从帝制到共和》等，编有《近代中国思想家文库·朱执信卷》、《各方致孙中山函电汇编》（第五、六卷）、《孙中山史事编年》（第六、七卷）等。参加金冲及先生任总编的《复兴文库》第一编第五卷"民主革命派的追求"的编写工作。

（四）期盼我指导过的其他学生能与新时代共同进步

我还协助陈胜粦教授培养了胡波、李谷城、林月秀等博士生。

陈胜粦先生招博士生时，我还不是博士生导师，但是是陈教授博士生指导小组的成员，受陈先生的委托协助他培养四位博士，其一是胡波。

胡波，湖北省人，武汉大学历史系本科毕业，师从萧致治教授完成硕士学位，毕业后在广东省中山市原中山大学孙文学院任教。1996年他成为陈胜粦先生的博士生，但正在此时，陈胜粦先生患病治疗，陈先生多次指示要我关心和督促胡波、李谷城、林月秀的学习，以及帮助他们修改论文。因此，我有意识地多跟胡波联系，了解情况，解答和共同斟酌学术问题。胡波很勤奋，他善于思考和发现问题，在读博期间就出版《历史心理学》和《岭南文化与孙中山》等书，陈先生特要我审读胡波的《岭南文化与孙中山》（中山大学出版社1997年版）和他的学位论文《民本思想在近代中国的命运》，后者2011年在广东人民出版社出版时题目被改为《误读的思想传统：民本思想在近代中国的命运》。所以，胡波说我是他的老师，也不是空穴来风。胡波原为广东省中山市中山大学孙文学院（今电子科技大学中山学院）教授，后改任中山市文联主席、中山市孙中山研究会副会长、中山市社科联主席，中山市第九届、第十届政协常委。他的著作较多，影响较大的是他主编的《孙中山研究口述史》，共12册，2016年由广东人民出版社出版。

其次是李谷城和林月秀。李谷城、林月秀报考陈胜粦先生博士时，是香港珠海书院亚洲研究中心的工作人员。当他俩进入中山大学攻读博士学位时，陈先生患有绝症，已病入膏肓，没有精力指导学生，故陈先生交代我关注他俩的学业和学位论文。他们俩来自香港，又是兼职博士生，花在做学问上的时间相对不足，加上他们研究问题的方法和文字表述方式都与内地学者不同，困难的确不少，但他俩都非常勤奋，按时完成学业。李谷城曾在香港新闻界工作，对香港报业史很有研究，有多部著作出版，可惜后患胃癌中年病故。林月秀做《蒋梦麟教育思想研究》，这个课题有学者做过，但她的侧重点不同，也提出了一些新的看法。他俩的论文获专家和答辩委员肯定并通过，授予历史学博士学位。

再次是程焕文。程焕文，湖北红安人。武汉大学图书馆系硕士研究生毕业后到中山大学工作。1994年，他报考陈胜粦先生博士生时已是中山大学图书馆馆长、教授，但程入学后陈先生得了不治之症，陈先生要我关注他的论文写作，经过几年努力，他终于完成《西学东渐与晚清图书馆学术思想研究》论文，2003年获历史学博士学位。

我还指导过不授予学位，属于进修生或访问学者之类的学人，有王垒（广州体育学院教师，今为教授）、邢寒冬（海南师范大学历史系副教授）、关晓红（原广州电视大学教师，今中山大学历史系教授）、肖飞（今电子科技大学中山学院教授）、郭天祥（今岭南师范学院教授）、陈瑜（今岭南师范学院副教授）、日本广岛大学横山英教授的学生楠濑正明，以及日本东海大学的鹤冈雅浩。

总之，自愿付出的，就不要想回报，只要他们能真心实意地为自己的事业做事，就是对人类的贡献，对国家的付出。教师与学生的关系是教与学的关系，但教者不能独尊，学者不要自卑。其实任何学术都是教与学相互促进，共同提高自觉和自信。历史研究的真谛，都是在教与学中共同建构的，都是在前辈教师和后辈学生的传承。

历史学是研究过去了的史事，目的是求真求实，但是要达到求真求实是很艰难的，没有听说有哪一位的历史学大师，敢于自吹他的研究成果绝对正确，是真实的历史。所以，历史学是一门永续不断，一代又一代人努力探索，力求接近真实的科学。教师与学生都要一代又一代地承接和延续不断地努力，让人们能够理解和诠释历史的真谛，为国家和民族的进步总结成功的经验和失败的教训，使人们的智慧不断提高，实现人们追求的理想社会，达到人民幸福，社会文明，民族与民族、国家与国家之间和平友好，国家富强和民主，实现人类文明、和谐和幸福的命运共同体。这才是真正的历史学者的理念和情怀。

八、历史知识的积累和尽力奋斗的精神改变我的人生命运

（一）勤奋才能长知识

我命苦，出生在一个贫困的农民家庭和战争的年代。在那个黑暗的时代，我与国家和民族一样地受人压迫和欺凌。所以，我从小就自发地树立只有国家好，家庭才会好，只有人民有权利，个人才能有权利的观念。国家和民族遭受侵略和奴役，即便自己再努力挣扎要生存要学习，往往也全都无法实现。与我同龄的本村人有男有女共有十多位，但遭遇则不同，有的早年夭折，有的中年贫病而死，个别活下来的却在"文化大革命"期间由于所谓出身不好而遭遇了不幸。

我算是幸运，没有早死。当年我无衣无食，父亲被病痛折腾得骨瘦如柴，弟弟挨饿的痛苦表情，永远深深地铭刻在我的脑海里，挥之不去。天为什么总是黑暗，没有光明，人间为何这样不平等，有人衣食无忧，花天酒地，许多人则衣不掩体，宿无居所。年少时我不明白是何缘故，但我心中隐积着不满。但是，出路如何？我有无未来？我不明白如何选择，同村兄弟林家垚、我的堂叔林济耀在黑夜中失踪了，到哪里去了我不知道，后来大人告诉我他俩找游击队去了，跟共产党闹革命去了。什么叫革命，因为年幼我也不懂，

但我懂得他们有饭吃有衣穿，有活下去的条件。但因为我比他们小几岁，我不可能、也没有条件走他们的道路去革命，去救国家、民族、人民和自己。我只好等待，活一天算一天，活一年算一年，我终于活下来了，并等来了新中国成立。

我可以上学了。原来我们村有一所私塾学校，这所学校校址在村中汝琢叔家，我跟其他兄弟姐妹一起去跟汝琢叔学描红写字，学算术，背诵"人之初，性本善"的三字经，就是误打误撞学了一些基本的知识。汝琢叔自愿为村中人开办学校，他不收一分钱学费，也不要书本费，就这样无私地给我们传授基本知识，不仅救了我，也救了村中许多同辈人。因为汝琢叔，我们得以识字，也学过数学。因为我认得汉字，所以有机会去上小学。我上的小学是由家乡林姓祖宗买有田产，后人用田租作为老师的生活费设立的私立学校。学生均是林姓人的儿女，一切都免费，而且还有学生宿舍，晚上在学校住宿，便于老师管教。我上小学，可以自由地学习，老师也传授做人要有礼、义、廉、耻，要有高尚人格。这所小学不收学费和书本费，一分钱不花便可以上学，真好。激励我勤奋学习的还有一个潜意识，因为在解放战争时期及新中国初期，我们村有小学文化程度的人都参加革命去了，有的在解放后还当上县级或镇级的小官，这对于我是一种激励，让我看到了改变我命运的一种方式，因为读不读书，识字不识字，前途两个样。认识一些中文字便有一种出路、一种前途，最起码可以做个村中小学教师。在我幼时的中国农村，不说是有点什么文化，只要认识一些中国汉字，也不至于饿死。不识字就只有种地，种地要自家有地，自家没有地只有佃耕。佃耕需要耕牛和农具，缺乏这两种工具无法佃耕，借用别家的耕牛和农具也并非长久之计，这样一来，在家务农在当时没有希望解决温饱，如遇生病只有死路一条。

幼时，在我的乡下没有什么古书可看可读，想学点知识也很难，但我们村有点文化的人晚上因没有什么娱乐活动，他们便集中在私塾里背诵《三字经》和《古文观止》，以及唐诗、宋词之类的东西，大人们摇头晃脑，口中念念有词，我们听不懂他们念的是什么东西，更不明白是何意思，但是听多了，有时我们这些孩子在打闹，也跟大人一起念起"人之初，性本善。性相近，习相远""苟不教，性乃近。教之道，贵以专"。久而久之，虽不明大意，但因为年幼记性好，也学会了背诵一些古诗和古文。我当时觉得没有用，但随着年纪增长，理解力加强，这对于我的自觉性形成很有帮助。

我读初中时的学校在一个乡村的黄姓宗族的旧祠堂里，教师和学生的生活都十分困难，连电灯都没有，晚上自习时靠煤油灯照明，在灰暗的灯光下做作业，温习功课，凄凄惨惨地过日子。学校没有图书馆，但有个阅览室摆放有当时出版的报纸和杂志。为了增长知识，了解当时发生的大事，我经常去翻阅报纸和那些关于青少年的杂志。这些学习不是我自觉去求知识，而是闲得慌时的一种消遣，但很有好处，正因为这样我养成关心时事政治、国家大事的习惯，使我的话语比同班同级同学要多，而且思想也比较活跃，就这样老师喜欢我，同学们也支持我，我也自然地从初中开始便成为班长、学生会主席、县学联委员。学校和县的团委和学联的领导也有意识地培养我，使我能增长知识，健康成长。当我还是初二学生时就派我到广州当时的华南团校十三期培训，使我的思想觉悟和认识水平大增，也使我对理论学习产生一些兴趣，并开始看一些有关毛泽东和中国革命方面的书。

1955年暑假，我初中毕业考上广东廉江中学。

廉江中学在廉江县城，这是当时廉江县最好的有高中和初中部的全日制中等学校，当时廉江县只有廉江中学和安铺中学招高中生各一个班。廉江中学招一班高中生50名，同学来自整个廉江县，甚至邻近广西的北流、博白、陆川县也有来考廉江中学的学生。因为是县城，在廉江中学读书的条件便优越得多。教师多是大学毕业生，学生水平比较平均，住宿和学习条件较好。最主要是我们这些穷苦人家的孩子不用交学费、书杂费，连吃饭都有助学金补助，只要你有水平考上，上学一切免费，没有这一条我也不能上学。既然有了生活保证，我便安心地读书。学校有一个图书馆但书不多，除了一些期刊、报纸杂志外，就是一些课程辅助读物，但廉江县城南街有个新华书店，这样我上完课便可到新华书店去翻阅一些喜欢读的各类书，这对于增长我的知识很有帮助。在高中期间，我的学习不算最好，属于中上水平，毕业时我也算学习好、思想好、身体好的三好学生，还当过廉江中学的学生会主席、团委副书记，但推荐免考上大学的名单没有我的名字。当时我的出路是毕业就去就业，找个中学、小学去当教师，或是努力学习考大学。

我决定考大学，出乎我的最初意料，1958年暑假我终于考上中山大学历史学系。这是我的第一志愿，我喜欢学历史是因为当时文科除了中文就是历史和图书馆、外语之类，没有太多的选择。学历史也好，因为我喜欢看一些理论性的历史书。我记忆力不是太好，对于一些朝代更换的时间、重大的史事往往记不住，但我会分析问题，说理清楚，逻辑不混乱，所以凡是开卷考试，或写学期终读书报告，我往往被老师评为"优秀"。就这样大学5年下来，我们上了30多门课，老师给我的评分都是"优良"。正因为有这个基础，1963年大学本科毕业我才有可能被学校分配到北京中国科学院民族研究所从事研究工作。我这个人爱思考问题，也喜欢读书，虽不聪明，但还算勤奋，许多前辈学者，因为他们有成就，都成为我学习的榜样，许多同辈学者，甚至晚辈学者只要他们的研究成果具有思想性、学术性，观点正确，我也虚心吸收。这对于我的学术研究启迪很大，帮助不小。所以，今天好歹我也是大学教授，我淡泊名利，具有关爱学生的人品，具备当教师的资格。学校领导对我也很关爱，评我为中山大学第一届研究生导师，让我担任中山大学孙中山研究所所长、校务委员会委员，还有一个享受国务院特殊津贴的专家、资深教授的头衔。几十年来，我除教书指导学生外，还著书立说，尽情地发表议论，评长论短。这也证明我所说的"知识就是力量"，有热爱中国共产党和为国家、人民服务的思想，有知识，就有了生存和发展的条件。所以，只有刻苦用功学习，努力工作，尽力奋斗才能改变自己的命运。人的一生只有知识和身体是属于自己的，有机会读书就要勤奋多读书，想方设法多积累知识，只有知识才能干事，才有力量。有知识，身体又健康，人就自信，就有做事的本领，能做好事就会让人喜欢，就会产生思想和智慧。没有读书学知识的机会，早就没有我的存在，就算存在，没有长期的知识积累、自信和求强的意志和艰苦奋斗，也就没有我今天的学术地位，没有开朗的心态和健康的身体，人老了就是废物。今天的我作为大学教授，也培养了不少学生，退休了还能做事，留下一些学习和研究的成果，留给今人、后人评议，这就够了。人生苦短，不可能人人都活到百岁，也不可能人人都有伟大的贡献，只要自己认认真真地工作，踏踏实实地做事有所得，全心全意地为人民服务，就对得起培养自己成长的国家、人民和中国共产党。一个人只要做到为人民而生，为国家而活，也就活得无怨无悔，活得有意义。

（二）退而不休，终生奋斗才有人生价值

我与祖国同行，我非常幸运，能活到现在赶上改革开放、复

兴中华的伟大新时代。现在国家富强了，科学技术发达了，社会和谐、人民幸福了，能够生活在这样的新时代，有一种自豪感、满足感。我这一生与共和国共成长，没有国家的进步和共产党的领导就没有国家的今天，也没有我的成长，我今天的学者地位。

我2005年办退休手续，但学校领导要人事处告诉我，要我2006年才正式退休。退休后我的身体条件尚好，本想利用当时的空闲，好好地享受一下生活的乐趣，到祖国的大山大河、名胜古迹去旅游观光，潇洒地走一回，品味一下清闲的乐趣。可是，退休以后，我实际上是退而不休。因为退休后我又在石安海为理事长的孙中山基金会任副理事长，分管学术。除了组织学术交流、举办学术会议和主编《孙中山研究》外，还有撰写学术著作，忙到实在没有时间好好休息，因为紧张又造成晚上经常失眠，这么一来，潇洒没有，疲乏倒成了常态。不过，还好，我这个人属于乐天派，天还是这个天，地还是这个地，而我还是那个我，一切都看得开，拿得起放得下。样子虽然老态了，头发也斑白了，听力开始有点毛病，眼也有些模糊，但大病没有，所以我依然故我，还是那样爽快，说起话来还是那样大声，表明我的底气还足。退休以后的十多年我不仅写作并出版了《孙中山与辛亥革命史研究的新审视》、《孙中山社会建设思想研究》（合著）、《孙中山的国家建设思想研究》、《辛亥革命与中华民族的觉醒》、《辛亥革命与百年中国的社会变迁》、《重读孙中山遗嘱》、《朱执信》（合著）、《孙中山与中华民族的复兴》、《孙中山与近代中国人物研究》等书，还与张磊先生一起主编《孙中山评传》。此外，我还主编《孙中山与中国社会：博士生论坛论文选集》和孙中山基金会学术委员会主办的《孙中山研究》（已出版至第八辑），参编《孙中山全集续编》（中华书局五卷本），又和王杰共同主编《复兴文库》第一编第五卷"民主革命派的追求"，等等。在这些年中我还参加不少学术研讨会，写了不少应急文章。作为一个古稀之年的人如此繁忙，有此成果，也有一种满足感和自豪感，说明我的身心还健康，还能重操旧业。得与失比较起来，还是得大于失，说明我这个人还是有事业心，属于干事的人。

有的人退休以后，无所适从，把名利看得很重。我对于所谓的名和利历来看得开，也比较淡泊，正因为这样，我退休和不退休是一个样，只要身体健康照样写我的文章，做我的研究，整天乐呵呵，没有半点失落感。我这个人具有可上可下的心态，所以至今还算身心健康，没有整天围着医院打转，成为人们所说的"医院病号常委"。我终日围绕书打转，无忧无虑，得过且过，时间过得很快，一天又一天，一月又一月，一年又一年地过着书虫式生活。书是我的主要财产，生活离不开书，没有书就不能读书，我的所谓生活也就毫无意义。我活得愉快、健康，这与我爱与书打交道有关。就此而言，像我这样的年纪，我活得还是很实在，还有读书人的样子，能吃能喝，头脑清晰，还可以写文章和编书，也因此我得到不少朋友的夸奖和学生的好评。

年纪大了，事情也自然多起来，我的态度是不属于我范围内的事，或与我无关的事，我一概不理，免得烦恼。凡是跟我有关的事，比如家庭中的事，比如家中某人患病、孙子、孙女升学、读书之类的事，我则管，并且管到底。我不属于爱管闲事的人，用我的平常俗语说：不要没事找事，更不要多管闲事。在退休之前，我是历史学系中国近代史研究中心的负责人之一，经常会遇到同事中有夫妻不和，或其他私人的事，但我不管，因为清官难断家务事，一个外人同吵架夫妻双方说一些不着边际，不能解决实际问题的官腔话，说多错多，说多引起的问题和麻烦会更多。正因为我坚持"不要无事找事"的处事原则，邱捷教授说："林老师的'不要无事找事'说得很经典。"经典恐怕谈不上，但可以减少许多不必要的麻烦则是真的。有的人不管什么事都爱发议论，有时还无原则地说一些与自己身份不符的话，招人怨怼，这又何必呢？

人活在人世间、社会里，整天都要跟人打交道，人的本性是相善不是相恶，需要相互同情、关怀和爱护。有的人无事找事，到处挑人家的短处，自以为高明，结果孤家寡人，到处挨骂，这种人缺乏做人的品德，活得很辛苦，退休以后，自然孤僻。人与人，尤其是对那些弱势群体，对那些下层人士更应关心，更应爱护。和谐是中国文化的特点，人与人以和为贵，社会和谐、社会稳定经济就会发展。我这个人对于下层人物具有同情心，看到别人生活无着，流浪街头乞讨，我就心酸难受。这与我的出身和青少年时期的苦难经历有关。记得在"文化大革命"后期（1973年），中国科学院民族所历史地图组的同事出差新疆，到新疆大学、新疆社会科学院等单位征求对我们编的《中国历史地图》有关新疆地区部分的意见。回程到了西安，在火车站广场有一位乞讨的老人，显得十分凄惨，我当即给他人民币若干，老人连说："谢谢！谢谢！"他还合掌对我点头祝福，我也感到好人有好报，有一种满足感。只要我外出看到那些人在求救助，我都会给点钱。

我这个人不想当官，不想从政，所以从不跑官，对于那些大小官员，我不会请他们吃饭，也不会给这些人送礼，但乐于帮助有困难的朋友。我对在我们历史学系工作的一些同事和工人因为工资低，生活不充裕很是同情，经常给他们送礼，中秋节送月饼，端午节送粽子，对其中一位工人还给他送棉衣、毛毯、衣服，连煤气罐也送给他。我可怜他，因为他当时是农民工，已经在历史学系工作很多年了，但工资不多，当时他的女儿又要上学，要花大笔钱，生活困难，很需要关心。我纯粹是对他施爱，也不希望他对我有什么回报。我之所以有一点同情穷苦人的心，与我的出身和经历有关。我很少回家乡，因为父母和唯一的弟弟已过世，至于堂兄弟姐妹则不少，还有侄儿侄女，他们都成长了，也有工作，我可以不管。但我的叔、婶，以及我弟弟的儿女上学我也会尽量照顾，堂叔堂兄弟有困难，我还会掏腰包给他们一些钱。图个啥？图个心里安慰，期盼乡亲早点脱贫致富过上好日子。

我招入的研究生，无论是硕士、博士，还是博士后，我都将他们视为儿女对待，既要他们学业进步，也要他们成为有理想、有道德、有责任心的人。对于个别学生，也有对他们发火训斥的时候，但多是关爱他们。既然把他们招进来成为自己的学生，就要对他们尽心尽责，使他们愉快地进来，高兴地出去。我的研究生除了一位因事退学外，其余没有拿不到学位中途退学的，全部取得学位，而且都有正式的工作。有的学生我还亲自介绍他们加入中国共产党，有的学生我还为他们找工作。虽然我亲自托人帮忙解决学生的工作，但我从不找任何人为我的儿女安排工作。

人的生活离不开家庭。开篇时，我说我家没有什么可爱，那是指我出生时，国难当头，全民抗击日本侵略，家不像家，缺衣缺食，在那种黑暗的年代里，那种暗无天日的生活，我的家一无所有，父亲给我起名叫"林家有"，但我家没有什么财产，也没有过温饱的生活，所以我的名字应叫林家无，叫林家有是极大的讥讽。值得爱的当然是生我的父母，但他们早逝，我想去爱也无法爱。我小时过着衣不掩体，食不饱腹，像流浪汉一般的生活，这个"家"有什么可以爱呢？我生下来就没有得到过别人对我的爱，而我也不懂得去爱别人。共产党游击队员对我们说，我们穷人要团结起来打倒地主阶级，做主人闹翻身，还对我们说，现在是阶级亲，不是宗族亲，但那时又有哪一个有钱人关爱过我，救济过我？没有。我和我的胞弟在父母过世后，在走投无路时，还是堂叔、堂兄弟给我一些关爱，所以我们兄弟俩能够活下来。因此我从小就对那"阶级亲，不是宗族亲"的说法产生疑问。当然，也没有哪一位同姓同村的地主、富农出身的人给我援助、救过我，所以，我对同宗的地主、富农阶级也不会亲。这种观念影响我几十年。最后，地主、富农阶级被打倒了，留下来还是那些贫穷困苦的同姓同村人，他们相互帮助，有难大家帮，团结合作，所以宗族成为乡间农民永世割离不了的纽带。他们敬宗念祖，修祠堂拜祖先，为的是怀念祖宗，加强宗族、家族的团结。由家族而宗族而国族，这是中国古代下层的社会结构，在现代社会发达的今天，中国人还是要敬宗拜祖，还是要有家国情怀，这种传统是中国社会的优长还是缺点，人们看法不一，但要废除家族、宗族则做不到，也不能做，所以要加强对群众的教育，做好不同宗族的团结工作，牢固地树立中华民族国族意识和观念。加强团结是当今社会，特别是农村要特别注意的问题。

现在我有一个幸福的家庭，老伴梁碧莹是我的大学同学，从一起上学，一起读书到谈恋爱、结婚生子，半个世纪以来的风风雨雨我们一起走过，艰难过日子，相依为命，谁也离不开谁。我们还经常在一起琢磨学术，相互提意见，相互改书稿。在退休以前，还在每天下午四时以后结伴而行，在校园里散步，溜达溜达，显得很潇洒，学生说我们在一起散步，像是校园一道风景线。退休以后，因为老伴要操持家务，一起在校园散步的机会少了，但我们还会在校园里一起遛狗，在校内运动场里溜达，我们走起路来还相当敏捷，说明我们身心都还健康。学校里有些退休老人夸我们走起路来很精神，是一对和谐温馨的老夫妻。金炳亮在一篇《时代的码头——林家有、梁碧莹老师》的小文中，还将我俩退休后的生活夸耀一番，说我们从这里起航，又回归到这里，结伴为教育事业献身。

我心宽，但体不胖，我对于各种事都想得通，看得开，这是心理健康的表现。

人事、家事、国事、天下事，每天都不一样，有些事用不着我们去操劳，有些事不得不关心，但你也没有能力和办法去帮别人解决，对于这种事只要你去重视去关怀就可以了。如果事不关己就不以为然，高高挂起，也不是为人所应有的态度。

我现在年纪大了，身体的各种小病不少。在照顾好自己身体的前提下，做自己应该做的事，团结同志，关注所在单位的发展，在适当的时候，在能力许可的情况下提一些建议，也是一个退休教师应该做的事。有的人天天发牢骚，对于人家的工作，这也看不惯，那也不顺眼，好像自己了不起，这也不正常。

作为教师和研究人员是自己的终生职业，这没有退休不退休的问题。教师就是教人学会做事、做学问和做人，所以对于一些教师的不良行为或对教学不认真也得过问，给予提醒。多管闲事是自找麻烦，但什么事都不管也是小人。人的精力有限，做什么研究都只有坚持才有成效，今天做这个，明天又想做别的什么研究，结果什么也做不好，所以做什么研究，写什么文章，都要想好了再做，做起来就不要半途而废，必须做出结果再收手，这是我一生做事形成的作风。我生活很有规律，无非是想让自己活出个样子来给自己看。退休以后，我没有烦恼，没有忧伤，只有读书写作，忙忙碌碌，生气也少了。总之，我现在觉得很自由，到处是新气象，也感觉到处是爱，学生尊敬我，领导爱护我，同事关怀我。我能赶上复兴中华的新时代，真是我的幸运，如果我再能活上一百岁，一千岁，我还会选择当教师和做学问作为自己的初心。

总之，在我还活着的年月，我还是会弘扬我国优秀传统文化，树立文化强国的理念，坚定不移地选择和坚持治史学的理想，为实现国家的强大、人民的幸福而努力。我会传承孙中山的"天下为公""世界大同"理念，让全人类都相亲相爱、和平、友好，相互帮助，共同进步，共建美好的人类共同家园，并以此作为我的使命担当。

附录一　林家有教授与孙中山研究

林家有口述，张金超[①]采访整理

笔者于2019年1月25日上午在（广州）中山大学历史学系会议室对林家有教授进行了近两个小时的采访，谈及林先生的治学历程、学术成就、治学经验等议题。谨将采访内容加以整理，予以刊布。陪同采访的有中山大学历史学系谷小水教授。

一、走上学术研究道路

我出生在粤西的一个农民家庭，其时家里很穷。初中毕业之际，老师建议我去参加工作，但我立志要继续读书，那时乡下有点文化的人都出去参加革命和工作了，只有读书有知识才有前途，所以我决心继续读书。结果1955年暑假后，我考上广东廉江中学读高中，1958年又考上广州中山大学历史学系。因为之前有师兄在中山大学历史学系读书，告知我这里有名的教授很多，可以学到很多知识，我第一志愿就报考中山大学历史学系，结果就被录取了。

我六岁时候母亲因天花病去世，初中时，父亲又去世，弟弟由叔叔照顾，我当时完全靠助学金读书。政府每个月给三十斤大米，

[①]张金超，广东省社会科学院历史与孙中山研究所副所长、研究员、博士。

同学们回家拿点菜来一起吃，就这样过日子，后来中山大学每个月给我十五元助学金，是最高的甲等助学金，吃饭十元就够了，剩下的钱还能买点书和别的文具。当时我读大学并不是想着搞什么学问，而是想毕业后找个工作填饱肚子，要告别农村，再也不能回农村，因为农村太苦了。

我走向学问的道路，也是懵懵然，是很偶然的事情。从中山大学毕业时，学校想让我留校工作，我读了五年本科，有点神经衰弱，感到非常辛苦。要留下来当老师，一定要先读研究生。我不想读研究生，学校就想让我到物理系当政治指导员，当政治指导员我有这个资质，我高中一年级就加入了中国共产党，又当过学生会主席、班长，但我想做点研究工作，不想从政。正好北京当时来要人，中国科学院民族研究所向我们班要三个人，但条件是一定要能吃苦的、身体好的、学习好的学生，我完全符合条件，学校就派我进京。还有其他几个同学分配到北京市教育局的，他们先去劳动，后来都被安排去教中学。我到了民族研究所，当然要搞研究，但那个年代实际上不能做研究，组织先把我们安排到山东省黄县劳动锻炼了一年，回来又搞"四清"，先去贵州，后去内蒙古搞"四清"。

"四清"结束回到北京以后，"文化大革命"又来了，许多同事天天批斗这个领导，批斗那个领导；研究所的造反派今天要打倒这个学术权威，明天又要打倒那个学术权威，我对此很反感，他们整天造反，斗这斗哪位研究所的领导和学术先进，我就跑回家里看书，根本不予理睬。结果造反派和保守派两边的人都拉拢我，实在没有办法，我们就成立了一个战斗小组，名为红旗小组，人数不多，我是领头的。后来工人和军队宣传队进驻民族研究所进行大联合，保守派和造反派联合起来要成立个领导班子，保守派就选我。

我们研究所的造反派后来很惨，两个头头被公安部门抓起来坐牢，很多造反派离所出走了。

民族研究所有三个研究室，一个是民族历史，一个是民族语言，一个是民族理论。我是民族历史室的研究人员，该研究室有七八十人，那时进驻民族所的工人和部队战士都很年轻，大联合组织看我出身好，就让我负责民族研究所的学术研究工作。其时上级让谭其骧先生主持编撰《中国历史地图集》，谭先生请民族所参编新疆地区的地图，研究所领导就指派我负责新疆地区部分，任西北组编图人员的组长。接到任务我就负责组织一个班子，有七八个人，多是老先生，外语都很好，一干就干了五年。这期间我读了很多书，接触了复旦大学、南京大学、云南大学、中央民族大学等高校的好多老学者，学到了很多知识。而且在审稿时，因为新疆部分关系到我们国家边界的走向，上面就指定由郭沫若院长来审稿，我那时四十岁不到，经常到郭老家给郭老送相关资料，他一边看，一边改。自此，我走上学术研究的道路。这段时期，其他的同志到河南息县干校劳动，我们留下来搞业务的同志集中到科学院哲学社会科学部中国近代史研究所编书。我也利用这五六年时间，读了许多书，算是幸运。

编完《中国历史地图集》，近代史研究所主持中俄关系研究的黎澍先生欲让我留在该所工作，参加《沙俄侵华史》的编写，但民族研究所不同意，我只好回民族研究所。1976年，刚好我在中大读书时期的历史系主任杨荣国老师病了，在北京协和医院做手术，在京工作的中大历史系同学经常去看他，其时他接上级指示，要杨先生主持编写《简明中国通史》，他需要人手协助，就问我们哪个愿意回去中大，我未吱声，在历史研究所工作的黄宣民师兄就推荐我，杨老师立即写信给中大的校长，马上报告广东省领导说要调我回中山大学参编《简明中国通史》，很快省里就批下来，同意我调动到中大工作，但中国科学院干部局不同意放人。我说我是广东人，又是母校调动，还是比较适合回广东工作。中山大学很重视这个事情，又派了一位副校长刘嵘和校办主任戈平同志到北京疏通。

1976年1月，我正式调回母校工作。先是协助金应熙先生编撰《简明中国通史》，参编通史的人员分古代史组和近代史组，近代史组有我和中大历史系的骆宝善老师、段云章老师，还有广东省社会科学院的张磊、黄彦、方志钦、张难生等同志，这个工作到1978年下半年结束。可惜这套书未能出版，只好作为中大历史学系的教材。

编完《简明中国通史》后，因为我研究少数民族史多年，有人类学的老师总想拉我过去，但我没有答应。这时，陈锡祺先生要我回历史系，我相对比较喜欢中国近现代史，因为我读大学时有两年是选修课，我选读中国近现代史。再者，我进校时，曾跟研究系中国近现代史的陈锡祺先生与陈胜粦先生一起去东莞劳动锻炼，跟他们比较熟悉。回到历史系后，陈锡祺先生成立了全国第一个孙中山研究室，他任室主任，让我当秘书，研究室后来改名，就是现在的孙中山研究所。就这样，我走上了孙中山与辛亥革命史研究的道路，一直干了四五十年。

说来也巧，我调回中大前后，章开沅、林增平两位先生开始启动组织编撰《辛亥革命史》，四处物色人手。章先生要找人编写《辛亥革命史》中的少数民族部分，他就想到我，由我参编这一部分。他向人民出版社的责任编辑林言椒先生提名我并得到同意，我就参加了《辛亥革命史》的编写。一干又是三四年，中间参加了多次书稿讨论会，跟着老先生们学了很多知识，结识了很多大学问家，包括林增平、吴雁南、隗瀛涛等等。所以，章开沅先生经常说："是我把林家有拉到研究孙中山与辛亥革命这个行当的。"这是真的，我很感谢他，如果他当时没有给我参与编著《辛亥革命史》的机会，我也不可能研究孙中山和辛亥革命，当然也就没有今天的我。

二、学术成就和治学经验

从知识结构来看，我们这辈人大多从农村出来，小的时候没有读过多少课外书，外文也不是太好，但是我比较勤奋，喜欢看书，不愿意跟着别人到处乱跑，去哪里开会，开完就走。我喜欢看书，爱思考问题。几十年来，我写的东西也不算少。

我写的文章有二百多篇，出版的书也有二十多本，但我想，能传世的也就两三部书。一本是《孙中山与中国近代化道路研究》，它是国家重点课题，我花费了三四年时间写完。当时北京大学罗荣渠先生写了不少关于中国现代化研究的文章，他有个观点，认为全世界现代化都一样，发生于欧洲，然后再传至北美、亚洲，表现为工业化、城市化、民主化等方面。我不同意他的观点，认为不能这样讲，因为每个国家国情不一样，走的道路不一样，要中国学习英国、法国、美国，是没办法学的。所以，我就向国家申报编著《孙中山与中国近代化道路研究》一书，结果被批准立项，我花了三四年的时间将此书写完，于1999年11月由广东教育出版社出版，社会和学术界的反响还不错。书出版后，《人民日报》《南方日报》《中华读书报》和台北《近代中国》都发表了评论和介绍文章，后来此书被评为教育部第三届优秀社会科学著作，又被评为全国优秀图书。辛亥革命100周年时，我将此书增订，以《孙中山国家建设思想研究》为名再版，全书有七十多万字，此书我也送给台湾的陈三井、蒋永敬等朋友，我的观点比较中性，台湾学者也给予肯定。另外一本是我与几个研究生一起写的《孙中山社会建设思想研究》，其他人没有这样写过这个题目，我们开拓了一条路子，此书出版后在学术界评价也还不错，中山大学出版社于2009年再版，发行还算可以。另外，为纪念孙中山诞辰130周年，1996年孙中山基金会推出丛书十本，里面有我的一本，即《孙中山振兴中华思想研究》，它是一本论文集，论及孙中山与新文化运动的关系，与陈独秀的关系，以及孙中山的农村、铁路、商业思想等选题。这些研究领域别人之前都很少研究，我开拓得还是比较早的。

所谓学术成就，我是谈不上的。我这一辈子没有取得什么大的成就，但值得欣慰的是，我一直没有掉队，没有当逃兵，学术上一直在追求进步，不断有成果推出。我喜欢看中国著名学者、曾任中国社会科学院院长的胡绳先生等人撰写的有分析、有深度的著述，这对我影响很大。做学问，从文本到文本容易，但除了问题的积累、资料的积累外，还要有思想的锤炼。孙中山研究每到一个时期，也面临着研究领域的转向问题，我先后尝试着从孙中山的民族思想、近代化道路，到国家建设、社会建设思想等视角的转换，来展开问题的探讨。这跟我平时喜欢思考问题很有关系。

此外，当时学校领导要让我担任中山大学孙中山研究所所长，所里还先后组织召开了不少大型学术研讨会，我们把全世界著名的学者，比如德国的金德曼，日本的野泽丰、山口一郎，美国的史扶邻、韦慕庭，香港的王德昭，台湾的吴相湘、蒋永敬、张玉法、陈三井等教授等都请过来到广东中山大学参加学术研讨会，进行学术交流。这样，中山大学的孙中山研究就慢慢有所起色了。同时，我们又编辑出版了《孙中山研究论丛》，前后一共出版有十六辑，当时国内外不少学者的孙中山研究文章，都在这里面发表。丛刊相继出版后，影响非常广泛。

　　加上1991年陈锡祺先生主编的《孙中山年谱长编》（上、下册）由北京中华书局推出，本书被国家教育部、新闻出版署、孙中山基金会评为优秀学术著作。这样中山大学孙中山研究的学术地位就奠定了。有学者曾说，孙中山研究的中心在广东，就在中山大学，这虽然是恭维话，但也反映了一定的历史事实。孙中山研究一代一代接力下来，全国有这样梯队留下来的并不多见。虽然陈锡祺先生、陈胜粦老师、段云章师兄先后去世了，但是，长期坚持做孙中山研究的，除了我之外，还有李吉奎、周兴樑、邱捷等老师，现在赵立彬、谷小水、曹天忠、敖光旭、何文平、安东强等一批年轻学者也接了上来，孙中山研究经历了几十年，现在是第三代、第四代在接棒，我十分欣喜，希望能够代代传承下去。

　　至于治学的成就，我很难谈。任何人写任何书，都不要自我吹嘘，不要认为自己了不起，认为老子天下第一。书写出来以后，是要让别人去看，让别人去评论的。世上没有不朽的学术著作。所以，论学术成就的话，要相对来讲，不要把它绝对化。一个人如果骄傲自满，不可一世，别人就不会买他的账。

　　所谓治学经验，我也不好谈。无论什么研究，它都有个传承的问题。我跟全国学术界的老先生关系都比较好，比如张岂之、章开沅、魏宏运、李文海、金冲及、李侃、龚书铎、陈旭麓、隗瀛涛、吴雁南、张磊等，他们都是大师级别的人物，学术地位都很高，我对他们都很尊敬，每次开会时总是跟着他们，向他们请教、提问题，通过与这些先生交谈我学到了许多知识。尊敬这些老人还有一个好处，他们每次出版书籍都会寄给我，这是一笔非常大的精神财富，对我做研究和培养学生很有帮助。再有成就的人对老学者、对老先生都要尊敬，我因为尊敬学术前辈的先生，从中得益良多，老先生们觉得我不错，对我也照顾有加。1986年，为纪念孙中山诞辰

120周年，中国孙中山研究会组织召开"孙中山与他的时代"国际学术研讨会，全世界范围内向组委会投稿的好文章很多，组委会事先组织个班子对来稿进行评审，成员都是有成就的专家，只有我和当时中国社会科学院近代史研究所副所长李宗一两个是年轻人。他们瞧得起我，让我去审稿，有点提拔我的意味。我非常感激他们，如果不给我提供这样的机会，后来我的学术道路走得也不会那么顺当。

另外，研究历史，不要把自己讲的东西都看成真理。任何结论都是相对的，不是绝对正确的，学术问题应该允许争论，不同意某人的意见，可以提出商榷。对于学术上的不同意见，我也有，但我没有写文章骂人，在我的文章里找不到我指斥某人学术观点有问题这种现象，我从来没有指名道姓地骂过某个人，但研究这个领域的人，一看就知道你的文章是针对谁写的，不需要说得太明白。辛亥革命一百年时候，南京大学举办过一次学术会议，我提供了一篇关于孙中山民生史观的文章，我对孙中山的民生史观的看法跟学术界许多人的观点不同，有学者批评它是唯心主义，有学者说它是二元论，我认为孙中山的民生史观自有其价值，有其合理的成分。台北蒋永敬先生在他的《九五独白》书里多次提到我的这篇论文，说我写得很好，他说，林家有的文章中肯地指出了台湾和大陆学者观点中存在不足的地方。

做学问，观点自由，你讲你的，别人讲别人的，不要通过贬低别人来抬高自己，你想抬高也抬高不了，这是我多年来的一个深刻体会。有的年轻人文章写得一般，但也要给予肯定，这就不好，有的年轻人对老年人写的文章还指名道姓地进行批评更不应该。年轻人要谦虚，要站对位置，更不能自以为站在制高点上去审判别人，把自己的位置站错，对别人说三道四。评论别人的文章，我一般不愿意写，如果确实要进行评论，应实事求是地指出其不足和局限，不应过于溢美或贬低对方。

培养研究生，开始时学校招收研究生名额较少，中山大学历史系中国近代史只有陈锡祺和陈胜粦两位先生招收研究生，后来加上我一起。当时研究生和老师之间不存在相互选择的问题，对考上中山大学中国近代史方向的硕士研究生，我们都是先集体招进来，再分配由谁来带。学生进来的时候，水平参差不齐，有的是师范院校来的，有的是重点大学毕业的，基础不同，如何来教，方法的确不一样。我把学生当儿女看待，尽量多去关心他们，爱护他们，教他们走正路。我有个基本原则，只要把学生招进来，就要对他们负责，让他们按时毕业，顺利地拿到毕业证书，正正经经地走出校门，走向社会，我不能耽误学生的大好青春年华。

对刚开始招进来的学生，传授知识基本上还是靠灌输。第一课肯定是讲做人与做学问的关系，学生如果连做人都不会做，那学问肯定做不好，做人是最高的道德品质，骄傲自满，同学之间不团结，是要不得的，学生要尊敬老师，要关心同学，互相帮助，热爱学习，这些基本的素质是要具备的，要不毕业后出去工作人际关系处理不好，就会遇到许多麻烦。每个学生的情况不一样，我会因材施教，采取不同的办法来培养。有的同学能够做行政工作，有这个思维锻炼，我就亲自介绍他们加入共产党组织，他们后来在政治上发展很快。有的适合做学问，我就教他们如何把学问做好。当然，我招生也有教训，我的经验是不要被学生牵着鼻子走，对做得不好的学生，要予以批评，如果存在严重问题，就毫不客气地予以辞退。已毕业的学生中，现在多位走上了领导岗位，都干得相当不错，具有教授职称的也不少，只要他们在自己的位置上，踏踏实实地干活，认认真真地对待所从事的工作，就可以了。

三、深化和拓展孙中山研究的未来路径

这些年，应该说孙中山研究还是有一些发展，开辟了一些新的方向，但总的来说不太理想。

从我个人来说，前几年我和张磊先生主编的《孙中山评传》，是孙中山基金会的一个项目，我当时任孙中山基金会副理事长，负责学术研究的工作。这个项目本来是让其他同志负责的，但当初报的题目，未被上级批准。广东人民出版社总编辑钟永宁先生又让以我的名义重新申报，最终获得新闻出版总署批准。立项后，我就找一些学人，让他们先按章节撰写初稿，有的部分我改了好多遍，有的部分甚至还要重写，做这个事情很费精力，外人认为我们是行内专家，如果写不出一定水平来，就会受批评。初稿写完后，辛亥革命100周年时，因种种原因没有面世，广东人民出版社用初稿再次申报国家社科基金后期资助，获得批准。这样，我的压力就更大了，一直有这个心结存在，总想把《孙中山评传》弄好，因此常常睡不好觉，后来又经过数次修改，才正式出版。诚然，里面还有一些问题，有的地方论述还不够透彻，也有些错漏字。书出版以后，我就写了篇文章予以交代，客观地讲出了书中的优点和不足之处，指出哪些方面还可以继续深化，我认为这是对读者负责。

近年来，孙中山研究领域的确还是有些展拓，比如过去讲革命、三民主义、孙中山与辛亥革命等比较多，后来就慢慢转向。我常向同学和同行们讲到，总讲革命不好，应该把孙中山的思想，主要的核心思想弄清楚，我将它概括为爱国、革命和建设三个方面。孙中山讲革命是破坏，是为了建设。我转过来讲孙中山的建设思想，写文章就围绕着这些展开，如关于孙中山的国家建设、社会建设、文明建设、生态文明建设、文化建设思想等等。孙中山被称为

伟大的民族英雄、伟大的爱国者，从孙中山对国家、对民族的贡献方面来着手，还有很多课题可以做。孙中山不是天才，不是天生的革命家，开始是当医生，后来从事革命，但革命是为了建设国家，他选择革命就没有回头路，他两次被通缉，长期流亡在海外差不多有三十年的时间。正因为如此，孙中山把世界各个国家的发展情况摸得很清楚，他喜欢学习，伦敦蒙难后他留下半年多，就是在看书，汲取外国建设的知识，可以说，作为一个国家领导人，他对世界的了解是最多的。他怎么把外国作为宣传和革命的策源地？应当弄清楚。后来又把革命的中心转向国内，在革命期间他与同事的分歧和影响也是重要问题。孙中山的吏治思想也可以认真研究，他认为当官是管理，政治就是管理众人之事，对如何治理官员，如何治理国家，他有自己独特的思考。再如孙中山的海权思想、海洋文化思想等，学界挖掘也不够。孙中山各方面的建设思想，还有许多东西可以做。当然孙中山也有局限，不是什么问题都处理得很好。孙中山明确反对五族共和思想。他认为中国是个多民族的国家，由几十个民族组成，只讲五族共和不妥，孙中山将中国称之为大中华组成的国家。各个民族如何团结，如何发展，如何建设国家，都要认真研究，如果处理不好，就会出问题。辛亥革命时期，少数民族没有一个人出来掌权，少数民族的同志当个中央政府的部长都没有，对这些事情的处理，本身就存在着大问题。铁路建设、三大港口建设都是往少数民族地区修筑，少数民族平等地共同参与国家的发展和建设，有许多文章可以做。还有，少数民族和汉族有着不同的信仰，我们要充分尊重各民族的宗教信仰。中国是个多元民族的国家，多元化如何统一，这是个大问题，但孙中山论述不多。文化问题也很重要，中国的传统文化，不仅仅是汉族文化，也不是哪一个民族的文化，是各个民族共同创造的优秀文化。讲中国传统的文化，不能只讲汉族的文化，对壮族、回族、满族、维吾尔族、藏族、台湾高山族等其他少数民族的文化，如何进行吸收融汇，如何发扬光大，如何重新建构，值得深入思考。如果文化不强，国家就不会强，对文化不认同，对国家也就不认同。所以，讲中国的传统文化，应该讲各民族的优秀文化。

团结奋斗的思想，是孙中山重要的精神文化遗产，过去研究和重视得不够。孙中山去世了，为什么人们还在纪念他？因为没有英雄，就建设不了国家。孙中山逝世后，世界各地的人持续举行了各种形式的纪念活动，出版了那么多优秀作品。世界上很多人，包括一些有影响的人，都写文章来纪念他，这本身就是有学术价值和现实意义的课题。我们可以组织人手，把历史上各国要人回忆和纪念孙中山的重要文章收集汇编出来，这是一项十分有意义的学术和政治工作。

研究孙中山，还是要回归到历史的本来面目，从历史的角度来着手，该怎么样就怎么样。孙中山也有缺点，也有局限，我们不需要回避。革命为什么总选择广东，作为策源地和起义反清的中心，他主要是要依靠华侨，依靠会党，依靠香港，每次起义都失败，但对这些不应该给予批评。革命不是一次能够成功，革命是场运动，从某种角度来说，失败对孙中山来说是个财富，我们应认真总结他成功的经验和失败的教训。孙中山过于自信，不善于处理与老国民党员之间的关系，中华革命党成立，实行党魁制，连黄兴、朱执信等人都不愿参加，他们提的意见，孙中山总是不爱听，他与国民党内老资格的人关系搞得也不是太好。另外，孙中山缺乏霸气，对许多事常常该断不断，民初颁行的《中华民国临时约法》，本来规定是总统制，却为对付袁世凯而改为议会制，国民党吸收了几个革命小团体，组成一个参政党，同盟会会员就有意见，就闹分裂，这个问题没处理好。再有，人际关系方面，孙中山在与知识分子的关系的处理上，也不太融洽，与梁启超、辜鸿铭等传统知识分子关系都不是太好。总而言之，对孙中山研究应该尽量客观，尽管他有不足和缺点，但孙中山还是伟人，一点也不影响他伟人的形象。

与台湾交流，当然应该高举孙中山这面旗帜，孙中山毕竟是中国国民党和中华民国的缔造者，台湾目前有些人把孙中山视为外国人，真是滑天下之大稽。这个问题要重视，如果不进行孙中山的相关研究和宣传，许多事情就容易淡化，社会就容易出问题。两岸交流，要以学术交流、青年交流为主，同时也要重视社会各界的交流，不要只讲或老讲政治，这容易引起人们的反感，要多讲历史，多讲传统文化。台湾自古以来就是中国的领土，台湾文化是中华文化的重要组成部分，从历史上，从血脉上来讲，台湾与大陆是不可以，也不能分割的。当然，我们也要把自己的事情处理好，把国家发展好，把政治、经济、文化、军事、社会治理等各方面都要搞好，要改变农村落后面貌，要消除贫富差距，实现人民的共同富裕。两岸交流，要从城市到农村，多与年轻人交流，多与基层人士交流。多让台湾的青年来大陆学习或工作，大陆的青年，尤其是学生也应多到台湾进行交流，交流多了，接触多了，两岸青年慢慢地感情就会变化。以前我们两岸学者在交流时也经常争论，争得面红耳赤，但现在都是老朋友、好朋友了。交流的好处，就是培养感情，增加历史记忆，增强文化认同，实现国家统一和民族复兴。

（选自台北市《广东文献》总186期，2019年，第47卷第2期，这里略有修订。）

附录二　主要著述目录

1．《辛亥革命与少数民族》（专著），郑州：河南人民出版社，1981。

2．《国共合作史》（合著，主编），重庆：重庆出版社，1987。

3．《孙中山与国共第一次合作》（与周兴樑合著），成都：四川人民出版社，1989。

4．《辛亥革命运动史》（合著，主编），广州：中山大学出版社，1990。

5．《共和国的追求与挫折——辛亥革命》（与周兴樑、余齐昭合著），北京：文物出版社，1991。

6．《孙中山年谱长编》第3卷（合著，主编），北京：中华书局，1991。

7．《辛亥革命与民族问题》（专著），广州：中山大学出版社，1992。

8．《宋美龄传》（与李吉奎合著），郑州：河南人民出版社，1995；北京：中华书局，2018，增订本。

9．《孙中山振兴中华思想研究》（论文集），广州：广东人民出版社，1996。

10．《民族独立的抗争》（合著，主编），济南：山东教育出版社，1999。

11．《孙中山与中国近代化道路研究》（专著），广州：广东教育出版社，1999。

12．《孙中山与近代中国的觉醒》（论文集），广州：中山大学出版社，2000。

13．《史学方法论》（专著），广州：中山大学出版社，2002。

14．《政治·教育·社会——近代中国社会变迁的历史考察》（专著），天津：天津古籍出版社，2004。

15．《孙中山与辛亥革命史研究的新审视》（论文集），广州：广东教育出版社，2007。

16．《文武兼备的革命家：朱执信》（与张金超合著），广州：广东人民出版社，2008。

17．《孙中山社会建设思想研究》（与陈金龙、赵立彬等合著），广州：中山大学出版社，2009；2014年又出修订本。

18．《共和·民主·富强：孙中山与中国发展道路的历史选择》（论著），广州：中山大学出版社，2010。

19．《辛亥革命与中华民族的觉醒》（专著），广州：广东人民出版社，2011。

20．《重读孙中山遗嘱》（专著），广州：广东人民出版社，2011。

21．《朱执信》（与张金超合著），北京：团结出版社，2011。

22．《孙中山国家建设思想研究》（专著），广州：广东人民出版社，2013。

23．《辛亥革命与百年中国的社会变迁》（论文集），广州：广东人民出版社，2013。

24. 《孙中山与中华民族的复兴》（专著），广州：中山大学出版社，2017。

25. 《孙中山与近代中国人物研究》（论文集），广州：广东人民出版社，2018。

此外，还主编《孙中山评传》、《孙中山研究》、"近现代中国政治与社会变迁"丛书、会议论文集等30余种，中华书局版《孙中山全集》《孙中山全集续编》《建国方略》等文献资料多种，发表文章200多篇。因本书前面正文已经有叙，为避免重复从略。

结　语

　　写回忆录很难，因为是写过去几十年经历的事，有的事因为时间久远已经记不清，容易写错。所以，我过去没有写回忆录的想法，后来经过一些朋友和家人的劝说，我终于有写回忆一些往事的想法，但应该如何写？写些什么又在烦扰着我。其实我的经历简单，没有什么值得忆述之处。起初我想将我这位出身贫穷的农家子弟如何读书奋斗的经历写下来，也许对那些来自农村的青年学生有些激励，希望他们刻苦地求知识，虚心向教师和前辈学者请教，只要努力也可以成为一个对国家和人民有用的人才。但后来一想这不是写小说，不能虚构，只将自己幼时的苦难的故事写了，别人一看就烦，因为现在的青年学生与过去不一样了，写我的童年也起不了什么作用。最后经过几次修订终于写成这个样子，目的只是留下一些文字的记忆，让年轻人不要忘记过去，更要立志为祖国的富强和人民的幸福尽自己所能做些贡献。

　　历史学是一门不容易创新的科学，很难做到实实在在的真实。研究历史是靠真实的文献，文献也有局限性，所以历史学者的日记、回忆录一类的资料也在一定程度上可以补充历史文献的某些不足，所以做口述史、写回忆录也应该成为学历史、研究历史的学者的工作。

　　我这本回忆录虽然写得不详细，但也花去我许多精力。我也得到我的多位学生提供的修改意见，以及在文字修改、校对方面许多的帮助，我应该谢谢他们，要不然就是这样一本简单的回忆录我也弄不出来。